数字工厂实践

技术图谱与管理指南

卢阳光 李晓瑜 顾强 著

Digital Factory Practice

Technical Map and Management Guide

人民邮电出版社

北京

图书在版编目（CIP）数据

数字工厂实践：技术图谱与管理指南 / 卢阳光，李晓瑜，顾强著. -- 北京：人民邮电出版社，2024.6
ISBN 978-7-115-63439-9

Ⅰ. ①数… Ⅱ. ①卢… ②李… ③顾… Ⅲ. ①数字技术－应用－制造工业 Ⅳ. ①F407.4-39

中国国家版本馆CIP数据核字(2024)第001542号

内 容 提 要

本书系统介绍了数字工厂的相关知识，梳理了新一代数字工厂的应用技术图谱，并分析和讨论各技术应用实践场景。本书分为技术基础篇和应用管理篇。技术基础篇包括数字工厂绪论、数字工厂基础平台、数字工厂应用技术图谱的规划域和运营域；应用管理篇包括数字工厂应用案例、数字工厂项目实践管理、数字工厂管理规范、对数字工厂建设管理的思考。

本书适合从事制造业转型的从业者，以及研究制造业信息化领域方向的师生阅读。

◆ 著　　　　卢阳光　李晓瑜　顾　强
　　责任编辑　李　强
　　责任印制　马振武

◆ 人民邮电出版社出版发行　　北京市丰台区成寿寺路 11 号
　　邮编　100164　电子邮件　315@ptpress.com.cn
　　网址　https://www.ptpress.com.cn
　　三河市君旺印务有限公司印刷

◆ 开本：787×1092　1/16
　　印张：15.75　　　　　　　2024 年 6 月第 1 版
　　字数：183 千字　　　　　 2024 年 6 月河北第 1 次印刷

定价：79.90 元

读者服务热线：(010)53913866　印装质量热线：(010)81055316
反盗版热线：(010)81055315
广告经营许可证：京东市监广登字 20170147 号

前言

制造业长久以来一直是全球经济增长、繁荣及科技创新的核心驱动力。改革开放以来，我国的工业迅速发展，制造业规模持续壮大，使我国赢得了"世界工厂"的美誉。新时代新征程，以中国式现代化全面推进强国建设、民族复兴伟业，实现新型工业化是关键任务。近年来随着大数据成为新型生产要素，数据科学作为生产的新工具，全球的制造业正在迅速构筑新质生产力。这一力量正引领着战略性新兴产业和未来产业的发展，推动着工业领域的制造模式和服务模式不断创新，促进了新业态和新模式的涌现。产业创新能力是推进新型工业化的根本动力。因此加速发展和应用新一代数字技术，是我国制造业捕捉新一轮科技革命和产业变革机遇的关键。

新一代的全球制造业竞争，不只是技术层面的竞争，也是创新精神的竞争、企业文化的竞争、管理模式的竞争、行业生态的竞争。特别是在大数据环境下，管理决策正从关注传统流程向以数据为中心转变，管理决策中各参与方的角色和相关信息流向更趋于多元并具有交互特征，这使得新型管理决策范式在信息情境、决策主体、理念假设、方法流程上都发生了深刻变化。

数字工厂是制造型企业管理的新范式，是信息技术、产业技术和管理技术的深度叠加和融合。企业的数字化转型是一个复杂的过程，必然会经历相当长时间的优化和改进过程，因此从一开始就有必要结合企业当前自身的实际情况，制定合适的长期战略。回顾从第一次工业革命到第四次工业革命的发生、发展过程，我们不难发现，每一次工业革命均从具有代表性的创新技术推动工业体系的结构性变化开始，进而产生一场深刻的社会变革。无论企业处于数字化进程的哪个阶段，以面向需求的设计思维，从业务模式、业务流程和工作方法3个角度系统化地进行体系讨论和设计，都是必要的思维模式，也是将技术、人才和业务三要素紧密结合的有效方法。

笔者有近20年的制造业数字化技术研发和应用项目管理的实践经验，履职离散工业、流程工业多个头部企业，作为数字化领队人，参与了很多制造业同行的数字化技术交流和企业问题诊断工作。大量的实践、观察与思考让我深刻体会和理解了国内制造业企业管理难、制造业数字化转型落地难。

制造业数字化落地难，难在"当局者迷"，具体表现为在制造业中有两个常见的典型现象，一个是"工厂离不开老师傅"，一个是"小问题是大顽疾"。前者说的是企业内部积累了大量的高水平经验知识，这些知识没有被固化下来，随着老师傅的离开会流失，这种现象产生的本质原因是企业一直在由大量内隐知识编织的自适应状态中运行，但无法有效地对其进行挖掘、评估和再优化。后者说的是企业管理"旋转门"怪圈，管理者挨个去优化显而易见的问题，却总是顾此失彼，而且即使投资了成本高昂的信息技术，企业经营基本面仍没有质的提升，产生这种现象的本质原因是企业面临的很多问题是系统性问题，要求管理者有跨时空的全局观和推演能力，而企业没有找到恰当的工具来弥补人在这方面的短板。

新一代的制造业管理迫切需要一种新范式工具，帮助制造业管理者和员工破解以上困局。数字工厂的出现对制造业的意义就是针对"当局者迷"的破局。数字工厂的作用是在企业日益升级的规划和运营场景中，为不同岗位的管理者提供能够与物理世界进行交互的模型，帮助人们快速认知真实环境中有什么、正在发生什么、未来可能会发生什么，从而预测可能出现的问题并制定相应的措施。

企业长期依赖个人经验，是因为每个企业都有自己的微观特性，特性化的问题无法通过书本上的通用知识进行诊断和解决，而是需要员工长年累月地通过工作积累实践经验并通过事实反馈不断修正和迭代经验。这种长期经验的形成，本质上是一种归纳式的推理，和大数据分析属于同一科学范式，但企业通过个人实践经验来训练经验模型时间长、成本高。企业存在"久治不愈的顽疾"，是因为企业本身就是一个系统，系统存在结构性问题，就要求管理人员有全局视角和系统性思维才能解决。

数字工厂作为信息化的工具，核心作用是提升整个企业管理体系的洞察力，降低对个人经验的依赖程度，避免看问题一叶障目。形象一点地说，数字工厂就像是在规划和运营阶段开启了全局视角，为管理者增加了一个新的感官维度，重新观察、审视企业面临的问题。近些年 CAD、CAE、CAM、过程仿真等数字技术的工程化和应用普及，以及大数据分析、机器学习、运筹学等数据科学技术的快速发展，推动了第四范式、数字孪生等新概念的兴起，提升了数字工厂模型的技术内涵。这些新技术的注入，是对数字工厂体系的增强和赋能，但其作用本质上还是进一步提升人的洞察力。

本书延续了我 2019 年在人民邮电出版社出版的专著《流程工业数字工厂技术与应用管理》的部分内容，同时与时俱进，拓宽了技术视角，将更多篇幅聚焦在仿真和数据科学等新技术理论与实践应用上，展示新一代数字工厂技术的适用场景和经济价值。希望本书能穿透技术的神秘外壳，帮助读者理解和把握新一代基于数据科学的数字工厂技术的现状和发展态势。对于把数字化转型作为下一阶段目标的企业家和管理者，希望本书可以使你在规划企业转型路线图时有更清晰的目标和抓手；对于在数字智能时代有志于投身制造业的学生，希望本书可以帮你找到更明确的方向规划自己的学习任务和职业路线。

三一重机大数据所有一群高水平的数据科学人才，包含在算法建模、数据开发、软件工程方面实战经验丰富的资深工程师。三一集团有限公司的企业文化和价值观为这群人提供了宝贵的创新绿洲，使这支队伍数年不被打扰，心无旁骛地进行艰苦而快乐的探索，最终他们实现了制造业数字化转型的若干创新突破，为开展创新研发工作的同行们留下了宝贵的经验财富。本书由多位工程师参与创作完成，是集体智慧的结晶，他们是齐绪强、李亚文、吴昊、周驷华、张潇、朱奕、张勇翔、王磊、田俊、孙宇、李家钊、杨华权、晏小静、陶政、牛寒松、王秀、丁琦、张代浩、刘伟波、王字鑫、吕陆琴、闫雍磊、吴瑞、王蕊、陈玉祥、钱文龙、王青波、杨金菊、谌伟民、龚伦、李曹杰、潘信、黄昊、朱佩雯、蔡敏男、王华健。

由于笔者水平所限，书中难免存在疏漏之处，敬请广大读者批评指正。

向致力于中华崛起的民族企业家致敬！向正在新型工业化道路上前进的同行致敬！

卢阳光

2023 年 7 月于江苏昆山

目录

技术基础篇

应用管理篇

技术基础篇

第1章

数字工厂绪论

1.1 数字工厂的起源和发展

1.1.1 数字工厂起源

数字工厂 1.0 起源于 20 世纪 80 年代，当时的先进制造业技术以单元技术和离线编程技术为代表，形成了计算机辅助生产工程（CAPE）的雏形。在 20 世纪 90 年代，随着仿真和可视化技术的发展，CAPE 的概念和理论逐渐形成。此后，制造业信息化的成熟度主要体现在计算机辅助设计（CAD）软件系统的应用、产品数据管理（PDM）系统和企业资源计划（ERP）系统的逐步实施、在生产层实现数字化自动加工等，并逐步形成了一整套的工艺信息化和制造信息化体系。

虽然 20 世纪 80 年代形成了 CAPE 的雏形，但其功能较简单。不过，CAPE 技术发展很快，其通过制造工艺设计、资源管理来实现生产全过程规划设计，但是这种技术缺乏系统性和集成性，同时在仿真过程中缺乏有效的算法辅助决策。

此时，制造业信息化的要求便呼之欲出。制造业信息化，是指采用先进、成熟的管理思想和理念，依靠现代电子信息技术，对制造业进行资源整合、管理流程的分析与再造。在多数大规模制造业企业中，已有一定的信息化基础，如 CAD 软件系统已比较成熟，管理层的 PDM 系统和 ERP 系统已逐步实施，生产层基本实现了数字化自动加工等。但这些企业的生产组织方式还停留在专用计算机辅助工艺规划（CAPP）系统的工艺卡片阶段，或是传统的手工编制阶段。这种传统的生产组织方式，形成了制约整个企业自动化进程和生产信息化进程的效率瓶颈。

而当时的数字工厂整合了制造企业综合工艺信息系统的概念，包含工厂规划、工艺规划、仿真优化等内容，是一个完整的工艺信息平台。利用这个平台可以规划整个制造过程的全部信息。数字工厂可以填补产品设计自动化系统、加工自动化系统等系统间存在的技术鸿沟，有效解决制造业信息化中的问题。因此数字工厂系统成为先进企业信息化平台的组成部分。

在这之后，并行工程概念得到了推广。并行工程，是对产品及其相关过程进行并行、一体化设计的一种系统化的工作模式。于是为了满足并行工程的要求，新的数字工厂平台设计了可以在虚拟环境下，通过规划部门、产品研发部门、生产工程部门和生产车间之间的高度信息共享，实现各部门间并行协同作业的数据交互功能。此时的数字工厂将制造过程与设计过程同步规划，在产品设计规划阶段就考虑了可制造性、可装配性问题，能尽早发现并解决各种潜在问题，真正体现了在产品设计规划阶段就可以预测产品全生命周期的并行工程理念。

经过数年发展，虚拟制造（VM）又向数字工厂提出了更高的要求。在虚拟制造平台上，工艺规划人员可以通过组群工作方式和计算机仿真技术，预先呈现和模拟产品的整个生产过程，并把这一过程用二维或三维方式展示出来，从而验证设计和制造方案的可行性，尽早发现并解决潜在问题，从而为生产组织工作做出具有前瞻性的决策和优化。这对缩短新产品开发周期、提高产品质量、降低开发和生产成本、降低决策风险都非常重要。

在这之后，数字工厂发展为可以在虚拟空间中运作，能对真实工厂进行虚拟仿真，提供优化结果，能实现产品全生命周期中制造、装配、质量控制和检测等各个阶段功能的系统平台。其主要为产品、车间生产线及工厂提供从设计到制造阶段的全流程模拟和验证，降低从设计到生产制造各环节之间的不确定性，在数字空间中将生产制造过程压缩、提前，使生产制造过程在数字空间中得到检验，从而提高系统实施的成功率和系统可靠性，缩短从设计到生产的转化时间。

从信息的角度来说，数字化制造系统是以信息集成与信息流自动化为特征的、利用数字化装备完成各种制造活动的制造系统。从系统的角度来说，数字化制造系统是为实现某种制造目标，将多种相互关联、相互作用的制造活动用数字化技术有机联系在一起所组成的系统。今天数字制造已成为制造业发展的关键性驱动因素，图 1-1 展示了数字工厂覆盖的企业层级和生命周期，图中的横轴对应的是产品的生命周期，从设计到工艺，再到生产；纵轴对应的是相关对象的层级，从企业层/规划到车间层/执行，再到设备层/控制。

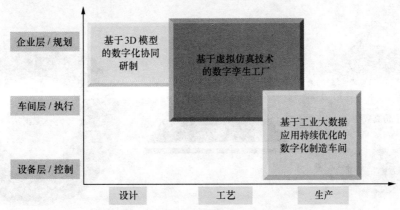

图 1-1　数字工厂覆盖的企业层级和生命周期

1.1.2　狭义数字工厂和广义数字工厂

狭义数字工厂，是指以制造资源、生产操作和产品为核心，将数字化的产品设计数据，在现有实际制造系统的虚拟现实环境中，对生产过程进行计算机仿真和优化的制造方式。狭义数字工厂除了要对产品开发过程进行建模与仿真，还要根据产品的变化对生产系统的重组和运行进行仿真，使用户在生产系统投入运行前就能了解系统的使用性能，分析其可靠性、经济性、质量、工期等，为生产过程优化和网络制造提供支持。

狭义数字工厂与虚拟制造系统具有很多相似之处，但侧重点有所不同。狭义数字工厂以工艺规划和生产线规划为核心，根据虚拟制造系统的原理，通过提供虚拟产品开发环境，利用计算机技术和网络技术，实现产品全生命周期中各个阶段的功能，达到缩短新产品上市时间、降低成本、优化设计、提高生产效率和质量的目的。狭义数字工厂主要解决"如何组织生产"即工艺规划的问题。

广义数字工厂以制造产品和提供服务的企业为核心，由核心企业及一切相关联的成员构成，包括制造企业、供应商、软件系统服务商、合作伙伴、协作厂家、客户、分销商等。广义数字工厂是对产品设计、零件加工、生产线规划、物流仿真、工艺规划、生产调度和优化等方面进行数据仿真和系统优化，实现虚拟制造的系统。在各个组成成员之间进行相关业务信息的交流，主要基于高效的计算机通信网络环境。

广义数字工厂是企业活动信息化、数字化、网络化的总称，包括产品开发数字化、生产准备数字化、制造数字化、管理数字化、营销数字化。其内涵包括数字化平台的产品设计、测试和优化，数字化平台的生产工艺流程规划与改进，数字化平台的工厂设计、维护与升级，数字化平台的生产执行系统和控制系统，数字化平台的质量管理系统，数字化平台的厂内物流和厂外物流体系，数字化平台的销售和售后体系，数字化平台的企业文化系统和视觉传达系统等。

综上所述，广义数字工厂，是对产品全生命周期的各种技术方案和技术策略进行评估和优化的综合过程，可以用一句话概括——以制造产品和提供服务的企业为核心，由核心企业及一切相关联的成员构成的、使一切信息数字化的动态组织方式。广义数字工厂的概念，在第四次工业革命的背景下，结合了现代管理科学的观点，即智慧来源于知识，知识来源于信息，而信息来源于数据。广义数字工厂实践围绕着多元异构的工业数据，通过对大数据的应用实现了智能制造，将数字工厂自数字工厂 1.0 阶段推进到了数字工厂 2.0 阶段，如图 1-2 所示。

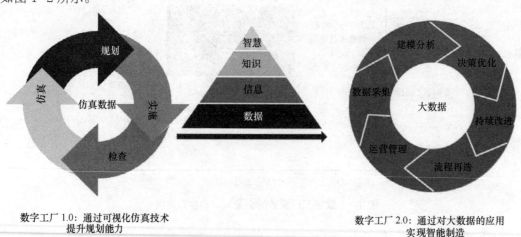

数字工厂 1.0：通过可视化仿真技术提升规划能力

数字工厂 2.0：通过对大数据的应用实现智能制造

图 1-2　数字工厂 1.0 到数字工厂 2.0

1.1.3 从数字工厂到数字孪生

2015 年数字孪生（DT）概念的兴起，是一个分水岭，将数字工厂引入了 2.0 阶段。在第四次工业革命的背景下，数字工厂 2.0 技术对智能制造体系的建设带来的核心价值在于通过新一代信息技术和制造技术，整合多属性、多维度、多应用可能性的仿真技术，对物理实体对象的特征、行为、形成过程和性能等进行描述和建模，从而进一步实现智能化的数字孪生。可以说数字工厂经过 40 多年的不断演化和升级，发展到今天的高端表现形式，就是智能化的数字孪生工厂。

数字孪生，也被翻译为数字双生、数字双胞胎、数字镜像，或者数字化映射，采用了先进的传感器、工业物联网、历史大数据分析等技术，具有超逼真、多系统融合、高精度的特点，可实现过程监控、结果预测、数据挖掘等功能。著名的 IT 行业咨询研究公司高德纳（Gartner），从 2018 年到 2019 年，连续两年把数字孪生列为未来十大战略技术趋势之一。

数字孪生包含的要素中没有新事物，如 3D 建模、仿真技术、机器学习、运筹学等，都是数十年前就已经诞生或者普遍应用的技术，可以说数字孪生并没有带来新的技术元素。但数字孪生提供了一个全新的思维框架，关联地、整体地、动态地审视数字化工具与方法对制造系统的意义。数字孪生是对信息物理系统（CPS）概念的具体化应用技术，继承了传统数字工厂中对客观物理实体对象数字化、可视化、模型化和逻辑化的理念，同时有 CPS 中计算进程和物理进程一体化融合的特征，以环境感知和物理设备联网为基础，将资源、信息、物体及人紧密联系在一起。以数字孪生为核心的新一代数字工厂概念，为制造业实现 CPS 提供了一种具体的应用技术框架，对第四次工业革命等以 CPS 为核心的制造业战略实施带来了突破性的价值，因此我们说数字孪生是对智能制造的实现有着指向性意义的前沿技术。

笔者在 2018 年提出，对数字孪生的研究和应用视角，应当从过去只关注产品全生命周期的 PLM_a 视角，拓展到关注数字工厂全生命周期的 PLM_b 视角，并进一步提出智能数字孪生工厂的概念。智能数字孪生工厂的组成要素如图 1-3 所示。笔者在 2019 年进一步提出了实现生产控制优化的数字孪生技术框架，并通过机器学习构建数字孪生的工业案例证实了形成业务闭环的数字孪生模型的确可以为制造业企业带来显著的直接经济效益。

和传统工业信息化的建设思路相比，数字工厂 2.0 的显著特点之一是在系统上线之日，数字化团队的工作才刚刚开始。基于数字孪生理念的数字工厂 2.0，本质上是通过信息科学领域的人工智能手段，突破人的认知局限性，不断通过挖掘工作推动隐性知识显性化，以及进一步探索人们经验范围之外的更好的解决方案，并通过软件工程将新发现成果固化为企业管理流程与决策工具的一部分。

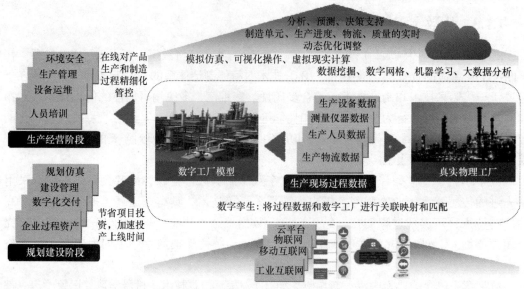

图 1-3　智能数字孪生工厂的组成要素

1.1.4　数字工厂的优势

在数字化生产、虚拟企业技术概念被提出之后，生产系统的布局设计与仿真变得日益重要，合理的系统布局不仅可以减少系统的运行成本和维护费用，提高设备利用率和系统生产效率，而且对系统的快速重组和企业的快速响应特性均具有十分重要的意义。相对于传统工厂，数字工厂是一项融合数字化技术和创造技术，而且以制造工程科学理论为理论基础的重大制造技术革命。其目的是在产品设计阶段，通过建模与仿真技术及时、并行地模拟出产品未来的制造过程，以便用户了解产品全生命周期的各种活动。综合来说，数字工厂具备以下特点。

① 信息数字化，从生产到管理的所有数据都以计算机信息的形式在网络及存储媒介上进行记录、传递、运算、分析和应用。

② 企业相关活动过程均可以建模和仿真，从产品设计到产品加工，从产品组装到产品检验，从产品生产计划到物流运输，从销售到服务过程，都可以在计算机上进行建模和仿真。

③ 工厂信息的颗粒度更精细，如果有必要可以细化到每一个构件的形状和材质，以及每一份物料的当前位置和属性，并可以从各种角度展现三维视图。

④ 和 ERP 系统、MES（制造执行系统）等信息化管理系统紧密结合，持续关注公司的业务流程，不但可以为用户提供基础的参考数据，而且可以为用户提供决策信息。

⑤ 使用灵活，可以通过数据接口输出信息给其他系统，可以扩大信息范畴，可以在原有数据基础上进行细化，可以重新设计和推演各种优化方案。

而数字工厂与传统制造企业相比，具有以下优势。

① 产品的研制和开发周期明显缩短，新产品面市的进程明显加快，从而能提升企业的市场竞争能力。

② 能减少开发过程中消耗的样品数量，从而降低新产品的开发成本和风险。

③ 能尽早地优化产品设计，改善产品的工艺，有利于生产加工。

④ 可通过仿真提前优化产品生产线配置和布局，在正式投产后减少生产线维护和停机时间。

⑤ 可对作业计划、生产调度进行优化，大大提高生产效率。

⑥ 能改善工人的劳动环境，提高产品质量。

⑦ 具备完整的工厂三维可视化数据信息，易于用户查询和检索，出现故障和解决特殊情况时可以准确快速地定位和处理。

⑧ 能够集成建筑智能化系统和制造业信息系统，具有自动和智能的特点，如能够及时发布提醒维护的信息和提供优化改造的建议方案等。

1.1.5 流程制造工业的数字工厂和离散制造工业的数字工厂

流程制造，是指被加工对象不间断地通过生产设备，一系列的加工装置使原材料发生化学或物理变化，最终得到产品，典型产业如医药、石油、化工、钢铁、水泥等。离散制造，主要是通过对原材料物理形状的改变、原材料的组装，使其成为产品，并进行增值。这类产品往往由多个零件经过一系列并不连续的工序的加工，最终装配而成，典型产业如机械、电子电器、航空、汽车等。这两种不同的产业形态，因为在材料性态和生产形式上有巨大差别，所以在物料特点、产品特点、生产过程、工艺、物流和销售方面都有显著区别，如表1-1所示。

表 1-1 流程制造工业和离散制造工业的特征比较

		流程制造	离散制造
物料特点	物态	液态或气态	固态
	环境条件	高温、高压、易燃、易爆、易腐蚀	常温、常压、相对安全
	物性对控制参数	影响较大	影响较小
	种类	固定	变化
	组成	均匀物质	多种不同部件
	类型	固定	变化
	BOM（物料清单）	V型，X型	A型
产品特点	生命周期	长	短
	加工途径	化学、物理变化	物理变化
	输出产品	联产品、副产品	唯一终产品
生产过程	加工特点	全线不可间断	由很多间断环节组成
	生产执行工具	分馏塔、反应釜、换热器、DCS（分散控制系统）	机床、机械臂、搬运小车、RFID（射频识别）
	物理、化学特性	持续改变	基本不变
	能量转换	能量消耗与转换	没有
	控制量关系	控制量互相耦合	控制量互相独立
	数学模型	反应动力学、传热传质方程、经验方程、回归模型、小波模型等	离散事件动态模型、随机服务模型、Petri网等
	环保和安全	生产对污染防治及安全要求高	生产对污染防治及安全要求低
	资源管理	资源管理相对简单	资源管理相对复杂
	切换	切换代价大	切换代价小
	停产损失	停产和复产的代价巨大	停产和复产的代价较小

		流程制造	离散制造
工艺和物流	工艺流程	同步串行生产	异步并行生产
		节拍同步、连续制约	节拍松弛、不同步，分立制约
		大批量	小批量、多品种
		柔性弱、工艺基本不变	柔性强、工艺可以随机改变
	供应	与供应商的关系基本固定	与供应商的关系相对灵活
		供应商的稳定供给能力十分重要	供货商的快速反应能力十分重要
	物流	物流要满足连续生产作业要求	物流满足离散生产作业要求
		确保连续供料	确保齐套十分重要
		物料在封闭容器或管道里运输	物料一般不封闭输送
	销售	连续产出带来销售物流压力	产品生命周期较短带来销售压力
	回收及废弃物	产品包装的回收更重要	以产品自身寿命到期的回收为主
		绿色要求高	绿色要求低
	循环和再制造	中间品不合格就会有回流工艺处理，没有最终产品的再制造	对最终不合格品和回收的旧产品进行再制造

流程制造工业和离散制造工业在原料特征、产品特点、生产过程、工艺和物流的组织等方面都有显著区别，过去的研究已经指出，在信息化和生产管理的相关问题上，从两种不同的工业形态视角去观察，往往会有不同的关注点，进而得出不一样的研究结论。

笔者根据 CNKI（中国知网）数据库中 2005—2018 年已有的研究成果，进行了量化分析、梳理和总结，并在此基础上针对流程制造和离散制造两大工业领域的区别，通过基于信息可视化的科学知识图谱绘制分析工具和关键词科学计量方法，分类讨论了智能制造概念在不同的产业形态下的研究路径和发展趋势，由此归纳了这两类工业领域中的智能制造研究演变路线。

相比离散制造工业，国内流程制造工业的数字化应用起步较晚，在基础资料管理、设备管理、生产管理和信息管理方面仍存在不足。国内针对石化工业数字化的文献著作，主要来自工程设计单位、石化企业、高等院校和科研院所等，已发表的理论研究多侧重于对数字化技术或平台的介绍性说明，对实际应用效果的阐述较少见。密切结合生产实际需求的数字化新技术应用，在过去已发表的研究成果中仍然少见。

目前大部分企业的做法是借助数字化平台供应商的力量，构建企业内部的数字化标准体系，但自行制定的标准的实际应用效果仍然有待检验。由于一般企业无数字化标准体系建设能力，数字化标准无法进一步深化和推广。行业内数字技术应用方面的主要关注点为设备浏览、信息管理、生产监控、检维修管理等传统应用，数字孪生等前沿技术为制造业真正带来经济价值的应用实例仍然少见。

2019 年 5 月，国家市场监督管理总局和国家标准化管理委员会发布国家标准公告 2019 年第 6 号，《数字化车间 通用技术要求》和《数字化车间 术语和定义》两项国家标准正式发布，编号分别为 GB/T 37393-2019、GB/T 37413-2019，这标志着我国首批智能制造数字化车间国家标准正式发布。2023 年由中国电子技术标准化研究院牵头，由三一重机有限公司、电子科技大学、华中科技大学、上海交通大学、清华大学、浙江大学、腾讯、阿里巴巴、东软集团等上百家产学研头部单位共同参与研制的 GB/T 43441.1—2023《信息技术 数字孪生 第 1 部分：通用要求》，通过了国家标准化管理委员会审核并正式发布，这是国内第一部跨行业数字孪生通用国家标准，对制造业未来应用数字孪生实现工厂的智能化工作，起到规范性和纲领性的指导作用。笔者作为数字孪生在制造业领域的专家，受邀负责组织了全国的专家讨论，并主笔完成了"数字实体的定义"和"数字孪生在制造业的应用价值"两部分内容的编写。

1.2 数字工厂的组成

1.2.1 数字工厂的构成要素

在数字工厂 1.0 时代，数字工厂主要聚焦在数字化工程信息模型上，可以在生产系统规划和改造、智能铭牌、隐蔽工程检维修、智能移动巡检、操作工离线培训和应急演练等场景提供数据级可视化服务。

从数字化工程信息模型的角度看，数字工厂的数据分为动态数据和静态数据两部分，动态数据是工厂运维期间通过实时监控、分析系统及各种传感器采集到的数据，为辅助生产决策提供数据支撑；而静态数据指 EPC（设计—采购—施工总承包模式）竣工交付的数字化工程信息模型，即目前市场上的热门话题——数字化交付包括的内容。动态模型和静态模型既包括数字化工程信息模型，又包括仿真和优化模型。一般数字化工程信息模型应该包括以下 5 方面内容。

① 与物理工厂相等的工厂数字化模型，数字化模型应该由图形加上数据构成。

② 智能工艺流程图。

③ 工程位号及属性（属性部分要充分考虑工程运维关注点）。

④ EPCC（设计、采购、施工和调试）全阶段工程文档（成果文件）。

⑤ 工程文档和工程位号形成关联关系。

在数字工厂 2.0 时代，数字工厂的组成要素包括数字化模型和孪生数据。

数字化模型是对目标实体及其关联关系进行映射，构建的反映目标实体内外部特征与行为规律的模型。构建手段包括计算机图形设计、仿真技术、基于本体的建模方法、运筹学、机器学习等。模型种类包括三维几何模型、有限元分析模型、化学反应模型、流体力学模型、过程映射模型、运筹优化模型、概率图模型、神经网络模型等。

孪生数据是对目标实体各类相关信息进行的数字化表达，包含本体数据、规则数据及衍生数据。本体数据对目标实体的几何特征、物理属性及相关约束条件进行数字空间映射，是标识、尺寸、颜色、形状、材料、精度、能量、参数、拓扑、衔接关系、时间等的数字化表达。规则数据对目标实体在物理空间中所遵循的运行规律进行数字空间映射，是知识、规定、流程、策略、方法、经验等的数字化表达。衍生数据指数字实体基于目标实体相关数据开展仿真、分析、预测等产生的数据。

1.2.2　数字工厂的关键技术

（1）建模技术

数字工厂的建设主要分为两个阶段，第一阶段是 EPC 承包商在建设物理工厂期间完成建设的数字化工程信息模型，第二阶段是业主拿到数字化工程信息模型后，与 DCS、CCTV、EM、ODS（操作型数据仓储）、ERP 等系统整合集成形成的数字工厂。

在第一阶段建设数字化工程信息模型期间，采用智能工艺流程图绘制工具绘制智能工艺流程图尤为重要，这是工厂数字化交付的核心内容。智能工艺流程图是指有数据支撑的、带有关联关系的、有规则驱动的工艺流程图。用户不仅可以根据需要检索管道和设备等工程对象的属性和数据，还可以根据工程规则和最佳实践检查工艺质量。在数字化工程模型整体范围内，智能工艺流程图可以与三维工厂模型导航漫游，与工程文档聚合关联。

流程制造工厂与离散制造工厂相比，比较大的区别是装置与装置间、设备与设备间条件变化多，相互影响大，原料组分和化学变化及工况条件经常波动，影响产能、单耗和质量的因素较多且相互作用，非常复杂。这也是为什么流程制造工厂的工艺管理是各项管理工作的重点。传统蓝图形式或 PDF 格式的工艺流程图，已经不能满足为数字工厂的工艺优化、在线分析和预测预警（如动态腐蚀监测）等系统提供数据服务的要求。

数字工厂技术要求有成熟和详细的模块化信息支撑。成型模块有产品的信息，也有生产系统和生产流程的信息。在由生产系统数字化模型构成的虚拟环境中，利用设备模型对产品模型进行数字化加工，而工艺过程模型是连接产品模型和生产系统模型的桥梁。数字化制造系统建模包括产品建模、工艺过程建模和生产系统建模。数字工厂系统是基于模型和仿真的系统。作为在计算机中运行的制造系统，其主要由模型、仿真、控制和支撑环境 4 部分组成。建立数字工厂系统的基本要求是功能一致性、结构相似性、组织的柔性、集成化、智能化、可视化等。

工程信息无论是在工厂建设期还是在运维期，都是至关重要的。为了实现卓越运营，数字工厂的定义和建设对工程信息的聚合和关联提出了更高的要求。

首先，在工程信息的规划和定义阶段，要结合工程公司和业主对工程对象分类的习惯和规定，明确工程对象的分类原则，包括命名规范和属性，即数据字典。

其次，在工程信息的采集和生成阶段，要做到信息管理源头化，信息唯一点录入，即保证同样的信息不多处录入、不重复录入。所有的工程信息按照不同的性质、功能和作用分配到各个源头专业上。源头专业负责信息的定义和录入，其他专业则分享源头专业的信息。工程信息在所有专业、采购、施工等下游阶段流转，并通过有效的变更管理手段保证信息的准确性和时效性。这就是通常所说的集成设计应该实现的目标。

最后，工程信息经过梳理和整合被交付给业主时，应该能够满足不同的应用场景需求，实现分类检索和关联聚合，在根据工程文档的性质分别定义文档属性的时候尤其要注意这一点。

在日常运维过程中，各部门用户对于各类文档的筛分和检索工作会比较频繁，过滤和查找的条件也大部分由业务场景决定。一个好的数字工程基础平台，不仅能够支持用户根据文档名称调取文档，还要广泛支持用户根据文档属性及时查阅需要的文档。

数字工厂基础平台承载的工程信息主要由智能工艺流程图、三维工厂模型、各专业和EPCCO 各阶段交付文件融合而成。这些信息通常均以相关工程位号为核心，形成关联关系聚合在一起，方便用户在需要的时候拿到准确完整的资料。作为数字工厂基础平台的基本功能，用户友好的人机界面和灵活方便的检索手段，如支持关键字段检索、全文检索、通配符和模糊查找等，可以有效提高用户使用系统的积极性，进而保证和提升信息的准确性、完整性和时效性。

（2）仿真技术

流程制造工业的数字工厂系统需要向工厂提供全过程的仿真，包括对宏观的生产经营过程和微观的物理、化学反应过程的仿真。仿真要尽可能真实地映射工厂生产经营的价值流，也要能实现各个生产经营阶段的解耦合与分段仿真。仿真是用具象化的表现形式，将设备的特性和生产工艺的特性尽可能真实地模拟和再现，目标是准确地在虚拟数字孪生环境中模拟真实的物理工厂。结合先进的传感器和工业物联网技术，当前的仿真技术可以实现客观物理工厂真实数据和数字化模型的融合，将资源、信息、物体及人紧密联系在一起，从而为制造业实现数字孪生概念的落地提供具体的应用技术。

（3）基于仿真的优化技术

在仿真系统的基础上，通过机器学习和工业大数据分析技术，数字工厂系统可以进一步实现对生产车间的优化。首先基于数字孪生体系中仿真模型与算法的结合，可以输出静态的优化模型，包括对设备布局的优化和反应机理的工艺包优化。然后根据数字孪生模型输出的静态优化结果，构建出带模拟驱动引擎和运行参数的虚拟生产线，从而构建工厂的数字孪生模型，进而对工厂进行全局仿真和工业工程分析。最终根据分析结果，通过数量决策和优化目标搜索等算法对生产系统进行参数优化和结构调整，以达到优化生产过程、提高生产效率的目标。优化包括加工方法的优化、装配序列的优化、设备布局的优化、生产线平衡与优化、供应链的优化、工作流的优化等。

（4）集成和交互技术

数字工厂中的集成，主要体现在分布分层集成模型和数字工厂集成支撑平台上。在模型中各阶段之间存在相互协调，各层之间存在动态反馈，同时为了克服传统递阶结构的缺点，每个规划单元分配有一定的局部自治性。通过构建面向生产工程的数字工厂集成支撑平台，能有效支持数字工厂的分布分层集成模型。

流程制造工业数字工厂是一个集成的计算机环境，在计算机网络和虚拟现实环境中建立起对生产各个环节的仿真，其可体现在不同层次，小到操作步骤，大到生产单元、生产线乃至整个数字工厂。数字工厂进行设计、仿真、分析和优化工作时，具有集成、开放、并行和人机交互等特点。数字工厂基于数字孪生的逻辑构建的复合应用集成管理平台，可以通过一致的数据访问模型，集成不同的应用系统数据，使企业各功能系统协同工作。高度仿真的数字化模型在工业物联网的连接下可实现与工厂设备、管理人员之间的有效互动，从而构建真实的物理工厂和虚拟的数字化模型之间的数字孪生体系。

1.2.3　数字工厂的结构特征

企业内外资源充分集成是数字工厂建设的最终目标。企业内部资源的集成与优化，包括设计、管理和制造的数字化 3 个模块。企业内部的产品设计与制造，通过 CAD/CAM 接口实现数字化的集成。管理的数字化通过 PDM 和 ERP 实现对产品设计和制造的控制。企业内部的资源在这 3 个模块的相互作用下得到整合和优化，达到提高效率、降低成本、缩短产品开发周期和提高产品质量的目的。

制造业的工作本质，就是以最低的成本在规定的时间内，生产出品质稳定、符合规格的产品。要达到以上目的，就必须对作业流程、作业方法、作业条件加以规定并贯彻执行，使之标准化。标准化的作用主要是把企业内的成员所积累的技术、经验，通过文件的方式加以保存，使其不会因为人员流动而流失。数字工厂平台的建立为应用带来了更多的技术要求，这需要针对数字工厂平台的建立、信息采集、数据上载、模型管理及组织等进行约束与规定。

本书提出了数字工厂平台的参考架构及各种数据规范性标准。参考本书应用的时候，各企业还应根据各自的实际情况和未来的发展规划，建立符合自身特点的数字工厂平台和体系标准。

1.3 对新一代数字工厂的思考

1.3.1 制造业面临的新挑战

现代制造业面临着新的市场环境和竞争环境带来的挑战，各个业务领域都亟待全新的管理方法和数字化工具来帮助破局。新产品和新技术带来的机遇和挑战要求更敏捷有效的工厂规划方法，复杂的新工艺制程和高实时性的操控要求需要更高效和更智能化的生产控制手段，供应链的全球化和快速变化的市场节奏要求更灵活实用的精益制造和流程优化方法。现代制造业想要提升在效率、智能化和可持续性方面的管理水平，需要将工厂全生命周期各阶段的数据与物理系统融合，并基于此在企业全生命周期各阶段实现高水平的决策与运营。

现代制造业在资源组织方式方面由面向局部制造资源的静态组织方式，转变为面向全球制造资源的动态网络化组织方式；在制造全过程管理方式方面由业务逻辑驱动的层级化运营管理模式，转变为数据驱动的扁平化协作管理模式。组织结构与组织管理方式也正在随着信息技术的进步而发展，逐步从传统塔式层次化组织结构和矩阵型事业部结构，向扁平化联盟型组织结构演化。企业掌握的信息技术越高超，企业决策层能够有效控制的范围就会越大，模块化、扁平化、全球化和智能化的趋势也会越明显。现代制造业的新型组织方式，在去层级、去中心化、云化及自组织方面的特征已经越来越凸显。

随着管理信息系统中数据体量和决策任务空前增加，依靠数据科学与计算智能进行基础性决策将成为必然趋势。

例如，对于库存管理等典型运营决策问题，传统供应链决策理论通过单一化产品类型、供给、需求、库龄等因素来实现问题的简化和可求解，而在大数据驱动的新型管理决策范式中，可以充分考虑实际情况中产品的特殊性、供给不可靠、需求多变、库龄不一致等特性进行复杂建模和优化决策。再例如营销领域中传统"营销漏斗"理论的"吸引—转化—销售—保留—联系"线性步骤和策略，未来很有可能会被在大数据情境下构建以消费者为中心的消费市场大数据体系，通过对客户线上购物行为的全景式洞察，形成面向消费者全生命周期、非线性的市场响应型营销管理决策模型取代。

传统的流程与信息化技术和精益管理思想，都是帮助制造业应对市场环境和竞争环境带来的挑战的有力抓手，然而传统管理思想和信息工具在面临新环境时表现出了局限性。很多企业在数字化转型的浪潮下投入巨大成本去"补课"，包括计算机软硬件升级，生产线的升级改造，以及组织和管理变革的人力投入，但收获效益和投入不成正比。不是因为这些技术和方法本身有问题，而是因为今天企业面临的情境已经发生了改变，而很多信息化的解决方案还在试图复制过去的传统经验。

笔者在制造业进行了 18 年的数字化技术研发和应用项目管理，包括离散制造工业、流程制造工业、半离散半流程制造工业，与不少企业进行过经验交流和问题诊断，覆盖了产品研发、工艺规划、生产制造、质量管理、设备运维、市场营销、售后服务等业务域。大量的企业实例已经证明了工厂启动数字化转型项目容易，但实现可持续盈利难。

现代制造业面临着快速变化的市场环境，面临着以下 3 个典型问题的挑战。其一，在规划阶段，为满足新生产线建设规划的需求，或者满足临时性改造项目的需要，需要研究快捷有效的技术手段对新的工艺规划方案进行高效率分析。其二，在生产经营阶段，工业生产的经济效率在很大程度上受产品的输出数量、质量和市场价格的影响，市场需求和生产价格的波动会对最终产品组合的交付可控性提出更高要求。而最终产品的多样性和生产控制变量的复杂性，又会对工业生产过程中的安全性、稳定性、连续性和实时控制能力提出更高要求。其三，在流程再造阶段，传统制造工厂在面临着全球化和新兴技术带来的机遇和挑战时，迫切需要快捷有效的方法和工具，尤其是解决采用传统精益方法在企业升级改造过程中输出结论"不够精确"的问题，来提升企业竞争力，以便有效应对新一轮产业革命带来的更加激烈的竞争环境。

随着现代计算机性能的提升和软件技术的发展，仿真分析软件越来越多地应用于工厂规划任务中，以提升工业工程分析和规划工作的效率。在工厂规划阶段，传统仿真方法的局限性主要体现在以下方面，即对使用者的素质要求很高，需要很长时间才能培养和建立一个成熟且可熟练运用仿真分析软件的团队；项目执行需要现场生产各部门和管理部门提供很多合作，且现场研究和仿真建模的工作周期很长；一个仿真场景只能用于某特定情况，而在业务环境发生变化时需要重新构建模型。

传统制造业信息化的技术手段包括 4 个业务领域的子系统，即工业自动化系统、生产管理系统、经营决策系统及仿真和优化系统。不同系统域之间的数据和信息通信一般遵循"计划—仿真—执行—控制"的传统逻辑。仿真和优化技术主要基于专家经验和知识，或者始终参考先前一次性的机器学习的结果。但在现代工厂中，工业物联网硬件快速普及，实体工厂的大量原始数据将导致信息严重过载，而数据挖掘技术目前仍不能很好地处理大数据并将其用于智能生产控制。由于工业大数据维度过多和数据产生速度过快，目前仍然少见基于机器学习的生产控制数字孪生框架模型的研究。传统生产控制优化方法的建模通常是单一过程，是一次性的知识输出，这种方式缺乏物理制造工厂和虚拟数字工厂之间的连续交互过程，不能有效应对未来工厂要素的持续变化。

传统生产过程的流程改进工作较多采纳精益生产的理念，以价值流程图（VSM）为例，这是企业决策者、生产部门、规划人员、供应商及顾客发现浪费、寻找问题根源的沟通工具，通过简洁的绘图和定量描述制造环境中的物料流和信息流，帮助企业实现精益生产目标，达到效益提升的目的。但传统精益生产方法在现代制造业的实践中面临多个挑战，①对当前面临的主要问题的分析和对未来改进效果的预估属于定性的评价和推测，有主观判断的因素；②缺乏精确计算结果，无法用量化的数据准确描述对生产过程进行改进后，可带来的效率提升和原始状态的对比；③对于改良方案可能带来的新问题，如新的工艺瓶颈点、库存和缓冲不足的情况，难以提前给出准确预测。

1.3.2 两个常见的管理难题

（1）工厂离不开老师傅

在和不同业务域合作的过程中，笔者看到了不同领域的资深行家令人赞叹的专业技能，生动诠释了"三百六十行，行行出状元"，以下简单列举几个令笔者印象深刻的例子。

在汽车工业的规划设计场景中，资深设计师在图纸会签的时候，把建筑、结构、水、电、气、机床设备等十余个专业晒制好的数十张蓝图在会议桌上平铺开，逐张看过后，就能立刻指出未来施工可能会出现的干涉、碰撞等问题。桌上的纸质蓝图仅仅是一些二维平面图，这些老行家有非常强大的大脑还原能力，他们不但能在大脑中把二维示意图还原为三维模型，还能把这些模型在大脑中拼接、叠加到一起，并洞察可能出现的问题。

在炼油厂的生产控制场景中，资深工艺员能在一整天工作中持续冷静地观察催化反应装置实时回传的上千个温度、压力、液位测量值，迅速构思当前的实时调整思路，并有条不紊地在 DCS（分散控制系统）中同步对数十个催化反应装置可控参数进行调整。而对于这些催化反应的动态过程，业界目前仍然没有稳定有效的机理模型可用来模拟，即使是行业内的先进过程控制（APC）系统为工厂定制开发的自动调优模型，在多数工厂也做不到长期有效。这说明在这些老行家头脑里有一套在长期工作中悟出来的经验模型，其生产控制优化效果优于机理模型。

在工程机械行业的新品试制场景中，经验丰富的工人，能比工程师更快地指出试制新品的零部件组合后匹配效果为什么不好，主要是哪些位置的热加工形变导致的，以及在哪些加工工序适当地留出形变余量就可以弥补这个误差。反观从产品研发到工艺设计领域理论扎实但缺乏实践经验的工程师却无法指出这些问题，这说明工人经过在制造一线长年的工作，悟出了一些大学课程未涵盖的知识。

在机械加工车间的设备维护场景中，资深的维修技师光凭耳朵就可以预测设备故障，只要听一听主轴电机转动的声音，就能立刻判断出设备是否有必要立刻停机保养，以及配件是否已经磨损到必须更换的程度了。这种判断方法虽然在设备原厂的保养手册里不存在，但是能比设备原厂的保养方案更准确地提前预判设备故障，并带来更长的设备工作时间和备件使用寿命。

在生产计划的场景中，计划员的重要性毋庸置疑，如果他们的计划产出水平不高，整个工厂运转就会完全陷入混乱。因为生产计划要考虑方方面面的问题，其复杂的逻辑关系其他人很难梳理清楚。在挖掘机工厂做计划的老行家凭以往经验就知道几种不同机型如何搭配排产，可以使整个流水线的节奏更平衡、产出效率更高，而外人并不知其所以然。这说明计划员的大脑中有一套复杂的经验和规则体系在支撑工作。

类似的例子还可以枚举很多，这些现象归纳起来就是"工厂离不开老师傅"。企业内部通常积累了大量的高水平知识，而承载这些高水平知识的往往是企业中普普通通的一员。但这些知识既不在教科书上，也不在企业手册和流程规章中，甚至老师傅自己也说不清楚里面的具体逻辑和道理是什么。有不少企业的人力资源部部长对笔者说过，过去企业经常发生随着老师傅的离开，高水平的经验和知识也随之流失的情况，企业对此感到痛心，但是找不到解决办法。

（2）小问题是大顽疾

在不少制造业企业中还能见到这样的现象，有些看似一目了然的问题，实则是大顽疾。解决这些问题需要耗费公司许多资源和管理成本，领导也动了真格，但与之相关的实际运营水平却一直都在时好时坏的拉锯状态中，长期没有根本性地解决或者没有质的提升。

更糟糕的是，解决这类问题的过程还对工厂的企业文化和队伍士气产生了负面影响。公司有很多人似乎已经产生了抵触心理和回避态度，一听说这类事就唯恐避之不及；新员工入职看到一些不合理现象，觉得难以理解，而老员工对此只能"一笑了之"；领导反复动员，公司投入了大量人力和财力进行运动式建设，集团各业务域的管理总部也进行了轰轰烈烈的运动式考核，让很多人付出了沉重代价，可仍收效甚微，没有带来根本性提升。以下也举一些典型的例子。

很多企业为了提升制造单位的运营水平，使用考核的方式，如考核存货周转率、设备利用率、人均产值，结果被考核的单位鸡飞狗跳地去挨个优化这些指标，却总是保这一头就保不住另外一头。如果以上考核指标还是由不同上级部门分头管理，这种"旋转门"式的管理怪圈就会更加明显和戏剧化，被考核单位每个月的上旬应付部门 A，中旬应付部门 B，下旬应付部门 C，但 3 个指标从来没有同时好过。

如果高层要考核存货周转率，那么基层就会在考核日之前停产清线，宁可每个月让工人和设备空闲两天。如果高层要考核设备的开机率或设备的利用率，那么基层就会忽略设备经济性运行的推荐模式，指示工人在设备使用过程中频繁地开机、关机，或者将公司斥巨资购买的新生产设备封存不启用。如果高层要考核人均产出率或单位产值人工成本占比，那么对于市场销量每年周期性大幅起落的工厂，基层的人事部就会在每年的淡季前成批量地裁员，在旺季前成批量地招募新手，这种做法势必会导致淡季员工士气下滑，旺季产品质量下滑，但基层部门可能并不在意，因为这些负面效应与他们的绩效考核指标无关。

当财务部分析为什么固定资产的投资收益率降低了，当工厂维护部门调查为什么设备的使用寿命缩短了，当人力资源部门调查为什么工作氛围变差了，当质量部门调查为什么产品品质下滑了的时候，他们很难追根溯源把起因定位到这些微观的考核指标上。

当制造系统中出现了管理顽疾，我们首先可以做这样的一个假设，那就是每个层级的人都是理性和聪明的，在这个假设的前提下再抽丝剥茧，从管理的角度去洞察一些荒唐现象的产生原因。特别是如果能够到基层进行沉浸式的观察，我们就会意识到"小问题是大顽疾"的现象，不是因为基层管理者和员工无能，恰恰相反，是因为大家都非常聪明，而且懂得迅速适应新的管理政策，选择对自己最有利的应对策略。上级单位定义的种种微观考核指标，本来的出发点是提升企业的经营水平，但是一旦过度聚焦在微观考核指标上，并将其作为基层管理能力的评价依据，就会起到反向指引的作用，造成基层动作变形，导致最终效果和制造业企业的经营目标背道而驰。

例如有的大型工业集团设定"设备开机率""设备作业率"这些与设备利用程度相关的考核指标来评价不同下级单位经营水平的高低。设备利用率高的管理者被评价为管理水平高，理由是他充分利用了固定资产的生产能力，没有造成设备闲置。但如果考虑到制造业企业的经营本质是为了在满足市场需要的前提下，用尽可能少的成本获取尽可能多的效益，我们就会意识到这是一种很奇怪的规则设计。推行这种考核指标的后果就是基层干部会要求工人在没活干的情况下也要把设备开启空转。类似会带来反向指引效果的微观考核指标还可以列举很多，如"钢材利用率""谷期用电率""耗材计划准确率""数据采集工具覆盖率""无人小车利用率"等。

试着从企业经营本质的角度重新思考关于设备利用率的考核指标，假如有两家公司在同样的背景下都很好地满足了市场需求，而且利润水平也一样高，那么第一家公司的设备利用率比第二家低，不正说明了第一家公司比第二家公司消耗了更少的社会资源就达成了同样的目的吗？因此第一家公司在管理能力上难道不应该得到更高的评价吗？

除了在管理方法中存在点状思维的考核手段，有的制造业企业为推动数字化变革，对新技术的导入也存在"头痛医头，脚痛医脚"的点状思维。笔者参加了不少同行的经验交流和问题诊断讨论会，很多企业启动制造智能化转型规划工作，往往聚焦在讨论类似下面的话题上，即产品在某个加工环节瑕疵率高，则讨论利用人工智能能不能提升该工艺过程的良品率；供需不平稳导致存货积压或者供不应求，则讨论有没有办法通过大数据准确预测产品销量；设备和运载工具闲置明显，则讨论如何通过物联网在线监督的技术手段将设备和运载工具的利用率提高。事实上，拿具体点状问题作为数字化工作规划切入点的公司，数字化转型工作大多是昙花一现，最终企业整体数字化转型普遍不容易成功，甚至作为切入点的这些小问题最后也未被解决。

如果企业顽疾无法根除的根本原因不是企业管理者的能力水平不行，也不是业务部门的员工在故意作对，那我们就要考虑问题产生的根本原因可能是企业的规划和运营设计本身有结构性缺陷。但结构性问题非常难以洞察，无论是制造部门还是工艺部门，无论是基层员工还是管理者，都容易陷入对自己负责的工作"当局者迷"的困境。借用经济学家的名言：即使是每次都赢得冠军的赛马，也很难看清楚赛道是如何设计的。

如果企业顽疾的根源在于结构性问题，就必须用全局视角和系统性思维解决问题。如果不解决制造系统在设计上存在的结构性问题，却试图动用考核和激励手段在运营过程中解决，往往导致老问题没解决，又造成一系列新问题。就好比一把椅子的结构不稳，摇摇欲坠，不去检查和加固框架，而是试图用胶水去黏接，那坐上去终究椅子还是要垮塌。要从根本上解决问题，就必须从系统结构上进行洞察和改进。现代的制造业管理，需要新范式的工具，帮助管理者破解"当局者迷"的困局。

1.3.3　系统论思想和问题剖析

（1）系统论和制造系统的目标

关于制造业新形势下数字化转型如何破局，系统论的观点为我们提供了一个很好的视角。系统论告诉我们，一个企业本质上就是一个系统，系统不是一堆事物的简单集合，而是由一组相互连接的要素构成的、能够实现某个目标的整体。**任何一个系统，都由3种要件构成，分别是要素、连接、功能。**而所谓系统性思考，是指一种思维方式，它不是割裂地、局部地、静态地来看待问题，而是关联地、整体地、动态地来审视问题。如果一个组织总是一而再、再而三地发生同样的问题，很可能问题根源不在要素层面上，必须从系统的连接层面和功能层面上寻找对策。

如果对系统三要件的重要性进行排序，应该是功能比连接重要，连接比要素重要。对一个系统来说，要素往往是最不重要、随时可替换的，但如果改变了系统的连接，那么系统就会发生巨大的变化。而比连接更重要的是系统的功能，也叫系统目的，这是决定系统行为的关键因素，也是系统最本质的东西。但现实情况是在人们讨论一个系统中存在的问题时，往往习惯性地聚焦到要素上，而忽略连接和功能。如果所有人只愿意讨论和解决要素层面的问题，而不再进行深层思考，后果就是管理者会变成"救火队长"，永远有灭不完的火。

把制造业企业看作一个系统，这个系统最根本的目的，应该是用最低的成本去最大化地满足市场需求，这里所说的"大"既包括质，也包括量。正如前面提到的，很多企业为下级部门定义了各种事无巨细的考核指标，效果是触发了基层的各种不良应对策略。上级只管定指标，下级只管抓考核，各层级只顾局部利益，无视全局效益，根源正是企业从上到下都在用割裂的视角看局部问题，而忽略了系统整体目的。针对以上现象，笔者给制造业企业的管理提供以下两个见解，供读者思考。

① 高层管理首先要考虑如何为下级赋能。制造业企业很多问题的产生本质是因为复杂要素的连接，要求管理者有跨时空的全局观和推演能力，这种能力本身不是人脑的天然禀赋。很多低水平决策的出现原因不是人主观意愿不想做好，也不是决策人的水平比其他人低，而是系统中各要素连接后的复杂度本身超过了人脑的算力。人擅长把要素说清楚，但各要素一旦开始连接，事物推理的复杂度就会呈几何级数增长，这时候人就很难说清楚。不在这个核心问题上为下级赋能，而仅通过设置各考核指标、绩效管理或各种激励政策来牵引下级，其实都是蛮干，不会给管理水平带来质的提升。

② 大型制造业企业的高层管理，应当聚焦管理结果是否符合企业的本质目标。顶层管理者或许应该进行多维度的数据洞察分析，但同时要把细节决策充分授权给一线管理者。基于微观考核指标进行事无巨细的绩效管理，会促使组织中每个人只关心自己要背负的任务指标，而忽视了企业的本质目标。基层管理者过于关注微观考核指标，就容易只琢磨手段和方法，而忽视坚持做正确的事。很多管理动作变形，往往都是考核指标过细诱发的不良应对策略导致的，是上级微观管理带来的反向指引效果。

（2）企业内隐知识剖析

工厂为什么离不开老师傅？因为企业有大量的内隐知识。内隐知识也叫隐性知识、默会知识、意会性知识，就是那些没有写在教科书上，也不曾用明确的企业文件、规章、制度、流程进行显性化归纳，但确实无处不在的、有效支撑公司经营管理工作有序开展的知识。隐性知识只能意会，多数在资深员工的大脑中，并没有形成书面记录。

有学者认为，**企业中大部分知识都是隐性存在的，而能够让卓越企业从同行中脱颖而出的关键，正是这些隐性知识。**

一个企业在决策层面、规划层面、工艺层面、生产层面都存在大量的隐性知识，如对形势的预测、计划的编排、过程的协调、人员的调度、参数的控制、操作的手法等各个企业经营环节的行为，都包含大量的隐性知识。有的隐性知识会通过口口相传，沉淀为企业能力资产的一部分，但更多的隐性知识存在于个人头脑中，并没有归纳概括出来以供分享和传承。有的隐性知识是经过常年的迭代与打磨，潜移默化形成的，甚至可能一直被人们使用而不自知。

经验丰富的工厂管理者，能将工厂的系统要素说得头头是道。他们熟悉每一台机床的特性、每一个供应商背后的来龙去脉、每一位工人的能力和性格，我们只要和他们深入交流，就会发现他们经过长年累月的工作，头脑中积累了大量的知事（know what）、知因（know why）、知人（know who）、知能（know how）等方面的要素知识，这些知识是在大量实践训练中得到的认知。这样的"大数据"训练出来的脑中模型，可能在工作中长期地、有效地影响和指导了不止一位员工的行为，但即使是知识的拥有者往往也没办法正确理解这些隐性知识，更别谈将其归纳为显性知识。

隐性知识缺少记录和传承的原因有很多，一方面，制造业企业采用"计时工资""计件工资"这样的分配制度，在企业文化和管理机制上就没有对隐性知识的流动和共享产生激励效应。另一方面，员工的惰性、垄断心理、自我保护意识，都会使其本能地抗拒将隐性知识分享出去。这种心态用一句俗语说，就是恐惧"教会徒弟，饿死师傅"。

同时还有更深层的原因，那就是很多隐性知识，人们确实一直在用，但并不清楚里面的道理。这样的隐性知识本质上是一个"大数据"训练模型。例如可能是公司各系统在经历长期磨合后，逐步形成的一个组织之间相互配合的稳态模式，本书将其称为"习得性适应"。也可能是工作人员在进行过大量实践后，通过不断试错和反馈，大脑无意中受到了反复训练而得到的最佳实践。

传统的企业流程与信息化工作内容，主要是将企业显性的、明确的知识和规则通过信息技术的软硬件手段，实现在线化和自动化呈现，从而固化为企业管理流程与决策工具的一部分。而新一代数字工厂的使命，是通过信息科学领域的人工智能手段，突破人的认知局限性，将隐性知识显性化，进一步探索人们经验认知以外更好的解决方案，并通过软件工程将这些新发现的成果固化为企业新的管理流程与决策工具的一部分。

（3）企业结构性问题剖析

如前所述，按照系统论的观点，在系统中比要素重要的是要素之间的连接，现代制造业决策场景面临的真正困难，不是系统包含的要素多，而是各个要素之间的连接复杂。如果管理者能精确计算和妥善处理系统各要素间的连接，那么系统就会发生巨大的改进。然而全要素的连接和推演对普通人来说本身就是一个巨大的挑战，工作量会随着要素数量的增加而呈几何级数增长。基于人的认知经验，人可以逐个说清楚每一个要素，却没有足够的脑力推演所有要素连接的问题。并且人脑会本能地抗拒深度工作，而喜欢用一些阻力小的思维模式，俗称"拍脑袋"决策。企业推行事无巨细的考核，在管理上的负面效应是也促成了基层管理者懒得再深入思考，索性把时间和心力都投入浅层的、思维阻力小的事务性工作中，浅层的事务性工作不会转变为强大的生产力和创造力。

当人们讨论一个系统对象时，会习惯性地聚焦在系统的要素上，而忽略连接和功能。解决企业的个别点状问题，其本质是解决生产要素问题，既然系统的要素往往是最不重要的且随时可替换的，那么就不会使企业经营水平产生质的飞跃。如果运营公司相当于运作一个系统，那么我们要想清楚，这个系统的功能的本质是什么。很多公司的智能制造转型工作从方法设计开始就出现了问题，陷入了考核制思维定式而忽略了企业的本质，陷入了对方法和手段的追求而忽略了企业的目标，就是没想清楚系统的本质。

同时要看到，制造业企业数字化转型难下手，往往是因为企业面临的问题很复杂，不同业务域之间的问题盘根错节、互相牵制，往往一个问题后面会牵连一连串相关问题，或者要解决一头的问题就无法解决另一头的问题。系统性思考要求我们不能割裂地、局部地、静态地来看待问题，而是要关联地、整体地、动态地来审视问题。推进企业数字化转型的管理者要明白系统元素之间的相互关联和影响，具备整体视野，才有可能在这个复杂系统情境中成为解决问题的高手。

例如在生产规划场景中，经验丰富的工艺员能说清楚生产线上的每一台机床的属性、每一道工艺的标准、每一个工人的素质和技能水平，但一旦将这些要素连接起来，即便是讨论最简单的节拍和效率问题，工艺员也很难洞悉工艺路线和节拍衔接潜在的所有不合理性。

再如在运营场景中，经验丰富的计划员无论经历过多少次计划无法执行的意外情况，如缺料、人手不足、设备故障等导致计划失效，又无论经历过多少次决策错误导致呆滞库存，或者供不应求导致错失行情，即使每次他都在事后搞清楚了原因和后果，但在没有强大工具支持的情况下，将来还会不可避免地重蹈覆辙。

正如前文所述，制造系统有太多要素连接在一起，复杂度超过了人脑的分析处理能力，导致以上情形出现，制造系统的顽疾往往是系统要素连接问题。无论是规划还是运营场景，都不可避免地涉及对系统要素的连接进行推理，而且很多还是长链条的推理。这些推理过程中存储的数据量和运算量都远超人脑的能力，如模拟一条普通的生产线连续运行一天，其中的全生产要素在此期间累计可以产生一百多万次状态演变；再如制订下个月 5000 台挖掘机的机型生产计划，影响这个决策的内部因素和外部因素组合的数据维度可以达到 10 万级；再如一条包含 20 多个工序的机加工成型生产线，每天要制造 100 多种不同的零件，其潜在可行的上线队列就有 10 亿种排列组合方式。这样数据量级的问题不可能让人徒手算清楚，所以人必须要有辅助工具的支持，才能保障推演过程的正确性与结果的有效性。

多数企业管理者在面临这种规模问题时会用经验直觉，或者用归约法简化问题。笔者也在不少企业观察到了更糟糕的管理实践，如大家习惯性地回避一直说不清楚的复杂问题，直接将话题转移到另一个自己熟悉的话题上继续争论，这都是人脑喜欢小阻力思考模式的天性使然。

（4）时间、空间、颗粒度和精益问题

要讨论清楚系统中的要素连接问题，就必须有精确量化思维的工具和方法，并且站在时间、空间、颗粒度这 3 个角度再认真评估一下要素的连接和业务的本质。

前文提到工厂各个生产要素的考核指标问题，如果跳出生产部、设备部、物流部的局部思维视角，站在工厂全局看制造系统的运行特点，就会意识到，**生产之所以可以进行，本质上是人、机器、物料三者之间的同时空闲状态在时间和空间上的撮合**。也就是说，只有三者都空闲而且聚到了一起，当前工位的加工才可能进行。现实中只要三者中有一个要素被占用，那另外两个要素就得等待。看清楚了这个本质，就可以推理出——工人的劳动负荷率、机器的利用率、物料的流转效率，三者之间其实是互相迁就、此消彼长的关系，不可能同时最大化，也可以称之为"生产要素运行效率的不可能三角"。

也就是说，要想让在制物料的流转效率最大化，那就要舍弃机器的利用率和工人的劳动负荷率。要想让机器的利用率最大化，那就要以牺牲物料的流转效率、工人的劳动负荷率为代价。要想让工人的劳动负荷率最高，那就得放弃物料的流转效率和机器的利用率。所以，如果工厂的工艺规划和运营规则没有做好整体的协同设计，就永远不能保证生产三要素同时在一个令人满意的水平上运转。

为了进一步理解"生产要素运行效率的不可能三角"，还可以想象一个比较极端的场景。例如，想要使物料的流转效率最大化，物料就像赛道上的 F1 赛车，物料进入每个工位都像 F1 赛车进入赛道维修栈那样，享受到了被工人和机器"一拥而上"的加工待遇，那么物料的流转效率就会奇高。但与此同时，这也意味着工人和机器的效率会奇低，因为他们大部分时间都在空闲等待中。

再例如，要想使工人的劳动负荷率最大化，就像电影《摩登时代》中卓别林拧螺丝那样，一刻不闲地高频率作业，这就意味着物料和机器要相对冗余，物料要有大量的预先储备，机器要有一定的备份，才能保证工人可以永不空闲，持续高饱和度地劳动。

有很多传统的管理思想和实践案例，如源于日本丰田汽车公司的传统精益思想，促使了人们去思考企业经营的本质，去正视未能被妥善解决的问题。但传统精益思想并没有提供强有力的工具帮助人们准确有效地解决这些问题。举一个典型的例子，对生产线节拍（TT）的概念，经典精益管理教科书的定义是"节拍就是客户需求的生产节奏"，这是上过精益管理课程的人可以脱口而出的答案。这个概念本身没错，因为它表达了一种反对浪费、反对过度投资、反对无效囤积的思想。

但回归到企业的真实管理情境中，验证这些概念就会遇到问题。例如公司已经投资建成了价值数十亿元的生产线，而市场需求一直在波动，有的时候产能供不应求，有的时候产能供过于求，那么有什么科学的工具和方法可以帮助人们决策未来如何继续投资生产设备、如何控制工人规模、如何计划原料和存货数量呢？像"节拍就是客户需求的生产节奏"这样的正确观点，并不能给我们进一步提供直接答案，在传统精益管理教科书中也找不到有效的对策、方法和技术。

在精益思想中，诸如山积图、价值流程图、均衡化思想等工具，在今天的企业管理现实中都面临着和生产线节拍概念所面临的同样的困境，即"理论正确、实操有限"。它们更多的是提供了思考问题的切入点，但作为制造管理实践的工具，显然还不够。这些传统工具只提出了正确观点，但缺乏有效的技术手段，所以作为实战工具还是有些粗糙。

当我们对很多实践案例"较真"地复盘和探究，就会得出这样的结论，在对生产线进行精益优化的时候，如果既没有引入各要素的时间和空间概念，问题模型的颗粒度又太粗，那么问题的推理过程可能过于简单了，对有些案例输出的结论的有效性和实际收益存疑。主要是因为在制造系统中存在的连接问题是复杂的、非线性的，完成推演的运算量是人力所无法企及的，在传统精益教科书的工具图谱里，这些问题无法被有效解决。

我们利用系统论的思想再剖析一下以上问题，制造系统实质上是一个复杂系统，因为这个系统内部的各个要素之间存在着大量的非线性作用，所以系统运行的结果实质上有不可简单线性预测的特点，数学上也叫作"计算不可约"。制造系统的不可简单线性预测特点，具体来自以下方面：一是系统内部不同要素各自运行的周期不一致；二是各系统内部要素之间、系统内部要素和系统外部要素之间存在着时变的关联与反馈等非线性作用关系；三是这些作用关系可能还受到不确定性和随机性的影响。对这样的系统用均衡化表格、山积图、价值流程图等简单的线性化工具，不一定能清楚推演出问题根源并给出有效改善策略。

与日系精益思想形成对比的是德国制造业的工业工程管理思想，如以大众汽车集团为代表的汽车工业，对生产线节拍的定义聚焦在工程化的技术思维上。德系工业工程管理思想明确生产线节拍为工位或者生产线的真实极限能力，因而可以对生产线进行严格逻辑化的定量分析，再以离散事件仿真等技术手段为辅助，这种方法在复杂生产线的改进分析工作中，相对更有可实操性。

1.3.4　破局思路和新一代数字工厂

如前文所述，制造业企业数字化转型难下手，往往是因为企业面临的问题是复杂的系统问题，不同业务域之间的问题连接盘根错节，互相牵制。当企业的信息化基础设施建设完成后，需要进一步破解的往往就是这样的困境，可以形容为数字化的改革到了"深水区"。

传统信息化工作的思路是对人的过往经验和能力进行程序化的封装，在过去这种做法的效果一直都很不错，但在今天已经触及了其上限，这是企业数字化改革到了"深水区"后必然会触发的瓶颈，综合前文所述，经具体剖析，有以下3点原因。

（1）制造业场景下部分问题具有计算不可约的特点

所谓计算不可约，就是无法用某种形式快速得到这些问题的计算过程的答案，如直接套用一个简单方程式，用简单的条件规则，或者用高度概括的简易模型来简化计算过程。解决计算不可约问题，一般得老老实实从头到尾，对全部要素的演变过程进行全面的模拟或运算。必须有足够多的数据样本作为输入，必须把现实中的对象从时间、空间、逻辑关系方面拆分到足够细的颗粒度，必须进行足够运算量的解空间探索，才有可能得到一个相对准确或有实用价值的答案。

（2）人需要有对复杂连接进行推理的辅助工具

人脑的存储容量开发潜力很大，但是运算速度有限，而在现代制造业企业的规划、计划、调度等场景中，经常涉及对多要素的连接进行推理和决策，并且有很多还是长链条的推理。这些推理过程存储的中间数据量和产生的计算量，都远超人脑的存储和计算能力，单纯把人的经验固化为程序规则的传统方式，已经不能保证进行高水平决策。要解决这个问题，就必须有一套全新的数字化工具，赋予管理者系统性思维和全局视角，并能够在一定的时空跨度上进行模拟推演，进而改变企业的决策流程和协作文化。

（3）对隐性知识进行显性化和改良的工作对企业非常重要

支撑企业有序运转的大部分是隐性知识而非显性知识，传统企业的隐性知识的主要载体是经验丰富的老员工，这些隐性知识本质上是通过经验"大数据"训练出来的潜意识模型。隐性知识被人使用而不自知，很难被显性化地提取出来，也无法评价这些隐性知识本身的合理性与优化潜力。此外，对人的过往经验和能力进行程序化的封装，无法突破人自身认知的局限性。在大数据时代要解决这个问题，就要求企业善用数据科学工具，对隐性知识进行机器化和自动化的高速挖掘、评价和再优化。

从以上问题出发，为制造业企业设计合适的数字化转型方法与工具，至少以下要素是不可或缺的，即数据科学的思维方式，对算法、求解器和模拟器进行工程化封装的软件研发能力，以及足够的计算机算力。

过去，制造业对数字工厂所带来的先进性的理解，一般强调数字工厂将会伴随着工厂全生命周期，并在工厂规划、精细设计、施工、经营、生产、优化、升级，直至消亡的过程中，一直伴随着实体工厂不断丰富、改进和演变。

而在新的智能制造背景下，新一代数字工厂体系已将数字孪生作为核心概念，融合了物联网、大数据、机器学习和仿真等技术手段的数字工厂，数字工厂的模型将依靠传感器及其他数据来研判其自身的实时状态，从而帮助管理者回应变化，提高运营能力，增加价值。针对工厂全生命周期的几个关键阶段，需要考虑几个环节的具体应用，如图1-4所示。

从工厂的物理实体萌芽阶段，即工厂规划、概念设计阶段开始，其数字镜像就已经存在，通过虚拟仿真技术和物联网技术，将过去可供参考的历史数据、经验与知识应用于工厂规划、设计，帮助企业管理层进行快速决策。

在工厂建设过程中，数字工厂作为物理实体对象的数字化映射，是一个集成的多物理场、多维度、超写实、动态概率仿真模型，可用来模拟、监控、诊断、预测、控制工厂实体项目精度、时间进度和费用预算，同时数字模型通过与产品物理实体之间的数据和信息交互，不断提高自身的完整性和精确度，最终完成对产品物理实体的完整和精确描述，以及对建设过程信息的存档。

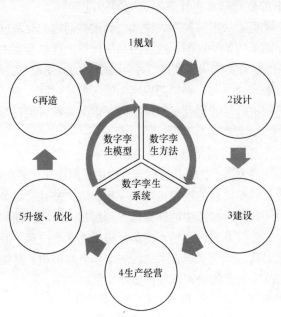

图 1-4　数字工厂全生命周期不同阶段

　　在生产经营过程中，数字工厂又作为与现实世界中的物理实体对象完全对应和一致的虚拟模型，可实时模拟自身在现实环境中的行为和性能，在此阶段可借助数字孪生来推动高性能计算技术和机器学习技术在生产过程领域中的应用，利用虚拟现实技术实现实时迭代交互，以优化生产要素配置和生产过程控制。

　　在工厂升级、优化和再造的过程中，数字工厂模型可通过和真实实体工厂之间的全要素、全流程、全业务数据集成和融合，并且在孪生数据的驱动下，实现对工厂生产要素、活动计划、过程控制的仿真和优化，同时为物理工厂和数字工厂之间的迭代优化提供持续辅助。

　　自工厂开始运营到最后消亡，数字工厂会忠实地记录实体工厂所有经营和运行数据，生成实体工厂全生命周期数字化档案。

　　生产制造的数字工厂框架由数字孪生实践环构成其核心，如图 1-5 所示。数字孪生实践环包括制造业环境中的物理实体对象、虚拟模型、生产控制人员和经营管理人员，再通过工业物联网将这些要素连接在一起，不断循环迭代。

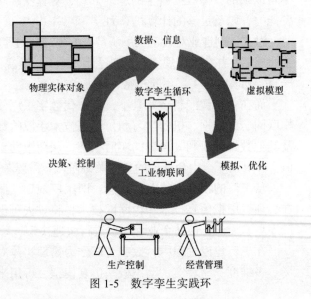

图 1-5　数字孪生实践环

数字孪生实践环中的虚拟模型对其镜像的物理实体对象进行数字化、可视化、模型化和逻辑化的仿真，仿真结果一方面可以实时展示给生产控制人员和经营管理人员，用于辅助决策，另一方面也可以直接形成控制指令，直接反馈到生产设备的控制器上。数字孪生实践环中的物理实体对象不断接受参与人员和虚拟模型发来的控制指令，执行生产任务，同时将自身的状态信息不断地传递给参与人员和虚拟模型。

1.3.5　对数字孪生和可视化技术的思考

今天工业界对数字工厂的理解正在逐步走向全面和成熟。过去有很多人认为工程总包单位建设好物理工厂后，竣工交付的数字化工程信息模型就是数字工厂。这种观点是片面的，从生产管理和运维管理的角度来看，仅有数字化工程信息模型还远不足以构成完整的数字工厂体系。

在制造业中，物理世界的生产线从规划设计阶段开始，会不断地产生各种数据，并被使用和存储。伴随着工厂投入运行，生产设备、人员和产品所对应的状态、行为和属性都开始不断地变化，海量数据将源源不断地生成。数字孪生集成了制造工厂全生命周期的所有元素、业务和流程的数据，并不断地更新同步以确保一致性。

数字孪生的虚拟模型集成了几何、结构、材料特性、规则和过程等不同维度的数据，并使生产系统和生产过程的数字化与可视化成为可能。结合数据分析，数字孪生使制造业企业能够进行更准确的预测、更合理的决策和对生产过程的实时动态监控。在虚拟模型和物理实体对象不断交互、迭代进化的过程中，数字孪生模型也将会在信息世界自主产生虚拟数据，模拟现实环境中尚未发生的行为，以验证优化的可行性，或者预判潜在风险。

数字孪生在生产制造管理中可用于优化生产链条上下游各个环节，包括供应链管理、生产过程管理、能源消耗管理、安全管理、设备维护管理等多个重要的工厂业务领域。例如，通过基于机器学习的数字孪生来预测原料需求，优化进出厂的物流、库存和内部物流与生产过程的协同；寻找不同工艺点位之间的相关性，对产品的输出配置和比例进行预测，优化产品的输出分布；对能源消耗进行预测，优化对水电气等公用资源的配送；对人的行为和安全进行预测和风险预警；对环境保护的绩效进行评估，并提供风险预警；对设备和管道的变化状态进行模拟和评估，预测设备磨损、管道腐蚀的程度，并对发生故障的根本原因进行分析等。

大量企业的实践经验与教训已经证明，仅凭借传统制造工厂自身的力量，无法有效完成数字化转型的工作，制造业在进行数字化转型的过程中，面临着以下问题和挑战。

① 缺乏全盘考虑和长远规划的顶层设计，数字化转型战略规划和标准化建设工作缺失，或者局限在特定业务情境中，导致在面向更大范围的推广时有局限性。

② 数字化所要求的跨部门协同能力对传统的孤立的组织架构的挑战。

③ 工厂既有的工作方式、业务流程、考核体系为数字化平台应用推广带来的阻力。

④ 工厂旧存档资料的缺失、分散、错误、遗漏，将对工厂模型建立工作带来的巨大的人工量和技术挑战。

⑤ 企业内部创新机制和协同创新的工作氛围不足。

⑥ 工厂的工作人员在数字化方面专业技能和经验的不足，而同时有很多数字化平台软件厂商存在形而上学、扭曲概念等误导制造业企业的行为。

国内外研发数字工厂系统的厂商非常多，近些年来在各种行业峰会和工业博览会上如雨后春笋般涌现。有不少号称能帮助企业实现数字化转型的工业信息化平台厂商，在设计和开发产品的时候没有很好地洞察制造业新管理难题的本质，自然也无法提出有效的破局思路和技术抓手。这些厂商提供的软件产品，研发思路还是沿袭了流程与信息化系统的传统 IT 建设思路。例如生产决策系统，仍然将当前业务流程梳理和复现作为核心技术，而不见基于数据科学技术的决策引擎。再如开发工厂数字孪生平台，把三维可视化作为核心技术亮点，而没有洞察对企业真正有价值的、可以带来效益的场景。用传统 IT 建设思路去规划新一代数字工厂技术平台研发工作，可以说从产品的概念设计伊始就选错了路线。

业内一些新推出的工业软件产品既没有想清楚要为企业解决什么问题，也没有经过严格的工业收益试验，有些厂商还是国际知名大牌。很不幸，这些并不成熟的软件产品被加上品牌光环后，被成功地销售给了国内不少制造业企业。这些企业相当于自费数千万，主动去给不成熟的软件平台当试验对象。

之所以出现以上现象，一方面是很多软件厂商离真实的业务场景太远了，看不到企业面临的真正问题，所以目标设定不接地气。另一方面和这些厂商自身熟悉和擅长的技术域有关，如过去长期专注研发 CAD 和 CAE 技术的厂商，在定义数字孪生平台概念的时候往往会对自己熟悉的技术域有路径依赖。

对于在制造业应用数字孪生技术的注意事项，笔者结合自己的实践经验提出以下观点和建议。

① 在生产制造过程中使用数字孪生技术不是为了好看，单纯用三维建模作为核心技术，以展示工厂和生产线为目的数字孪生，几乎不能为生产制造过程带来实际应用价值，必须通过仿真、机器学习等建模技术手段为数字模型赋能，才有可能为工厂带来明确的经济效益。

② 数字孪生的架构特点就是虚拟模型和真实环境之间保持持续的互动与迭代，因此虚拟的数字模型应当可以反馈并影响工厂物理生产环境，而且这种虚实互动的迭代过程，应该面向企业业务痛点的真实场景，并提供解决问题的完整方案，否则就无法为企业带来实际帮助。

③ 真实的工厂物理生产环境是持续变化的，包括设备老化、原材料变化、工艺的改变等，所以数字模型需要持续迭代更新，有与真实的物理世界保持同步的机制。

④ 工业大数据大部分是从生产车间物联网收集的，具有连续的特征。生产线的原始物联网数据通常根据其类型不同，使用不同的采样频次进行数据收集。为了实现正确的数字孪生建模，需要通过数据的预处理，使不同数据维度之间的时间序列数据频率统一。

⑤ 生产过程是不间断的时间序列过程，必须考虑不同工位之间互相影响导致的时间滞后性，妥善处理多维度时间序列数据之间的时间滞后问题。

⑥ 从生产线工业互联网采集到的数据通常具有维度、频次高的特点，因此，可用于机器学习的数据量很大，带来了巨大的计算负荷，直接影响结果输出的时效性。因此必须考虑降低数据维度的技术方案。

第2章
数字工厂基础平台

2.1　技术架构

　　不同企业在设计自身数字工厂的技术架构时，要根据自身的行业特点和发展阶段酌情定义。在今天的数字工厂 2.0 时代，比较典型的数字工厂通用总体技术架构体系可按 4 层架构来构建，如图 2-1 所示。数字工厂总体技术架构体系由下至上分别为数据层、基础平台层、应用层和展示层。

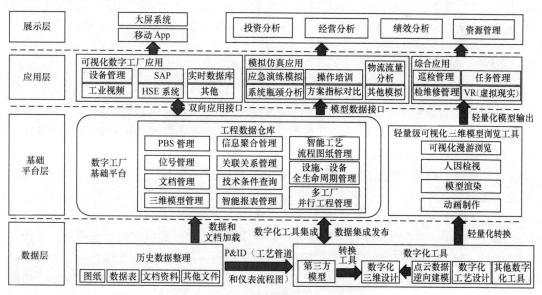

图 2-1　数字工厂通用总体技术架构体系

　　根据建设数字工厂技术架构体系的总体目标，应首先开展数字工厂整体架构设计和数字化标准规范体系建设，并把着力点放在搭建基础平台层的工作环节上。此外，针对在役工厂，应依托历史数据整理的信息，对工厂进行激光扫描、三维逆向重建、智能工艺流程图转换和最终的数据入库管理，实现数字工厂静态模型的建立。

实际上对任何一个具体的企业来说，建立真正长期有效的数字工厂都不可能是一个一蹴而就的一次性项目。如果一个企业确实有志于让数字工厂技术平台扎根，持续发挥实际效用，并成为企业管理文化的一部分，就要制定好远景规划并做好持续滚动建设的准备。以汽车工业为例，在 20 世纪 80 年代，典型的制造业企业代表为大众汽车集团，从 1985 年起便启动了数字工厂 DF（德语 Digitale Fabrik）战略。起步于 1985 年的 HLS（Hallen Layout System）第一代数字工厂系统，旨在提升对汽车工厂和生产线的规划设计能力。

经过 40 多年的持续迭代发展，该汽车集团不断引入新的技术内涵，其数字工厂技术架构体系已经覆盖冲压、白车身、涂装、动力总成、组装五大工艺，涵盖了工业工程、物流与包装、工厂布局规划、过程仿真、虚拟验证、数据平台六大技术场景。该技术架构用 20 多种不同的应用软件组成了其核心技术架构。

这些构成数字工厂核心技术架构的应用软件不是互相孤立的，而是通过数据接口实现了不同系统之间的信息流通，并根据业务流的衔接情况搭接起了跨系统的信息流，从而实现了数字工厂与真实工厂运作间的映射关系。

2.1.1　基础平台

数字工厂基础平台是整个数字工厂技术架构体系的核心。基础平台在整个数字工厂技术架构体系中发挥以下重要作用：一是作为数字工厂模型的载体，接收、存储、管理来自工厂全生命周期各个阶段的三维模型；二是以智能工艺流程图和三维模型来组织信息，以智能工艺流程图聚合工程信息，以三维可视化作为主要的展示方式和交互手段，快捷、准确地掌握工厂信息；三是提供多种集成第三方系统的手段，能有效避免信息孤岛；四是作为应用程序的开发框架，通过二次开发接口，支撑应用开发，快速产生业务价值。

2.1.2　基本技术路线

（1）数据层

数据层拥有数字工厂数据重构的能力，由数字化工具生成的数据、图文档（包括智能工艺流程图）和模型（由三维设计软件正向设计或由激光扫描的逆向建模方式完成），将通过系统自带集成接口发布到基础平台层上；同时支持将其他相关离散的数据、图文档或轻量化转换模型等，批量加载到基础平台层上；最终完成对工程数据的聚合式管理，形成工程数据仓库。

（2）基础平台层

基础平台层提供在工厂全生命周期各个阶段内的数据集成和数字化管理能力，支持完整的数据、图文档和模型管理功能。基础平台除了提供各种格式的图文档和模型的可视化浏览功能，还将对接用于轻量级可视化三维模型浏览的专用模块，满足三维浏览专业功能需求，同时提供基于数据科学手段的各种基础建模功能。

（3）应用层

应用层在基础平台层上层，基础平台层为应用层提供全面的工程基础数据及关联系统数据的服务调用接口，能够在应用层的不同业务应用场景中，根据需要实现数字工厂可视化实时监控能力、模拟仿真应用能力及其他综合应用需求。

（4）展示层

展示层包含移动 App，并预留与企业门户看板进行集成的扩展功能。通过移动 App 在线方式连接和访问数字工厂平台的数据、图纸和文档信息等，集成展示设备动态信息及实时数据等。

2.1.3　硬件架构及需求评估

根据数字工厂总体技术架构体系及企业对于系统环境的要求，需要合理设计硬件架构，搭建服务器和后台数据管理平台。系统构建在企业内网中，数字工厂基础平台总体架构至少包含 3 台独立的服务器，即数据库服务器 DB1，应用发布服务器/文件服务器/三维轻量化模型服务器 DB2（共用），三维模型转换服务器/模型数据管理服务器 DB3（共用）。

可采用服务器虚拟化的方式进行配置，相关硬件建议按表 2-1 所示方案进行基础配置，具体可根据企业情况作相应调整。表中推荐的数字工厂基础平台数据库服务器 DB1 和 DB2 的硬件配置，是按照 200 人以上同时在线应用的规模设计的。数字工厂基础平台软件配置和设计架构也有使用规模上限，一般建议设计冗余度满足创建和管理 1000 个以上的账户。

表 2-1　生产服务器硬件配置

硬件配置	DB1	DB2	DB3
CPU	24Core 2.4GHz 或者更高	28Core 2.4GHz 或者更高	10Core 2.4GHz 或者更高
内存	128GB RAM	128GB RAM	64GB RAM
硬盘	1TB 快速数据存取	4TB 快速数据存取	1TB 快速数据存取
操作系统	Windows Server 或 Linux		
网络	1000 BaseT 或更高		

在正式布置生产服务器前，出于安全考虑，企业通常要求布置测试服务器，由于测试环境中用户并发量和数据量不会超过生产环境容量，而且其测试的目的主要是进行原型验证，因此测试服务器的硬件配置水平可以比实际生产服务器略低。

测试服务器相关硬件建议按表 2-2 所示方案进行基础配置。表 2-2 中推荐的数字工厂基础平台数据库服务器 DB1 和 DB2 的硬件配置，可以支持大约 80 个用户并发量。一般情况下硬件的性能可根据数字工厂的实际数据容量进行扩容。

表 2-2　测试服务器硬件配置

硬件配置	DB1	DB2	DB3
CPU	10Core 2.4 GHz 或者更高	16Core 2.4GHz 或者更高	Intel Xeon® 5600 Series 或者更高（64 位指令集，非 Itanium）
内存	64GB RAM	64GB RAM	32GB RAM
硬盘	1TB 快速数据存取	1TB 快速数据存取	1TB 快速数据存取
操作系统	Windows Server 2012 R2 64-bit（Standard 版或 DataCenter 版）		
网络	1000 BaseT 或更高		

2.1.4　数字工厂的信息管理平台

数字工厂的信息管理平台是工厂数字化的软件基础，需要具备协同设计、数字化交付及业主信息管理的解决方案。信息管理平台是对数字工厂各个应用模块或工具生成及录入的数据进行集成，包括设计、采购、施工、调试和运维的数据，并能够与工厂运行系统、维护系统等进行多方集成，构建完整的可视化数字工厂实时监控模型，实现真正意义上的贯穿全生命周期的工厂信息管理，使工厂信息成为用户单位的虚拟数字资产。

在离散制造工业和流程制造工业领域中分别有数家商业软件公司，在数字工厂的信息管理平台上进行了数十年研发，并能提供成熟的软件产品解决方案。例如本特利（Bentley）公司的 ProjectWise 软件主要面向离散制造工业，被大众汽车集团等德国汽车公司普遍采纳，而鹰图（Intergraph）公司的 SmartPlant Foundation（SPF）软件主要面向流程制造工业，被全球石油、化工行业普遍采纳。下面以 SPF 为例，说明数字工厂的信息管理平台的基本功能。

① 支持三维可视化的工厂信息浏览，在三维模型中任意选中一个对象，即可在属性窗口中显示该对象的工程信息。用户也可任意输入一个位号，在三维模型中定位至该位号所在位置。在按照位号进行检索时，软件支持模糊查询，用户只需输入位号部分关键字，即可获得工厂中符合该关键字的所有位号。

② 支持异地分布式部署，通过在主站点和卫星站点安装文件服务器，确保处于不同地理位置的用户均可流畅浏览三维模型及二维图纸。同时支持客户/服务器（C/S）架构和浏览器/服务器（B/S）架构两种架构。在 B/S 架构下，用户只需通过网页浏览器登录至系统，即可实现对三维模型的旋转、缩放、剖切、隔离、测量、标注、协同等操作。

③ 支持结构化数据及文件（如 XML、Excel 文件等），以及非结构化数据及文件（如 PDF、Word 文件等）。行业主流二维模型和三维模型均可在 SPF 中浏览。

④ 支持建立和维护数据、文档、二维模型和三维模型之间的关联关系。其中，关联关系既可手动建立，也可基于规则自动建立。关联关系的维护可通过权限控制，确保只有具备特定权限的人员可对关联关系进行维护。

2.1.5　数字工厂应用相关软件

1. 流程工业数字工厂三维设计软件

流程工业的数字工厂建设需要面向数据的、规则驱动的三维设计软件。流程工业数字工厂三维设计软件通常具备以下特征。

① 等级驱动。可将工程设计规范电子化，驱动相关设计，智能地进行判断和选择，避免经验不足造成的人为错误，提高设计质量和效率，如布管时根据管道等级自动生成部件并匹配相应附件。

② 设计集成与碰撞检查。将各专业设计成果集成在一起，通过碰撞检查功能，提前发现以往很多只有在施工阶段才能暴露的碰撞问题，减少现场安装的返工，缩短工期，如图 2-2 所示。

图 2-2　碰撞检查

③ 与智能工艺流程图软件的集成。与智能工艺流程图软件集成，可以进行二维驱动三维建模，二三维比对，以鹰图软件为例，如图 2-3 所示。

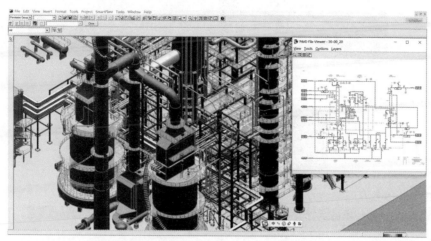

图 2-3　鹰图软件的 Smart 3D 与 P&ID 的集成

④ 点云模型的逆向建模。使用激光扫描仪对在役工厂进行扫描后，进行点云的成像和拟合，可以将拟合模型用于改扩建、设备升级完善和维护等工作场景，并在 Smart 3D 等软件中实现逆向建模，点云逆向建模如图 2-4 所示。

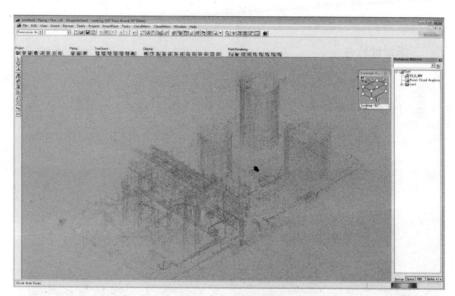

图 2-4　点云逆向建模

2. 离散制造工业三维设计软件

离散制造工业三维设计软件可跟踪所有数字设计数据，并能够简化工作流、提供新项目和 BOM 功能，提高工作效率，能够轻松完成钣金、焊接、桁架等设计工作，还具有仿真分析、渲染、动画制作等功能。下面以专业级机械设计的三维计算机辅助设计工具 Autodesk

Inventor 为例（Autodesk Inventor 的三维设计界面如图 2-5 所示）说明离散制造工业三维设计软件的主要功能。

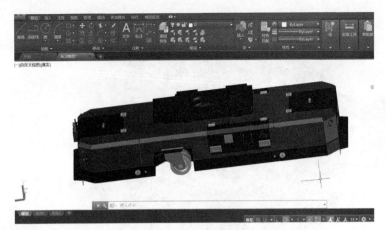

图 2-5　Autodesk Inventor 的三维设计界面

① 能够进行三维零件设计、装配设计、钣金设计及塑件设计。

② 能够进行机械、液压和电气跨专业的设计协同，缩短设计周期。

③ 能够进行三维管路和电线设计。

④ 能使用自动化工具测试零件在装配中的干涉。

⑤ 可以通过运动仿真预测产品在真实条件下的运动状况。

3. 工厂三维设计软件

工厂三维设计软件需要跟踪所有工厂布局数据，并能够简化工作流、提供新项目和BOM功能，提高工作效率，能够轻松完成结构、焊接、桁架等设计工作，还具有仿真分析、渲染、动画制作等功能。下面以德国汽车工业普遍采纳的 MicroStation 软件为例（用 MicroStation 构建的工厂三维模型如图 2-6 所示）说明工厂三维设计软件的主要职能和作用。

图 2-6　用 MicroStation 构建的工厂三维模型

① 在规划设计阶段对设计进行干涉碰撞检查，从而有效降低设计差错率，减少施工阶段的工程变更，缩短项目周期及节省成本。

② 提高精益化设计能力及对设计细节的关注度，通过 3D 设计及渲染照片和虚拟现实技术，为管理层提供更有表现力的决策信息。

③ 对设备局部的合理性、各专业管线的布局协调性、设备末端水电气连接的可行性提前进行验证和规划。

④ 为工艺仿真、工业工程仿真、物流仿真提供工厂三维模型数据基础。

⑤ 在生产和公用设备发包阶段，将完整的工厂三维数据交付给设备供应商，有效提高设备供应商的规划效率和准确性，减少车间施工阶段的工程变更，保障工期。

⑥ 在规划设计阶段留下的整套三维数据对工厂运行阶段的运维、改造，和其他新工厂规划设计阶段的数据准备有重要意义。

以建筑行业常用的 Autodesk Revit 系列软件为例，该系列软件将建筑的各专业设计和配合通过三维的形式表现出来，使建筑设计更直观、更合理，也更精确。通过碰撞检查，能更方便地解决建筑当中的碰撞问题，使建筑设计的质量得到严格把关，如图 2-7 所示。

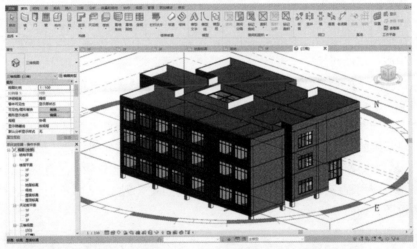

图 2-7　Autodesk Revit 系统中的建筑信息模型

4. 智能工艺流程图设计软件

智能工艺流程图设计软件是基于数据库及规则驱动的工艺系统图设计软件。完善的工程数据表包含管道、管件和仪表编码，阀门型号，管道材料，管道规格，工艺介质，介质流量流速，设计参数，管道试验条件，保温属性，仪表类型，材料库对应编码，多种运行工况参数及运行条件等信息。工程数据的延伸和发展为后续设计打下了坚实的基础，并随着设计交付，在工厂施工、运行和维护过程中发挥作用。下面以 SmartPlant P&ID（SP P&ID）为例，说明智能工艺流程图设计软件需要具备的主要功能和特性。

① 全厂规则驱动。对图面符号的连接、属性的传递、符号之间的关联进行实时规则驱动，通过这些规则，画图人员可以减少错误，缩短设计周期。

② 一致性校验。在画图过程中实时进行属性的一致性校验，可以及时反映出在属性填写过程中的问题，提醒设计人员进行修改。

③ 统一标准图例。SP P&ID 的一个项目使用一个共享的图例库，使整个项目的图纸呈现出整齐、规范的图面。这种模式能提高读图效率，而且使图纸在项目全生命周期中，呈现出统一的规范标准，图例库也可以根据项目进行个性化定制。

④ 版本控制。可以进行手动和自动的版本保存，设计和审查者可以在任意时间查看历史版本，并进行任意版本之间的数据及图面比较，比较结果能以不同的颜色表现出来，同时还能生成比较报告。

⑤ 实时保存。每个操作和步骤都实时保存到数据库中，计算机死机、突然断电等不可控因素不再导致设计数据丢失。无须手动保存的特性可以保证设计的安全性。

⑥ 支持多种文件格式的数据导入。支持 XML 文件、Excel 文件、TXT 文件等多种数据文件的导入，提高数据的复用性和连贯性，从前端设计阶段到详细设计阶段，所有数据都能进行导出和导入，极大地提高了数据的复用性和稳定性。

5. 可视化模型浏览软件

① 轻量级可视化模型浏览软件。轻量级可视化模型浏览软件需要具备界面简单直观、功能易学易用的特点。下面以 UniversalPlantViewer（UPV）为例，说明轻量级可视化模型浏览软件需要包括的功能。

- 以数据流模式发布：模型可以存储在服务器上以数据流模式发布。浏览软件需要支持大规模的工厂专业化模型。也可以将数据下载到本地机器上，实现本机访问工厂模型。

- 支持点云的结合：可以在三维点云模型中加入照片，使显示更逼真。

- 与外部系统的链接：属性驱动的方式可以很方便地链接外部文件，如网页、PDF 文件、Excel 文件等。UPV 可以通过超级链接的方式被其他软件通过链接方式调用，还提供 API（应用程序接口），供其他软件集成，当跳转到 UPV 界面时，能够聚焦到所链接的设备，如图 2-8 所示。

图 2-8　UPV 被其他软件调用

- 场景漫游：支持阿凡达人物，可以行走、爬楼梯等，也可以放置吊车、卡车等物体。

可以输出到 HTC VIVE、Oculus Rift 等 VR 漫游设备。

② 三维模型审查软件。三维模型审查软件可以利用三维模型制作动画和电影等。下面以 SmartPlant Review（SPR）为例，说明三维模型审查软件需要包括的功能。

● 模型渲染：为模型赋予材质（通过调整反射率、透明度、抛光等），设置灯光（点光源、远光源、日光、环境光等）。

● 动画制作：动画制作适用于工厂漫游、安装过程模拟、进度模拟等。通过设置动画路径、模型淡入淡出、颜色、声音等将过程录制成动画输出。

6. 三维模型转换软件

三维模型转换软件可将各种机械设计软件的三维模型和各种工程设计软件的三维模型快速地转换为数字工厂平台、三维设计软件和三维校审软件可识别的格式。对模型的转换不仅是对模型外形的重现，还要能获取模型在原系统中的属性信息，以便在三维设计软件中根据模型外部属性，进行增加、修改、渲染等操作。

以 SmartPlant Interop Publisher（SPIOP）为例，在该系统中可以随时对模型进行转换，或者设置一个时间间隔来自动转换模型。用户也可以配置一个自动项目监视器，如使用文件夹完成自动创建、转换、安排计划和发布模型等操作。

SPIOP 软件不同版本支持的图纸数据格式如表 2-3 所示。

表 2-3　SPIOP 软件不同版本支持的图纸数据格式

软件名称	版本	图纸数据格式
PDS	2011 R1	.dgn
SmartSketch	2016	.igr
SP P&ID	2014 R1	.pid
SmartPlant Instrumentation	2016	.spe
SmartPlant Electrical	2015 R1	.spe
Smart 3D	2011 R1～2014 R1	.sha、.xml
AutoCAD	2014 或者更早版本	.dwg、.dxf
MicroStation V8i	V8.11.09	.dgn
Aspen Zyqad	V9（18.1.0）	.zyq

7. 点云数据转换软件

点云数据转换软件需要支持将主流激光扫描设备（如 FARO、Leica 和 Trimble 等）扫描得到的点云文件快速转化为三维模型，转换后的三维模型格式应支持主流的设计软件格式。下面以 Cyclone 软件为例说明点云数据转换软件的功能，在此基础上，还需另外选用类似 CloudWorx for Smart 3D 插件与 Smart 3D 等三维建模工具配合，才能完成逆向建模。

① 点云去噪与优化。可手动去除装置周围的无用点，如行人和树木，以及其他一些干扰点，并通过系统命令优化点云质量。

② 普通建模。管道模型创建方法如下。在 Cyclone 中利用点云自动拟合功能拟合出初

步的管道模型，再手动加以修改和完善，得到完整管道模型，管道普通建模如图 2-9 所示。

设备及结构模型创建方法如下：在 Cyclone 中通过点云拟合出设备及结构外形。

以上生成的模型可以另存为 DWG 格式文件导入 Smart 3D，参考历史图纸或其他相关材料完善属性，得到智能设备及结构模型。

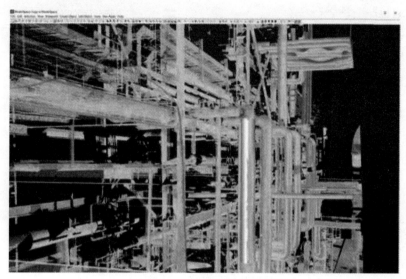

图 2-9　管道普通建模

③ 精细建模。管道模型创建方法如下。通过 CloudWorx for Smart 3D 可将点云插入 Smart 3D 并对点云进行旋转、切分和捕捉点云拟合管道模型等操作。通过捕捉点云中轴线拟合管道，并结合历史图纸和材料等级信息输入相应属性，最终创建符合工程规格并包含相应属性的智能管道模型。

设备及结构模型创建方法如下。在 Cyclone 中通过点云拟合出设备及结构外形，再另存为 DWG 格式文件导入 Smart 3D，参考历史图纸或其他相关材料完善属性，得到智能设备及结构模型。

8. 三维模拟培训软件

三维模拟培训软件可用于企业的生产操作培训和 HSE（健康、安全和环境）安全应急演练培训等。这类软件一般可以兼容不同厂商的三维模型格式，包括来自激光扫描和逆向建模后的三维模型格式，并在模型中展开演练。以鹰图公司的 3D PACT 为例，通过创建逼真的物理事件，创建和增加有规则的、有物理感知的三维几何图形。甚至创建和增加动态的人物角色，来模拟工厂的工艺操作、运维操作、安全应急等过程，如图 2-10 所示。

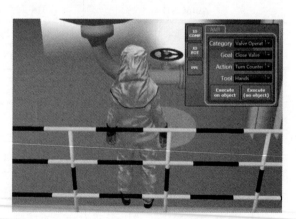

图 2-10　安全应急演练

三维模拟培训软件支持在工厂三维模型中自定义增加"可操作的"三维对象，如针对邻近设备模型，添加仿真的三维操作面板、活动点、按钮、阀门开关等，同时按一定情境下的操作规程要求，设计不同的事件应对处置脚本，并嵌入一定的动作应对考试题，进行逼真动画场景下的人机互动，实现对操作人员的培训或上岗考核。

9. 仿真软件平台

仿真软件可进行从规划到布局的建模，研究和优化各种制造流程。仿真软件通过可视化过程，帮助企业优化生产线和工艺节拍规划，并识别生产线上的工艺瓶颈等问题。离散制造工业和流程制造工业面临问题的场景不一样，因此仿真软件的核心元素与输出报告的侧重点也有区别。

下面以三一重机大数据所自主研发的阿波罗系统为例，说明仿真软件的功能。阿波罗系统是一个典型的离散事件仿真系统，可以实现和物理工厂高度一致的参数化建模，根据生产节拍、故障率、生产计划、设备投入数量、库存控制策略和物料配送的拉动式解决方案等关键参数和逻辑关系搭建模型，然后通过仿真引擎驱动模型自动模拟规定周期的生产情况，从而分析系统瓶颈、生产资源利用率、物料的流转效率等问题。通过对生产线的全局模拟和各项关键指标的图表结合报告输出，用户可以站在全局视角提前发现影响制造系统运行效益的结构性问题。图 2-11 所示是阿波罗系统的建模界面。

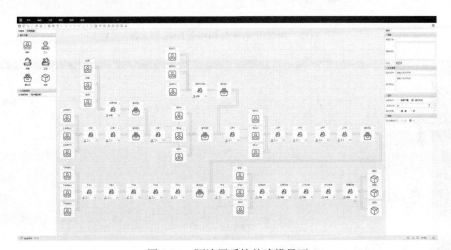

图 2-11　阿波罗系统的建模界面

阿波罗系统能够以动画、图、表和数据的形式展示仿真结果，量化评估仿真方案的优劣。图 2-12 所示是阿波罗系统分析报告的实例片段。

仿真系统输出的报告不但可以进行多个规划设计方案的经营指标模拟和比对，而且能够帮助规划、工艺、生产和经营管理人员根据仿真的结果清晰地判断系统瓶颈和问题节点，并有助于工艺和生产管理人员由此提出工作流程、生产节拍、物流线路、缓冲规划、工人和设备数量、空间布局等方面的改进方案。

10. 决策优化平台

决策优化平台通过 BI（商务智能）、机器学习、仿真引擎、运筹优化算法等数据科学手段，实现对经营战略、生产计划、资源调度、操作控制等关键决策点的赋能。

下面以三一重机大数据所自主研发的伽利略系统为例，说明决策优化平台的功能。伽利略系统通过自主研发的基于运筹优化算法的生产计划与排产定序寻优平台，在混合生产线上线排序、日计划编排、中长期生产大纲制订等关键决策场景中，提供自动化机器决策和管理赋能，从而显著提升制造平台经营效益。伽利略系统的软件界面如图 2-13 所示。

图 2-12　阿波罗系统分析报告的实例片段

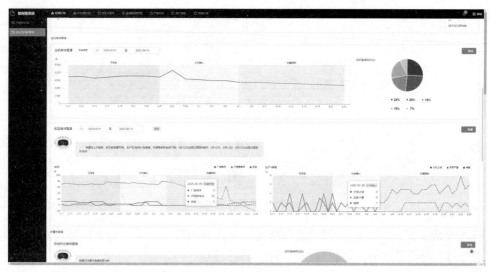

图 2-13　伽利略系统的软件界面

伽利略系统的生产排序模块实现了生产排程自动优化、物料完备性检查、扰动场景下的重新调度等场景的完全自动化机器决策，而且比传统经验提升了30%以上的产能。日计划功能基于运筹优化算法，以产能、关重件资源、交期等为约束，实现了全面因素综合考虑的自动化生产计划制订，并根据生产计划对未来库存情况进行推演，对异常情况进行预警，提升对决策结果的预见能力和决策质量。中长期计划功能以预期总收益最大化为目标，考虑市场需求的不确定性、库存、关重件等条件，输出最优中长期计划方案。同时该系统还用自然语言处理（NLP）技术训练了一个智能辅助机器人，根据推演数据主动生成语言文字，提醒管理者需注意的潜在问题。

2.2　数字工厂模型体系标准框架

2.2.1　工厂分解结构

工厂分解结构指根据工艺流程或空间布置，依据一定的分类原则和编码体系，通过树状结构反映工厂的各级分解对象。工厂建设初期，应根据工厂特点和性质配置工厂分解结构（PBS），EPC 承包商应首先在数字工厂基础平台中建立 PBS 并发布到智能工具软件中，智能工具软件接收创建相同的 PBS。典型的 PBS 为工厂（Plant）、区域（Area）、单元（Unit）结构，如图 2-14 所示。

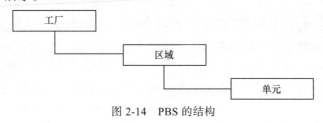

图 2-14　PBS 的结构

发布至数字工厂基础平台中的数据对象应该和 PBS 形成关联关系，便于根据 PBS 检索和筛选数据对象。

2.2.2　信息编码规则

1. 工作内容

根据制造行业特点和实际项目需求，制定完整的命名规则。命名规则是数字工厂基础平台实现信息集成和数字化移交的基础。

2. 基本概念

数字工厂是对工厂全生命周期信息的集成化关联管理。为保证能对工厂不同阶段产生的信息进行更加智能化的关联管理，必须对工厂全生命周期中产生的信息进行命名，命名规则需进行标准化定义。

在标准化信息的管理中，命名规则的标准化定义是最基础的工作。一般工程信息的命名规则，从数字工厂的角度来说，最主要的就是工程材料编码，工程设备、工程设施和工程文档等工程对象的命名规则。

- **工程材料编码的命名规则**：工程材料编码一般分为管道专业的材料编码和非管道专业的材料编码两大类。管道专业的材料编码又主要分为管道材料代码和管道部件材料代码（如阀门）等，非管道专业的材料编码主要指电气、结构、暖通等专业的材料代码。
- **工程设备、设施的命名规则**：数字工厂平台最主要的服务对象是工厂运维期的业主单位，工厂中最重要的就是种类繁多的设备和设施，为了做到平台统一管理和区分，必须为工程设备和设施制定标准化的命名规则。

• **工程文档的命名规则**：所有工程信息最终的体现都可以是文件，文档是文件电子化管理的对象，工厂所涉及的文档多种多样，来自不同阶段应用的专业化软件或通用型软件。为保证能够对这些种类繁杂的文件进行统一管理，必须制定文档的命名规则，使文件或文档成为平台上可以唯一确定的对象。

3. 命名原则

按照项目类型的不同，根据其工程信息包括工程设备、设施和工程文件，命名规则和标准各有区别，但数字工厂信息对象的命名基本都要符合以下原则。

① 唯一性

通过工程信息的命名规则，可以确认一个唯一的特定工程对象（工程设备、设施或工程文件）。

② 可识别性

• 工程对象的名称由多个字段组成；

• 每个字段使用特定的字符或符号代表特定含义；

• 工程对象的名称宜包含字母、数字、字符（"_"或"-"），不应使用特殊字符；

• 工程对象的名称具有特定项目编号作为其名称的组成部分（显性或隐性字段）。

③ 可检索定位

• 名称和编号应满足快速检索和定位的要求；

• 满足跨项目查找的要求。

适用于数字工厂平台信息管理的命名规则，从项目实际情况出发，应遵循如下基本原则。

① 行业性

• 不同行业的项目，其工程对象命名规则不同；

• 针对不同行业的项目，根据行业习惯和特性，采用该行业通用的工程相关对象和文件的命名规则。

② 制定和颁布

• 在项目运行前制定和颁布命名规则，作为项目必须遵守的规则和规范之一；

• 可以由承担项目实施的总体设计人员或总承包商制定和颁布；

• 可以由业主或业主项目组制定和颁布。

③ 执行范围

• 工程对象命名规则应贯穿工厂全生命周期各环节（设计、采购、施工、调试、运维、改造、退役）；

• 参与项目实施的各方都必须遵守。

4. 示例：石油化工行业

① 工厂对象编号规则

为设备、仪表、管道等工厂对象制定编号规则，便于识别工厂对象。编号通常由英文字母、数字、分隔符（如"-"）组成，每一段均具有明确的含义。图2-15给出了一个设备编号示例。

• 装置：具有独立加工某种原料或生产合同产品能力的单位，如炼油类项目中的常减压装置、催化裂化装置和气体加工装置等，化工类项目中的乙烯装置、聚丙烯装置和丁二烯装置等，其他类项目中的 F-T 合成（费托合成）联合装置、甲醇制烯烃（MTO）装置和芳烃联合装置等。

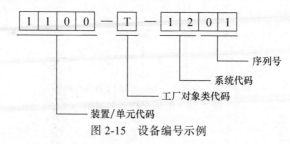

图 2-15　设备编号示例

•单元：按工艺流程或地理位置所做的划分，如炼油类项目中的 PX 装置，可以按照工艺流程划分为重整单元、抽提单元、歧化单元、异构化单元、吸附分离单元、二甲苯分离单元；化工类项目中的乙烯装置，可以按照工艺流程划分为裂解单元、压缩单元、冷分离单元、热分离单元等。对于比较简单的装置和系统单元可以不划分单元，如炼油类项目中的气体分馏装置、化工类项目中的聚丙烯装置等。

• 工厂对象类：按功能可以划分为泵类、塔类、换热器（热交换器）类等。以塔类为例，按结构可以划分为板式塔类和填料塔类等，即塔类为父类，板式塔类和填料塔类为子类。

• 系统代码：用于标识系统的唯一代码。

② 工程文档命名规则

文档通常用文档编号、版本加上文件的扩展名来命名，文档的编号规则体现文档的基本属性，如文档创建者所在的组织或专业、文档所属的范围、文档的类型、文档的序列号等。例如文档编号规则为"文档适用范围代码-专业（组织）代码-文档类型代码-序列号"。以 27901-EQ-DW30-0001 为例，其中"279"为装置代码，"01"为分区代码，"EQ"为设备专业，"DW30"为填料塔设备图，"0001"为序列号。

• 文档适用范围代码：由装置代码和分区代码构成。

• 专业代码：工艺、设备、仪表、结构、电气、管道等专业。

• 文档类型代码：图纸类、数据表、说明类、索引表和规格书等。专业文档类型由专业和文档类型共同确定，如工艺说明书、仪表索引表、管道平面布置图等。

文档可以有多个编号，但在同一编号规则下具有唯一性。

在文档名称中不能使用"/"或"\"等特殊字符。

工程项目需执行的命名规则首先应符合相关规范。

以上命名规则是石油化工数字工厂平台实施建议采用的规范，包括工程文档命名规则和工程位号命名规则，其他行业需要根据项目的实际需要对命名规则进行补充和完善。

5. 命名规则示例

针对案例项目的需要，为规范化工程文档及工程位号命名，对工程文档及工程位号命名原则进行整理，编制此命名规则以备查阅及后期命名参考。

数字工厂平台实施的命名规则包括工程文档命名规则和工程位号命名规则。实施数字工厂项目可参考以下命名规则。

① 工程文档命名规则

对于工程文档的工作文件，下面用一个具体项目案例来举例说明。

工程文档包括设备、管道、结构、电气等各专业工程图纸及材料表等文件，其命名规则标示如图 2-16 所示。

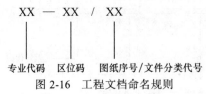

图 2-16 工程文档命名规则

- 专业代码
  - 30——工艺
  - 40——管道
  - 41——总图
  - 46——给排水
  - 50——自控
  - 51——电气
  - 61——建筑
  - 62——结构
  - 64——暖通
  - 70——设备
  - 71——机械
  - 72——工业炉

- 区位码。根据各专业相关文件编制需要，可以把同专业的文档按不同区域进行划分。例如，管道专业的 01 区可以为总图区，02 区为常压塔区，03 区为常压框架区，04 区为减压塔及减压框架区等。

- 图纸序号/文件分类代号
  - 对于图纸资料命名，此为图纸序号，如 01 表示第一张图，02 表示第二张图。
  - 对于文件命名，此为文件分类代号，如 E1 可以用来表示工艺设备汇总表，E2 用来表示工业炉类，E3 用来表示泵类，E4 用来表示压缩机类，E6 用来表示安全阀类，P1 用来表示管道表等。当有多个文件时建议合并成一个文件，在文件中标注页码和版本等信息。

② 工程位号命名规则

工程位号指工程设计中用到的设备号、管线编号等。为便于辨识工程材料信息，方便采购和材料维护，不同类型的材料可以基于不同的命名规则进行命名。

设备命名可以基于图 2-17 所示规则。

- 设备代号：设备代号可以按以下方式进行编号。
  - F——加热炉
  - T——塔类

图 2-17 设备命名规则（如 V1001A）

- R——反应器
- E——冷换设备：换热器、冷凝器、重沸器
- V——容器
- B——锅炉
- EA——空冷器
- C——压缩机、鼓风机、引风机
- S——过滤器
- J——喷射器、抽空器
- FT——阻火器
- SIL——消音器
- SC——取样冷却器
- SA——采样器
- P——泵
- PSV——安全阀
- RO——限流孔板
- MI——混合器
- A – 成套设备
- DT——减温器
- X——其他类

• 设备编号。设备编号为 4 位数字编号（可加字母后缀），可根据需要编写。

管线（Pipeline）命名可以基于图 2-18 所示规则。

介质代号

- P——工艺流体
- HG——氢气
- FG——燃料气
- FO——燃料油
- OWW——含油污水
- NFL——放火炬气体
- CH——化学药剂
- DW——除盐水
- BFW——锅炉给水
- HWS——热水
- AD——酸性污水
- ALD——碱性污水
- PW——净化水
- LSO——轻污油
- AW——酸性水
- CWS——冷却水给水
- CWR——冷却水回水

图 2-18　管线命名规则（如 WW1004）

- LS——低压蒸汽
- MS——中压蒸汽
- MC——中压凝结水
- LC——低压凝结水
- SW——软化水
- FW——新鲜水
- NG——氮气
- IA——净化压缩空气
- PA——非净化压缩空气
- SG——酸性气体

管道（Piperun）命名规则可参考图2-19。

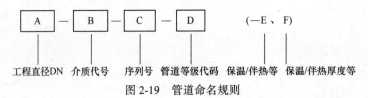

图2-19　管道命名规则

- 介质代号
  - P——工艺流体
  - HG——氢气
  - FG——燃料气
  - FO——燃料油
  - OWW——含油污水
  - NFL——放火炬气体
  - CH——化学药剂
  - DW——除盐水
  - BFW——锅炉给水
  - HWS——热水
  - AD——酸性污水
  - ALD——碱性污水
  - PW——净化水
  - LSO——轻污油
  - AW——酸性水
  - CWS——冷却水给水
  - CWR——冷却水回水
  - LS——低压蒸汽
  - MS——中压蒸汽
  - MC——中压凝结水
  - LC——低压凝结水

- SW——软化水
- FW——新鲜水
- NG——氮气
- IA——净化压缩空气
- PA——非净化压缩空气
- SG——酸性气体
- 保温类型
  - C——保冷
  - H——保温
  - ST——蒸汽伴热
  - ET——电伴热
  - PP——防烫保温
  - HWT——热水伴热

仪表命名规则可参考图 2-20。

图 2-20　仪表命名规则

- 仪表代号第一位字母
  - T——温度
  - P——压力或真空
  - F——流量
  - L——液位
  - Q——热量
  - A——分析
  - H——手动
- 仪表代号第二位字母
  - I——指示
  - R——记录
  - C——调节
  - Y——转换（I/P 电气；P/I 气电）
  - G——玻璃表
  - W——套管
  - Q——积算
  - T——变送
  - A——报警
  - H——高
  - L——低
  - K——操作器
  - E——元件
  - V——阀
  - F.C——停风时阀关
  - F.O——停风时阀开

2.2.3　色卡定义

色卡定义了数字工厂中不同类型和图层的对象在二维模型和三维模型中默认展现的颜色。色卡定义通常并不要求和实物一致，而是尽可能参考行业规范和国家标准的要求。色卡的具体定义可参考表 2-4～表 2-7，具体项目实施时可根据实际情况调整。

表 2-4　管道表面色

序号	名称		表面色
1	物料管道	一般物料	银
		酸碱	紫（P02）
2	公用物料管道	水	艳绿（G03）
		污水	黑
		蒸汽	银
		空气及氧气	天（酞）蓝（PB09）
		氮气	淡黄（Y06）
		氨气	淡黄（Y06）
3	排大气紧急放空管		大红（R03）
4	消防管道		大红（R03）
5	电气、仪表保护管		黑
6	仪表管道	仪表风管	天（酞）蓝（PB09）
		气动信号管、导压管	银

表 2-5　阀门和管道附件的表面色

序号	名称		表面色
1	阀门阀体	灰铸铁、可锻铸铁	黑
		球墨铸铁	银
		水碳素钢	中灰（B02）
		耐酸钢	海蓝（PB05）
		合金钢	中（酞）蓝（PB04）
2	阀门手轮	钢阀门	海蓝（PB05）
		铸铁阀门	大红（R03）
3	调节阀	铸铁阀体	黑
		铸钢阀体	中灰（B02）
		锻钢阀体	银
		膜头	大红（R03）
4	安全阀		大红（R03）
5	管道附件		银

注：阀门和管道附件的表面色可为出厂色。

表 2-6　构架、平台及梯子表面色

序号	名称	表面色
1	梁、柱、斜撑、吊柱、管架和管道支吊架	蓝灰（PB08）或中（酞）蓝（PB04）
2	铺板、踏板	蓝灰（PB08）或中（酞）蓝（PB04）
3	栏杆（含立柱）、护栏、扶手	淡黄（Y06）
4	栏杆挡板	蓝灰（PB08）或中（酞）蓝（PB04）

表 2-7　色卡

名称	颜色编号	名称	颜色编号
银灰	B04	紫	P02
海灰	B05	天（酞）蓝	PB09
淡灰	B03	蓝灰	PB08
中灰	B02	淡（酞）蓝	PB06
象牙	Y04	海蓝	PB05
淡黄	Y06	中（酞）蓝	PB04
橘黄	YR04	苹果绿	G01
棕	YR05	艳绿	G03
大红	R03		

注：表中的颜色编号符合 GB/T 3181-2008《漆膜颜色标准》的规定。

2.2.4　种子文件

种子文件规定了以业主方数据接收平台为基础，设备、建筑和工艺承包商必须提供的文档、位号、属性及关联关系等信息，以方便业主将信息标准化，并快捷地将其录入平台。

（1）数据分类

将数据上载到数字工厂基础平台中需要提供位号的分类信息，接收平台中的分类信息可参考表 2-8 所示的位号分类信息示例。

表 2-8　位号分类信息示例

一级	二级	三级	描述
EA			工艺设备
	EA-01		容器
		EA-01-01	板式塔
		EA-01-02	填料塔
		EA-01-03	过滤器

一级	二级	三级	描述
		EA-01-04	分离器
		EA-01-05	储罐
		EA-01-06	气柜
		EA-01-07	球罐
		EA-01-08	反应器
		EA-01 09	反应炉
	EA-02		热交换设备
		EA-02-01	空冷器
		EA-02-02	管壳式换热器
		EA-02-03	板式换热器
		EA-02-04	冷却塔
		EA-02-05	电加热器
		EA-02-06	工业炉
		EA-02-07	加热炉
	EA-03		机械设备
		EA-03-01	离心压缩机
		EA-03-02	容积式压缩机
		EA-03-03	离心泵
		EA-03-04	容积泵
		EA-03-05	离心风机
		EA-03-06	罗茨风机
		EA-03-07	透平
		EA-03-08	蒸汽喷射器
		EA-03-09	起重和运输设备

（2）数据及属性

将数据上载到数字工厂基础平台中需要提供位号相关的属性信息或关联信息，位号信息主要分为以下几类：设备（见表 2-9～表 2-13）、管线（见表 2-14、表 2-15）、仪表（见表 2-16）、取样分析（见表 2-17）、电气（见表 2-18）、电信（见表 2-19）、暖通（见表 2-20）、结构（见表 2-21）、建筑（见表 2-22）、消防（见表 2-23）。

表 2-9　通用设备属性示例

属性名称	显示名称	中文名称	输入值
Item Tag	ItemTag	设备位号	
Description	Description	设备名称	
Tag Prefix	TagPrefix	位号前缀	

表 2-10　容器类设备属性示例

属性名称	显示名称	中文名称	输入值
Item Tag	ItemTag	设备位号	
Description	Description	设备名称	TEST1
Tag Prefix	TagPrefix	设备前缀	T
Tag Sequence No	TagSequenceNo	序列号	122
Tag Suffix	TagSuffix	位号后缀	A

表 2-11　换热类设备属性示例

属性名称	显示名称	中文名称	输入值
Item Tag	ItemTag	设备位号	
Description	Description	设备名称	TEST2
Tag Prefix	TagPrefix	设备前缀	H
Tag Sequence No	TagSequenceNo	序列号	133
Tag Suffix	TagSuffix	位号后缀	E

表 2-12　机械类设备属性示例

属性名称	显示名称	中文名称	输入值
Item Tag	ItemTag	设备位号	
Description	Description	设备名称	TEST3
Tag Prefix	TagPrefix	设备前缀	P
Tag Sequence No	TagSequenceNo	序列号	255
Tag Suffix	TagSuffix	位号后缀	A

表 2-13　其他设备属性示例

属性名称	显示名称	中文名称	输入值
Item Tag	Item Tag	设备位号	
Description	Description	设备名称	
Tag Prefix	TagPrefix	设备前缀	E
Tag Sequence No	TagSequenceNo	序列号	322
Tag Suffix	TagSuffix	位号后缀	B

表 2-14　管线属性示例

属性名称	显示名称	中文名称	输入值
Item Tag	ItemTag	管线号	10-25-PA-10115-1C0031-ST（32mm）
Tag Sequence No	TagSequenceNo	管道序列号	115
OperFluidCode	FluidCode	介质代码	PA
Flow Direction	Flow Direction	流向	End 1 is downstream（Outlet）
Fluid System	Fluid System	介质系统	Air

表 2-15　管件属性示例

属性名称	显示名称	中文名称	输入值
Item Tag	ItemTag	管件位号	TEST888-P788
Tag Sequence No	Tag Sequence No	序列号	788
LineID	LineID	管线号	TEST666
Piping Component Code	Piping Component Code	管件代码	P
Opening Action	Opening Action	开启动作	CSC

表 2-16　仪表属性示例

属性名称	显示名称	中文名称	输入值
Item Tag	ItemTag	仪表位号	10-CF-10132D
Tag Squence No	TagSquenceNo	序列号	132
Tag Suffix	TagSuffix	位号后缀	D
Instrument Type Modifier	Instrument Type Modifier	仪表功能号	F
Measure Variable Code	Measure Variable Code	测量变量代码	C

表 2-17　取样分析属性示例

属性名称	中文名称	输入值
Tag Number	位号	工厂对象编号，具有唯一性
Description	描述	工厂对象的用途或描述
ETClass1	位号层级 1	C03
ETClass2	位号层级 2	C03-03
ETClass	位号层级 3	C03-03-01

表 2-18　电气属性示例

属性名称	中文名称	输入值
Major Electrical Tag Number	主要电气设备位号	6502-10-TMC
Description	描述	变压器
ETClass1	位号层级 1	C05
ETClass2	位号层级 2	C05-01
ETClass3	位号层级 3	C05-01-01

表 2-19　电信属性示例

属性名称	中文名称	输入值
Tag Number	位号	6500CCTV-01
Service/Description	用途/描述	CCTV 摄像机
ETClass1	位号层级 1	
ETClass2	位号层级 2	
ETClass3	位号层级 3	

表 2-20　暖通属性示例

属性名称	中文名称	输入值
Tag Number	位号	工程对象编号，具有唯一性
Service/Description	用途/描述	工程对象的用途或描述
ETClass1	位号层级 1	
ETClass2	位号层级 2	
ETClass3	位号层级 3	

表 2-21　结构属性示例

属性名称	中文名称	输入值
Tag Number	位号	工程对象编号，具有唯一性
Description	描述	工程对象的用途或描述
ETClass1	位号层级 1	
ETClass2	位号层级 2	
ETClass3	位号层级 3	

表 2-22　建筑属性示例

属性名称	中文名称	输入值
Tag Number	位号	工程对象编号，具有唯一性
Service/Description	用途/描述	工程对象的用途或描述
ETClass1	位号层级 1	
ETClass2	位号层级 2	
ETClass3	位号层级 3	

表 2-23　消防属性示例

属性名称	中文名称	输入值
Tag Number	位号	工程对象编号，具有唯一性
Service/Description	用途/描述	工程对象的用途或描述
ETClass1	位号层级 1	
ETClass2	位号层级 2	
ETClass3	位号层级 3	

（3）文档分类

将文档上载到 SPF 中需要提供文档的分类信息，文档分类主要包括设计文档分类（见表 2-24）、采购文档分类（见表 2-25）和施工文档分类（见表 2-26）。

表 2-24　设计文档分类示例

一级	二级	描述
EA		设计综合类
	EA1-索引表	文件目录
	EA2-说明类	全厂性项目总说明
	EA3-说明类	全厂性项目各分册说明
	EA4-说明类	多装置（系统）项目总说明
	EA5-说明类	多装置（系统）项目各分册说明
	EA6-说明类	单装置（系统）项目总说明（或主体专业说明）
	EA7-说明类	单装置（系统）项目各分册说明（或辅助专业说明）
	EA8-说明类	工艺包设计总说明
	EA9-说明类	工艺包设计专业分册说明
	EA10-说明类	环境保护专篇及审批报告
EB		工艺设计类
	EB1-索引表	文件目录
	EB2-说明类	工艺设计基础
	EB3-说明类	工艺说明
	EB4-索引表	工艺设备表
	EB5-数据表	工艺设备数据表
	EB6-索引表	安全阀、爆破片数据一览表
	EB7-数据表	安全阀、爆破片数据表或规格书
	EB8-索引表	界区条件表
	EB9-索引表	管道命名表
	EB10-图纸类	工艺流程图（PFD）
	......	

表 2-25　采购文档分类示例

一级	二级	描述
EC		动设备采购类
	EC1-说明类	产品安装、操作、检修使用说明书
	EC2-说明类	产品合格证/质量证明书
	EC3-说明类	材料质量证明书/材质单
	EC4-说明类	机械运转试验报告
	EC5-说明类	性能试验报告
	EC6-说明类	电机检测报告
	……	

表 2-26　施工文档分类示例

一级	二级	描述
ED		施工综合类
	ED1-说明类	交工技术文件总说明
	ED2-说明类	交工技术文件说明
	ED3-说明类	施工组织设计及批复文件
	ED4-索引表	开工报告
	ED5-索引表	交工技术文件总目录
	ED6-索引表	交工技术文件目录
	……	

（4）文档及属性

将文档上载到数字工厂基础平台上提供文档需要的属性信息或关联信息，具体内容可参考表 2-27。

表 2-27　设计、采购、施工文档属性示例

编号	名称	说明
1	文档编号	
2	文档标题	
3	项目号	
4	装置号	文档所属的装置
5	主项/单元号	文档所属的区域/单元
6	专业代码	文档所属的专业
7	工程对象位号	工程对象位号，去掉"-""/"等字符
8	页码顺序号	
9	文档类型	
10	文档规格	文档输出的纸张规格

续表

编号	名称	说明
11	大版本	文档的版本标识
12	小版本	
13	状态	
14	发布日期	文档发布的日期
15	设计	
16	校核	
17	审核	
18	来源单位	文档创建人的单位
19	来源类别	设计（E）、采购（P）、施工（C）

（5）数据集成关联

对设备、管线、仪表等可以配置和发布映射关系，发布后能在数字工厂基础平台中生成相应的对象、属性和关联关系。

2.2.5　设计图元库

设计图元库是对默认设备的预定义，其中对通用性的设备进行了预先规范，并定义了丰富的标准化属性，以节约建模的工作量，提高建模的标准程度。下面以鹰图软件为例，介绍设计图元库相关知识。

（1）Smart 3D

Smart 3D 为面向数据、规则驱动的智能工厂设计软件，软件自身包含了丰富的设备标准图元库，能满足常规项目工程设计的需要。

设备标准图元库包括如下内容。

- 空气处理设备。
- 电气设备。
- 换热器。
- 门。
- 人孔和舱口。
- 卧式和球形容器及储罐。
- 仪表设备。
- 物料传输设备。
- 工艺设备。
- 泵。
- 立式容器和储罐。
- 消防和安全设备。
- 其他设备。

以高压风机为例，在建模时调整各输入参数对应的属性值，即可得到所需的高压风机形状。

（2）SP P&ID

① 绘图符号。

② 设备。

③ 机械设备。

④ 容器。

⑤ 设备元件。

⑥ 热元件。

（3）参考数据定制

根据图例创建绘制图纸所需的设备、仪表、管件、标签等符号。

2.3 数字工厂基础平台功能

2.3.1 工厂信息查询

数字工厂基础平台需要支持工厂信息查询功能，智能工艺流程图查询如图 2-21 所示。

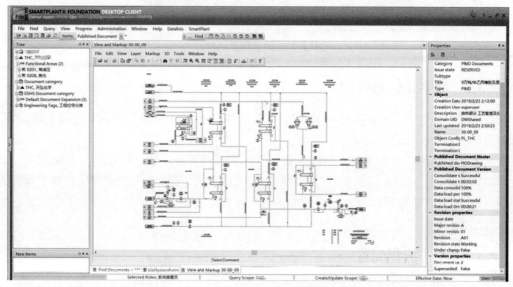

图 2-21 智能工艺流程图查询

查询功能一般可支持浏览 Word、Excel、PPT、PDF、TXT 等常见格式的办公文件。有的软件还可以利用系统自带的全文检索（FTR）功能，对文档内容进行文本搜索。对于扫描版的文件（如 PDF 文件和图片文件），有的数字工厂平台软件支持基于第三方 OCR 识别的结果建立索引。

数字工厂基础平台软件支持对文档查找、文档浏览、文档下载、文档编辑等各种操作设置访问权限，也可对符合特定条件的某类文档设置访问权限。访问权限设置既可单独针对某个用户，也可针对某个用户组，或者针对符合特定条件的某类用户。

2.3.2 三维模型浏览

数字工厂基础平台软件可将常见的三维模型（如 SmartPlant 3D、PDS、PDMS、E3D 等三维模型）及数据直接发布至系统上，并自动建立关联。在数字工厂基础平台软件中可实现对三维模型的浏览，如图 2-22 所示。

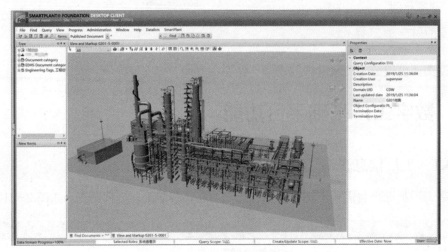

图 2-22　三维模型浏览

2.3.3　数字化信息管理

数字工厂基础平台需要支持对 WBS、对象分类、空间位置、项目阶段等进行灵活配置，且应当尽量避免额外的开发成本。

数字工厂基础平台软件应支持通用数据管理和文档管理功能，如结构目录树配置、确定编码规则（通过 ENS 实现）、权限控制、查询（包括基于编码的快速查找和基于属性的详细查询）、版本（包括大版本、小版本，用户可自定义升版规则）、状态（工作中、已生效、已作废）等。

2.3.4　工作流程配置

数字工厂基础平台应支持电子化的校对、审核、签署工作流程。用户可以在图形化环境中，按用户现有的各种工作流程对系统的电子化工作流程进行定义，可以在每个步骤中定义该步骤的工作内容列表。各项工作都在系统内进行，包括资料传递、流程跟踪、完成提醒和通知，系统会记录全部过程作为历史记录，实现各项工作的全流程跟踪。数字工厂基础平台应提供标准工作流创建功能、图形化配置工作流程步骤和分配接收用户的功能。

数字工厂基础平台应提供用户任务清单创建功能，方便平台管理用户了解工作分配，任务超期未执行时工作流提醒会高亮为红色，以警示用户。同时，用户也可查到附加到本项工作任务中的文件。

平台管理用户可以通过调用工作流查看方法，图形化查看工作流程的执行情况，便捷处理相关工作。

数字工厂基础平台应为平台管理用户提供默认的工作流历史记录报告和超期未执行工作流步骤的提醒报告。

2.3.5 报表输出

数字工厂基础平台软件可根据搜索结果，自动输出 Excel 报表。输出报表可以采用系统默认的报表模块，也可以根据模板输出所需报告。很多数字工厂基础平台自带智能报表模块，可辅助用户快速生成图形化智能报表。

2.3.6 权限管理

数字工厂基础平台应提供灵活且完善的权限管理机制。在数字工厂基础平台软件中，可通过"域""角色""访问权限组""所属组""条件"等要素进行授权。管理员可任意组合以上要素，实现非常精细的权限管理，也可只使用"角色"或"访问权限组"，实现较为粗放的权限管理。在精细权限管理的情况下，数字工厂基础平台可控制到"具备特定角色的用户在满足特定条件的基础上可对某个对象执行某种操作"，如"工艺负责人只有当配管专业某份成品的会签流程流转到自己时才有权限查看该文件内容"。在粗放权限管理的情况下，数字工厂基础平台通常可控制到"具备特定角色的用户可对某类对象执行某种操作"，如"设计经理可对所有设计文档进行下载"。用户权限配置界面如图 2-23 所示。

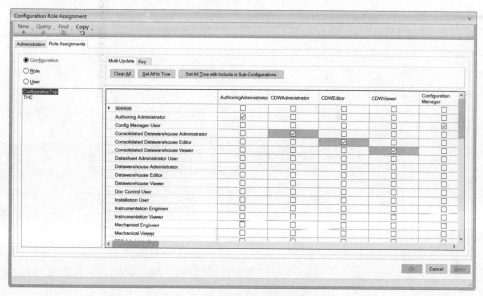

图 2-23 用户权限配置界面

数字工厂基础平台软件支持通过图形化界面对用户权限进行设置，拥有不同权限的用户登录至系统后所看到的菜单不同。例如，高权限用户在查询文档后单击鼠标右键，在显示的菜单的"文件"操作中有"附加文件""保存目标"等命令，低权限用户则无法查看此类命令。拥有不同权限的用户执行查找操作后，所得到的过滤结果也会根据权限的不同有所不同。例如，通过设置文档的"所属组"，在用户执行"查找设计文档"操作后，工艺专业用户只可找到工艺专业文档，而仪表专业用户只可找到仪表专业文档，如图 2-24 所示。

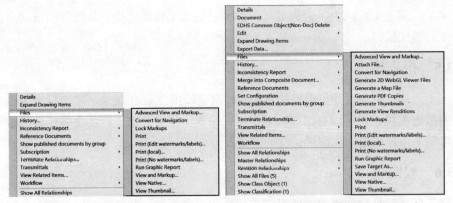

用户A单击鼠标右键后显示的菜单　　　　用户B单击鼠标右键后显示的菜单

图 2-24　用户菜单对比

第3章

数字工厂应用技术图谱——
规划域

在智能制造过程中，需要对人、机、物、数据等跨时空、跨领域、跨尺度的大规模全景化的生产要素进行智能互联和高效整合。新技术除了能提升管理者的全局观和决策水平，也大大降低了企业对工程技术资深员工的经验依赖，规划域交付的数字化模型成果在将来的工厂运营过程中也会继续发挥重要作用。

在现代化的智能制造体系中，工程管理包含了跨学科、跨领域知识与技术相互融合的集成式创新方法和工具。数字工厂规划域建模包括工艺流程建模和空间三维建模，以及基于模型的虚拟验证技术。其中空间三维建模技术包括正向和逆向两种方式。以 CAD、CAE、CAM 为代表的数字化工程辅助工具，对空间信息和数字化的参数、属性信息进行有机整合，赋予企业专业技术人员和管理层全新的视角和更强的洞察力，从而可以在投资决策、建筑规划、产品规划、工程建设、原型开发的过程中发挥出更好的管理效能，实现降低成本、提升效率和精准交付。

工艺流程建模是对生产线各要素的衔接关系和工艺过程进行逻辑建模。流程制造工业的工艺流程图平台一般是对反应装置的衔接、反应过程和材料流动规则进行建模，本章介绍的工艺流程建模是面向流程制造工业的。离散制造工业的工艺流程建模一般是对设备之间的衔接、工序逻辑和在制品变化规则进行建模，和过程仿真技术有很高的相关性和重合度，在第 4 章的 4.1 节中，会再具体介绍离散制造工业过程建模仿真技术。

数字工厂对规划域的影响体现在工程管理模式的变化上，由设计施工交付模式转变为全生命周期制造一体化服务模式。制造业企业必须从企业角度转向从用户角度思考问题，从强调产品生产过程转向更重视用户对产品的使用体验，从强调产品质量转向更重视服务质量，从强调技术创新转向更重视设计创新和服务创新，从劳动和资本密集转向技术和服务密集，并逐步转变成为服务型制造业企业。

3.1 空间建模技术

3.1.1 空间建模标准框架

数字建模以正向建模和逆向建模的软硬件工具为基础，利用专业三维设计软件、三维激光扫描等技术手段，构建工程三维模型，并在此过程中对图纸资料进行活化。随着数字孪生工厂概念的提出，制造业企业对数字工厂模型数据提出了更高的要求，工厂的三维数字模型需要在具备物理属性的同时包括大量数据信息。

三维建模是对工厂和生产线的各物理要素进行可视化等比例精确建模，包括设备、建筑、结构、水电气等专业建模。离散制造和流程制造三维建模有大量成熟商业软件，包括本特利（Bentley）公司的 MicroStation、Autodesk 公司的 Autodesk Revit 和 Autodesk Inventor、鹰图公司的 SmartPlant 3D、剑维软件公司的 PDMS、达索公司的 CATIA 等。图 3-1 所示是常见的数字建模工具商业软件。

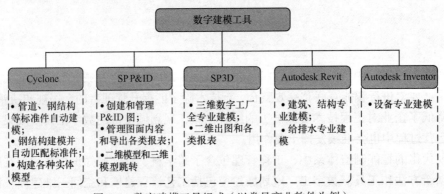

图 3-1　数字建模工具组成（以常见商业软件为例）

传统工艺流程图以纸质文件或 PDF 文件的形式保存，查阅不方便。在数字工厂建设过程中活化工艺流程图，并将其存储在数据库中，不仅易于管理，同时能消除信息孤岛。传统数字工厂建设，基于图档资料，通过人工测量等方式，运用 Autodesk 3ds Max 软件进行正向建模，技术实现简单，但局限性较大，且精度不足。三维激光扫描仪利用激光测距原理直接得到真实物体表面点云数据，快速复建出的三维模型可达高重构精度。通过三维激光扫描仪及配套数据处理平台，以三维模型为基础，可以高效地部署数字工厂基础平台和智能业务应用。

以 SP P&ID、SP3D、Autodesk Inventor、Autodesk Revit、ScanStation P40 及 Cyclone 等常见商业软件为例，在数字建模过程中使用的软件和硬件间的协作关系如图 3-2 所示。

SP P&ID 是基于数据库及规则驱动的数字工厂智能设计系统。SP P&ID 一般在工厂全生命周期中创建和管理工艺流程图，用户可查阅图面内容及导出各类报表（如管道表等）。智能工艺流程图与三维模型具有对应关系，可进行一致性检查及二维模型和三维模型跳转。

SP3D 是数字工厂三维设计系统软件。SP3D 可建立三维工厂数字模型、进行设计碰撞检查、自动抽取管道施工图、产生各种布置图和材料统计表等，方便项目复用。

Autodesk Revit 是建筑设计软件。Autodesk Revit 支持建筑项目所需设计图纸和明细表，建筑信息模型可提供需要使用的有关项目设计、范围、数量和阶段等信息。

Autodesk Inventor 是设备和零件设计软件。Autodesk Inventor 包含提供三维建模工具、信息管理、协同工作和支持多种技术等各种功能，可以创建三维模型和二维制造工程图，创建自适应特征、零件和子部件。

ScanStation P40 是徕卡生产的高精度三维全息激光扫描仪，其具有高性能和高稳定性的特点，扫描距离可达 270m，可完成各种工厂场景下的全息扫描任务。

Cyclone 是针对徕卡三维激光扫描仪三维数据的后处理软件。Cyclone 可对三维逆向建模、新建工程和改建工程中的大量点云数据进行合并、拆分和建模等相关处理。

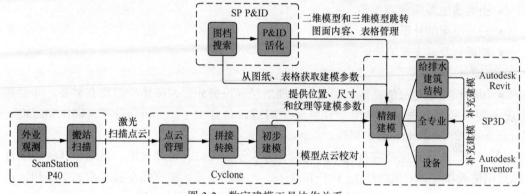

图 3-2　数字建模工具协作关系

3.1.2　空间模型管理规范

（1）明确建模目的

构建三维模型的主要目的是通过碰撞检查和数据一致性检查等自动化手段，最大限度地保证设计质量。三维模型系统生成必需的文件，如管道轴测图、平面图、立面图及管道材料表等。模型应执行碰撞检查，并生成软、硬碰撞的报告，便于发现、处理碰撞问题。

（2）定义建模深度

模型深度包括但不限于以下内容。

① 管道

• 所有工艺和公用工程管道（包括放空管和导淋管）、工艺流程图上表示的所有管径的管道和附件。

• 阀门及其手轮、执行机构（方向和大致尺寸与实际情况相符）。

• 管道特殊件，如安全阀、过滤器和疏水器等。

• 地下管道及其附件。

• 管道支吊架，如弹簧支吊架、耳轴等。

• 夹套外管和芯管，跨接管线不进行强制要求。

• 绝热层，要有准确的绝热类型及厚度。

• 蒸汽（或热水）分配站、凝液回收站及相关疏水管线。

• 设备及其附件，如阀门、盲板、仪表、人孔等。

• 公用工程站和洗眼器。

• 取样点，包括取样柜和取样冷却器。

- 膨胀节，消音器和其他特殊管件。
- 8 字盲板和插板垫环。
- 有坡度的管线需按坡度建模，必须使用 Minimum Slope 属性。

② 仪表

- 在线仪表（包括调节阀实际的精确尺寸）、安全阀、带法兰的孔板（包括维修空间）、一体化孔板、取压点、根部阀、放空阀及放净阀、热电偶/RTD（电阻温度探测器）、分析仪器探头抽取空间。
- 工艺管道和设备连接的所有仪表。
- 主要的电缆托盘。
- 分析小屋的外形。
- 接线盒及其支架的外形。

③ 设备

- 设备模型应尽可能简洁，同时应合理地呈现设备外形并满足碰撞检查需要。非参数化设备要求完成其保温层模型，并且至少填写设备分类（Equipment Classification0、Equipment Classification1）属性。
- 容器、塔和反应釜应有完整的轮廓，并表示出管口、特殊支架、吊耳和耳轴、平台（包括钢格板和支撑的钢结构）、栏杆和梯子、人孔和手孔、裙座和支腿（裙式支座和腿式支座）、裙座入口、人孔开启空间、就地液位计及导波管、量油孔等。
- 储罐应有完整的轮廓，并表示出管口、绝热层、梯子、平台、栏杆等。
- 泵应有完整的轮廓，并表示出管口、放空口和导淋口、驱动器和联轴器等。
- 压缩机应有简要外形轮廓和精确的管口。建议将厂家三维模型导入以表达完整的轮廓、驱动器、隔音罩、润滑油和密封油模块（作为成套包）、高位油箱、润滑油/密封油总管、就地盘柜、检修空间、可拆卸管段等。
- 风机应有完整的轮廓，并表示出管口、驱动器、联轴器、隔音罩。
- 工业炉应有完整的轮廓和框架，并表示出所有管口、附属管道、导管、烟囱、平台、喷嘴和点火器、进入口、抽芯空间等。
- 管壳式换热器应有完整的轮廓，并表示出管口和鞍座、抽芯空间等。
- 空冷器应有完整的轮廓，并表示出管口、气室、风扇、驱动器、排气筒、平台、梯子及由承包商提供的钢结构、通道等。
- 成套包的建模须有足够的细节信息，便于使用者审核所有需操作和检修的部件和仪表，以及操作、检维修空间、管道、仪表和电气的连接。对于所有的界区，如管口，总承包商/分包商的范围划分和接点须明确。
- 杂项包括永久吊柱、起重横梁和滑车、高架起重机、直爬梯、平台（包括格栅板和支撑钢结构）、栏杆、梯子、洗眼器、特殊管道。
- 在 Smart 3D 中，设备属性填写最低要求填写设备号、绝热厚度、设备类别和描述、设备名称。
- 管口属性填写最低要求是填写管口标号、管径、压力等级、端面形式及端部标准等。

④ 土建、结构、地管

- 地坪、道路的外形和路肩。

- 基础的外形，顶部和底部平面、桩和柱基等。
- 混凝土结构，含所有梁、墙、柱、污水坑等。
- 钢结构，所有准确尺寸的梁、柱和斜撑。主要、次要和三级钢结构均需准确定位，包括楼层钢板/钢格板、局部平台、栏杆、楼梯和直爬梯等。
- 重型管道或桥架的支撑。
- 所有地下电缆槽/沟的走向及外形，按实际设计分层表示。
- 建筑物的外形，包括外墙、门、窗、孔、基础通道和通风口等。
- 水坑、水池。
- 罐区围堤。
- 所有涵洞和管沟。
- 地排水和污水系统，包括地下管道布局、排水口、人孔、贮水池、分离器、通风口和集水坑等。
- 其他地下设施。

⑤ 电气

- 动力配电变压器的外形。
- 箱式变电站的外形。
- 电缆槽盒和电缆托盘。
- 照明灯具（不含建筑物内灯具）。
- 电力和控制设备，如开关柜、操作柱、不间断供电装置和电池。
- 通信和安全装置，如程控交换机、摄像头。

⑥ 固定消防装置及消防系统

- 消防喷淋系统。
- 消防水管道、切断阀、固定消防炮、消火栓。
- 雨淋阀组。
- 灭火器。
- 示位阀及阀门井。
- 消防箱。

（3）规划模型的属性

表 3-1 ~ 表 3-5 列出了 Smart 3D 中管道、仪表和各类设备应具备的属性。

表 3-1　一般属性示例

属性名称	属性描述	计量单位	是否必填
Name	位号		是
Description	名称		是（如有该属性）

表 3-2　管道属性示例

属性名称	属性描述	计量单位	是否必填
Fluid Code	介质代码		是
Fluid System	介质系统		是

续表

属性名称	属性描述	计量单位	是否必填
Sequence Number	管道序列号		是
Pressure Specification	管道压力等级		是
Degrease or Acid Wash	脱脂/酸洗		是
Leakage Test Fluid	泄漏试验测试介质		是
Leakage Test Press	泄漏试验测试压力		是
Fluid Flammability	火灾等级		
NDE Percent	无损检测百分比		
NDE Qualified Grade	无损检测焊缝合格级别		
NDE Type	无损检测类型		
Preheat	预热		

表 3-3　管线属性示例

属性名称	属性描述	计量单位	是否必填
Design Maximum Pressure	设计压力	MPaG	
Design Maximum Temperature	设计温度	℃	
Flow Direction	流向		是
Insulation Material	隔热材料		是
Insulation Thickness	隔热厚度	mm	是
Insulation Purpose	隔热类型		是
Nominal Diameter	公称直径		是
Operating Maximum Pressure	最大操作压力	MPaG	
Operating Maximum Temperature	最大操作温度	℃	
Pipe Class	管道等级		
Specification	管道材料等级		是
Minimum Slope	最小坡度	mm/m	是
Heat Tracing Medium	伴热介质		是
Tracer Number	伴热管根数		
Tracer Norminal Diameter	伴热管尺寸		

表 3-4　设备属性示例

属性名称	属性描述	计量单位	是否必填
Insulation Purpose	保温目的		是
Material	保温材料		是
Thickness	保温厚度	mm	是

表 3-5　管口属性示例

属性名称	属性描述	计量单位	是否必填
Nominal Size	口径		是
End Preparation	端部类型		是
End Standard	端部标准		是
Flow Direction	流向		是
Pressure Rating	压力等级		是
Schedule Thickness	壁厚		是

（4）模型组织的管理

受到目前计算机软硬件性能的限制，一般情况下，很难实现整个项目只使用单个模型文件进行工作，所以必须对模型进行拆分。不同的建模软件和硬件环境，对模型的处理能力会有所不同，模型拆分没有硬性标准和规则，需根据实际情况灵活处理。以下是实际项目操作中，比较常用的模型拆分建议。

项目初期，由具有经验的工程技术人员负责设定模型拆分方法，尽量避免在早期创建孤立的、单用户文件，然后随着模型规模的不断扩大或设计团队成员的不断增多，被动进行模型拆分。

模型拆分能够实现多用户同时访问、提高操作效率并实现不同专业间协作的目的。模型拆分应当遵循以下 5 项一般性原则：

① 进行模型拆分时应考虑所有应用团队的需求；

② 按照仪表、动静设备、土建工程来组织模型文件，不同专业对应不同类型的模型文件；

③ 根据硬件配置决定单个文件大小，当前主流配置一般文件大小不超过 100MB；

④ 若包含多个模型，应考虑将多个模型组合在一起，供协调使用；

⑤ 为避免重复，应明确各部分的功能划分和分工界限。

通过设定不同的过滤条件，可以只显示所需要查看的某一个或多个专业模型，为提高操作效率，应遵循以下两项模型过滤原则。

① 统一安排专业的负责人合理地制定过滤条件；

② 考虑到硬件性能，建议仅打开必要的专业模型。

（5）模型转换和标准

数字工厂可接受不同来源的二三维数据，如图 3-3 所示。为了保证数字工厂的统一性，需要采用转换软件，将数据转化为数字工厂基础平台能够兼容的统一格式。本节以鹰图公司的 Smart Interop Publisher（SPIOP）为例，简要介绍模型转换相关内容。

SPIOP 是由鹰图公司研发的三维模型格式转换工具软件，它可以把不同格式的三维工厂模型加载集成到 Intergraph Smart 3D、SmartPlant Review 和 SmartPlant Foundation 中，它还可以转换三维和二维文件，以便在 Smart Intergraph Publisher 基于 Web 的门户应用程序中显示。在 SPIOP 上进行模型转换包括以下两个步骤。

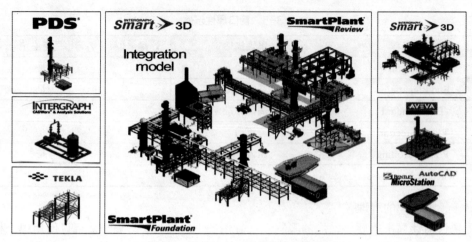

图 3-3　常用的二三维数据来源示例

① 创建项目

在"SQL Server Name"页面单击下拉箭头，选择 SQL 的服务实例名称，手动输入 Name，手动选择共享路径（Shared Content Location），然后键入 Enter 键，如果窗口上方未弹出任何信息，则说明 SQL 服务器连接成功，然后单击"Create"按钮，项目创建成功。

② 模型转换

进入项目后，单击左上角，选择刚创建的项目。然后单击"Models"按钮，在"Source Files"中单击添加按钮。找到需要转换的模型，单击"打开"按钮，选中该模型，单击"转换"按钮。输入转换出来的模型名称，选取存放转换出来的模型文件的文件夹，然后单击"Translate"按钮进行转换，模型转换开始后，等状态显示为 Complete，则表示转换完成。

3.1.3　工艺流程建模技术

本节以鹰图公司的 SP P&ID 软件为例，来简单介绍流程制造工业的工艺流程建模方法。

如图 3-4 所示，在"Catalog Explorer"下展开"Symbols"列表，这是按专业进行分类的图例图符，常见的有 Equipment（设备）、Equipment Components（设备部件）、Instrumentation（仪表）、Piping（管道）。其中"Equipment"列表下又包括 Heat Transfer Equipment（热交换设备）、Mechanical（机械设备）、Vessels（容器）等。

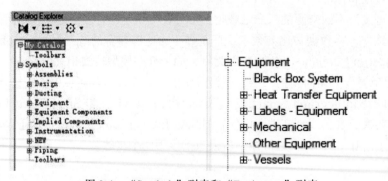

图 3-4　"Symbols"列表和"Equipment"列表

"Heat Transfer Equipment"列表如图 3-5 所示，包括冷却塔、加热设备及其他热交换设备。其中 TEMA Shell & Tube 为可搭接设备，Shells 为设备壳体，Front Ends 为前端管箱，Rear Ends 为后端结构。

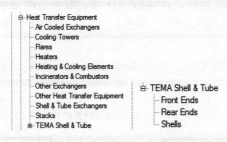

图 3-5 "Heat Transfer Equipment"列表和"TEMA Shell & Tube"列表

"Mechanical"列表包括 Cleaning Equipment（清理设备）、Compressors（压缩机）、Drivers（驱动器）、Drying Equipment（干燥设备）、Fans & Blowers（风扇）、Liquid Separation Equip（液体分离设备）、Material Handling（材料传输设备）、Mixing & Blending（搅拌设备）、Packaging（封装机）、Pumps（泵）、Solid Separation Equipment（固体分离设备）、Transportation（运输设备）、Weighing（称重设备）等。

"Vessels"列表包括 Tanks（罐）、Towers（塔）、Vertical Drums（竖直容器）、Silos（漏斗型容器）、Horizontal Drums（水平容器）等。

"Equipment Components"列表包含 General（总体部件）、Heating Components（加热部件）、Labels-Equipment Components（设备部件标签）、Mechanical Components（机械部件）、Nozzles（管嘴）、Trays（设备内盘件）、Vessel Components（容器部件）。设备、管件的绘制，属性设置及相关报表都可在 SP P&ID 软件生成。

软件具体使用方法本书不再详细介绍。

3.1.4　三维建模技术

1. 设备建模

本节以 Autodesk Inventor 软件为例，简单介绍设备专业的三维建模方法。

（1）初始界面

初始界面包括新建、项目、最近使用文档和菜单栏。零件图是用于表达单个零件形状、大小和特征的图样；部件图用于表达机器或部件的工作原理、运动方式、零件间的连接及其装配关系的图样；工程图根据投影法来表达设备的投影面图纸，显示零部件的内部结构；表达视图将部件分解为每一个零部件的动态画面，用于表现装配时零件装配的前后顺序。

（2）二维草图设计

二维草图是建立三维模型实体的基础。可以基于绘制在二维草图的图形生成三维实体或者曲面，在各个实体上添加约束以限制其位置、尺寸等。界面包括：设计树，列有活动文件中的所有零件、特征及基准和坐标等，并以树的形式显示模型结构；图形区，Autodesk Inventor 各种模型图像的显示区；工具栏，对模型进行编辑的拥有各种功能的工具。

Autodesk Inventor 提供了几种基本图形供直接绘制，分别是线、圆、圆弧、矩形、圆角、点等。在这些绘制方式的文字描述中，有黑色倒三角的代表存在子选项，可以通过单击黑色倒三角展开。

软件默认提供了多种修改方式，具体包括移动、偏移、修建、旋转、矩形阵列、圆周阵列、镜像阵列、尺寸约束、重合约束、共线约束、平行约束、垂直约束等。

（3）零件设计

图 3-6 是一个零件的手绘草图，Autodesk Inventor 软件可完成零件三维建模的完整过程，如图 3-7 所示。

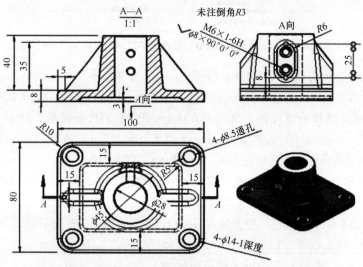

图 3-6 零件图纸

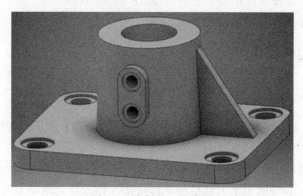

图 3-7 绘制的三维草图

（4）部件设计

部件是机械的一部分，由若干装配在一起的零件组成。下面以一个台虎钳为例，介绍装配过程。

单击软件界面左上角，将台虎钳装配所需的零件添加进来，分别为手柄、手柄帽、滑动钳口、螺栓杆、钳体、夹垫、夹桌柄，如图 3-8 所示。通过软件设置，可达到的整体装配效果如图 3-9 所示。

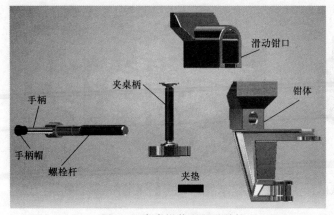

图 3-8　台虎钳装配所需零件

图 3-9　整体装配效果

2. 建筑建模

本节将以 Autodesk Revit 软件为例，简要展示建筑专业的三维建模效果。

可在软件中创建标高轴网，布置结构性，创建主体墙体、幕墙、门窗、楼板、楼梯等。完成的三维效果如图 3-10 ~ 图 3-12 所示。

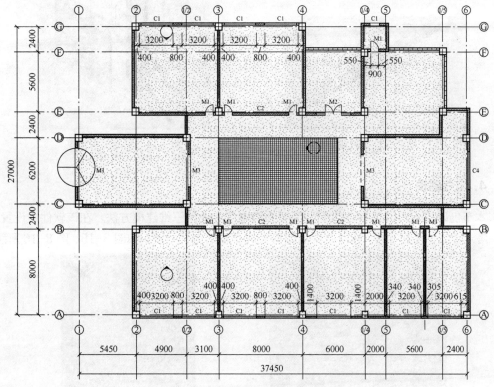

图 3-10　1F 中庭地坪及三维视图

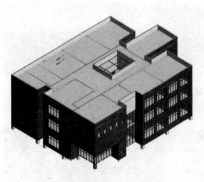

图 3-11　平屋顶及玻璃斜窗三维视图

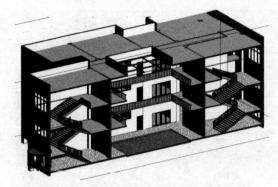

图 3-12　楼梯间三维视图

3. 结构建模

本节将以 Smart 3D 软件为例，简要展示结构专业的三维建模效果。可以在该软件中进行参数和属性设置，再选择对应的命令，完成结构的建模，如图 3-13 及图 3-14 所示。

图 3-13　绘制线性型材命令的使用

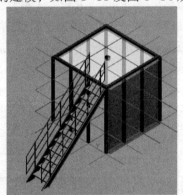

图 3-14　完成结构建模

4. 电气建模

本节仍以 Smart 3D 软件为例，简要介绍电气专业的三维建模方法。在该软件中设置属性、搭建管线、设置参数、选取路径后即可完成基本的电气建模，如图 3-15、图 3-16 所示。

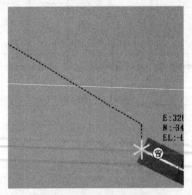

图 3-15　设置电气接口

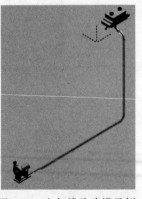

图 3-16　电气线路建模示例

5. 给排水建模

本节将以 Autodesk Revit 软件为例，简要介绍给排水专业的三维建模效果。

在该软件中，可以通过设置管道类型以及创建水平横管、垂直管、排水管等完成排水系统的建模，如图 3-17 所示。

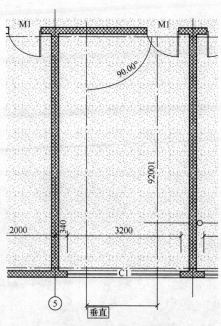

图 3-17　主排水管线绘制过程

6. 暖通建模

本节将以 Smart 3D 软件为例，简要介绍暖通专业的三维建模效果。

在软件中，通过创建暖通系统调用相关命令，即可完成相关建模，如图 3-18 所示。

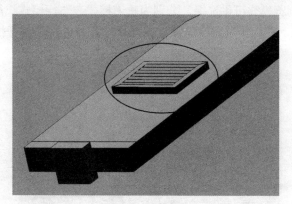

图 3-18　建模效果

3.1.5　三维模型应用技术

1. 三维模型浏览

本节以轻量化可视化模型浏览软件 UPV 为例，简要介绍三维模型浏览效果。

① UPV 打开模型文件

软件无需安装，双击图标即可打开。

选择要打开的模型，方式有以下两种。

- 本地模型文件；
- 下载模型文件。

首先将要下载的模型网址输入在标号 1 处，然后单击下载图标下载。根据需要选择要缓存的内容。界面最下方会显示下载进度，下载完成后自动加载模型，进入操作界面，UPV 操作界面如图 3-19 所示。

图 3-19　UPV 操作界面

② 浏览操作

- 选择相机模式

相机共有 3 种浏览模式可供选择，分别为轨道模式、飞行模式、行走模式。轨道模式和飞行模式操作类似。在行走模式下，通过按住鼠标左键并移动鼠标指针来控制方向，如图 3-20 所示。

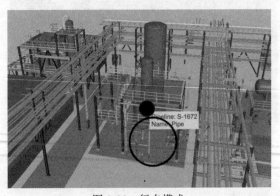

图 3-20　行走模式

● 选择剪切模式

体积剪切：先选中一个对象，然后单击该图标，如图 3-21 所示。

反向剪切：首先单击"反向剪切"图标，再通过鼠标选中 3 个面中的任意一个面进行拖动，以此控制模型显示范围，如图 3-22 所示。

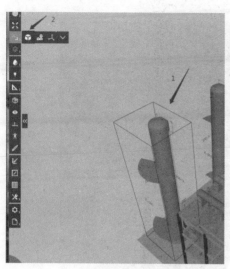

图 3-21 体积剪切

图 3-22 反向剪切

2. 干涉碰撞分析

本节简要展示 Smart 3D 中的"Check Interference"功能，即干涉碰撞分析功能，其作用是检查空间三维模型中是否存在干涉碰撞。如果存在，干涉碰撞部分将高亮显示。干涉碰撞分析效果如图 3-23 所示。

图 3-23 干涉碰撞分析

3. 动画仿真和演习模拟

通过数字工厂的动画仿真功能，用户可以模拟常规作业、应急抢险、灾害处置等场景的作业流程，从而对员工进行高度逼真环境下的模拟培训与上岗考核。本节简要展示使用3D PACT软件进行动画仿真制作的效果，如图3-24～图3-26所示。

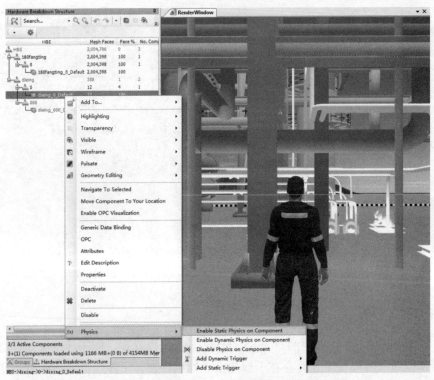

图3-24 特性设置

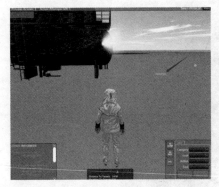

图3-25 前往泄漏现场

图3-26 前往安全地带

4. 二维出图

本节简要展示使用Smart 3D软件导出二维图纸的效果，如图3-27、图3-28所示。

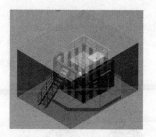

图 3-27　选择出图范围

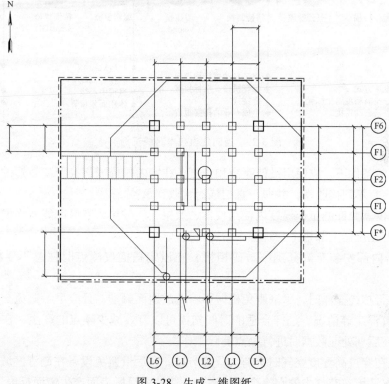

图 3-28　生成二维图纸

3.2　三维逆向建模技术

3.2.1　激光扫描标准

利用激光全息扫描技术加上软件算法对扫描结果进行复原，是三维逆向建模常用的软硬件技术结合手段。企业在逆向建模实践中，可以根据自身实际情况和业务需求，灵活选用软件和硬件组合成适配的技术方案。图 3-29 是一个完整的逆向建模技术路线实例，点云数据在 Cyclone 里直接生成普通模型，该模型不带属性。精细建模在 Smart 3D 里面逆向建模，其他情况则通过 3ds Max 进行一般建模，再与 Smart 3D 中的精细模型进行参考合并。

由于仪器本身及扫描外界环境等因素会对获取的点云数据精度产生影响，扫描中的主要注意事项如下。

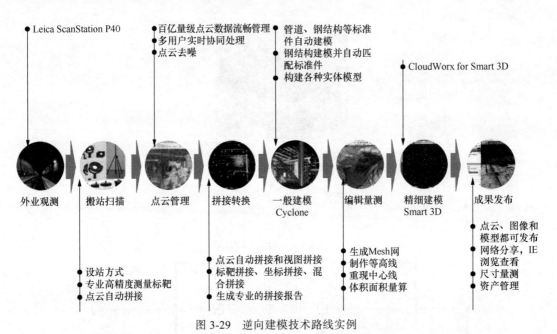

图 3-29　逆向建模技术路线实例

① 在可能条件下，应使用最佳距离和角度。在室内扫描或扫描距离较短的情况下，不同扫描角度会有不同接收率，并非正直扫描时接收率最高。

② 应在仪器允许的工作温度内使用仪器，如果天气较热，应尽可能地将设备放在阴凉环境中，或者在仪器上部搭上一块湿布帮助仪器散热。

③ 仪器内部安装有高分辨率数码相机，在设定扫描仪测点时注意不要将设备直对太阳光。

④ 在进行扫描操作时，尽量避免机械影响造成地面颤动，且应尽量避免扫描范围内人员走动、空气浮尘等情况，选择合适的时间扫描可以有效减少噪点的产生，在无法避免的情况下，应在后期处理数据时进行噪点消除工作。

⑤ 激光在穿过高湿度空气时会有大程度衰减，在尽量避免设备在潮湿区域内作业，特别是封闭潮湿环境。空气中的水汽会吸收激光，使被测目标表面产生镜面反射。

3.2.2　软件及硬件选用

生产三维激光扫描仪的公司很多，目前在市面上较有影响力的厂家有瑞士徕卡（Leica）公司、美国法如（FARO）公司与天宝（Trimble）公司等。他们的产品定位存在差异，这为实施逆向建模项目提供了较大的硬件选择空间。其具体差异主要体现在扫描仪的指标方面，如距离精度、角度精度、点位精度、双轴补偿器、激光波长、扫描范围、扫描速率、视场角等。

在选择仪器时应首先考虑项目任务技术要求、现场环境等因素，再结合主要技术参数确定仪器，多数情况下使用一台仪器就能够满足作业要求，但在特殊情况下，如项目任务量较大、工期较短、对扫描对象有特别要求的情况下，则需要使用多台仪器并行作业扫描，甚至使用分辨率不同的仪器。目前不同品牌仪器的性能参数还不统一，在选择仪器前应充分了解仪器相关标称精度情况，结合项目技术要求选择相应的参数配置，如针对最佳扫描距离、每站扫描区域、分辨率等指标，进行合理的选择。参数选择能够满足具体工业场景的实际建模需要即可，精度并不是越高越好。精度过高会导致扫描时间增加、工作效率下降、成本上升、数据处理工作量与难度增加等后果。

（1）瑞士徕卡公司

瑞士徕卡测量系统贸易有限公司（以下简称"徕卡公司"）主要提供一维、二维、三维几何测量与空间测量技术，能提供全面而快速的技术手段，以获得精准测量数据。徕卡公司的 HDS 高清晰测量系统，将三维激光扫描技术应用于改建工程、细部测量、工程设计与咨询及地形测量项目。除了提供硬件产品，徕卡 HDS 高清晰测量系统还提供了一体化后处理软件 Cyclone。Cyclone 软件具有扫描、拼接、建模、数据管理和成果发布等几大功能，对应十多个应用模块。另外还有基于 AutoCAD 的插件 CloudWorx，和基于互联网的插件 TruView 可供选择使用。

（2）美国法如公司

美国法如公司主要从事计算机辅助测量设备和软件的开发与销售。FARO便携式测量设备可在生产和质量监控过程中进行高精度三维测量，以及可进行零部件和复合构造比对。FARO设备主要应用于检测、成像、逆向工程、生产规划、库存和竣工文件管理、现场勘测及事故现场或犯罪现场的调查和重建。FARO主要产品包括法如便携式测量臂FaroArm、法如激光跟踪仪FARO Laser Tracker、法如三维激光扫描测量臂FARO Laser ScanArm、法如大空间三维激光扫描系统FARO Laser Scanners、FARO Gage、FARO Gage-Plus PowerGAGE，以及基于AutoCAD 的测量和显示软件CAM2系列。

（3）美国天宝公司

美国天宝公司主要产品系列如下：Trimble GX 3D 扫描仪，使用高速激光和摄像机捕获坐标和图像信息；Trimble FX 扫描仪三维激光扫描系统，主要应用场景为工业、造船和海上平台，在工程管理中可一键自动建模，并可与 Trimble 其他测量仪器联合作业、数据兼容；Trimble VX 空间测站仪定位系统，采用光学技术和扫描技术进行三维测量，可提交二维、三维成果；Trimble TX5 扫描仪是面向广泛扫描应用的多功能三维解决方案，仪器参数与 FARO Focus 3D 扫描仪相同，数据可用 SCENE 软件处理和配准，无缝地导入 Trimble RealWorks Survey 软件，以便产生最终成果，如检测结果、测量结果或三维模型，数据也可以传输到三维 AutoCAD 软件，提供给第三方设计软件。

3.2.3　测量控制网布置

（1）制定测量控制点布设方案

在扫描任务开始之前，要根据既有的区域图纸做好扫描方案的初步规划，如图 3-30 所示。

基于扫描结果进行逆向建模的常规步骤有 5 步，如图 3-31 所示，包括现场实地勘察、激光点云扫描、生成和拼接三维全息点云数据、根据工艺流程图和二维图初步绘制三维模型初稿、根据点云数据精确修正三维模型坐标和尺寸。在某些对工艺流程复原性要求不高的应用场景下，很多逆向建模软件也支持跳过第 4 步，不再进行逻辑建模，而是根据点云数据直接生成三维模型，以提高逆向建模的工作效率。

扫描仪在扫描过程中会自动建立仪器坐标系统，在无特殊要求时即可满足项目需要。但是为了将三维激光扫描数据转换到统一坐标系下，需要使用全站仪或其他测量仪器配合观测，这样在点云数据拼接后，就可通过公共点把所有三维激光扫描数据转换到统一坐标系下，方便以后应用。

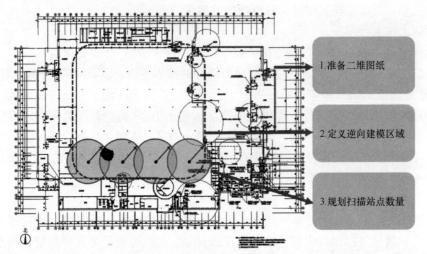

图 3-30　扫描方案的初步规划

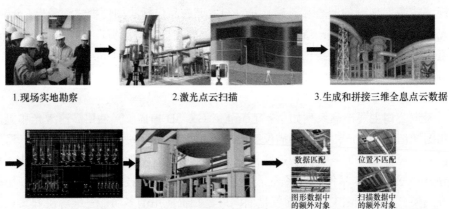

图 3-31　基于扫描结果逆向建模的常规步骤

①　简单建筑物变形监测控制网的布设原则如下。

· 控制网精度要高于建筑物建模要求精度。

· 控制网布设网型合适，要能满足三维激光扫描仪完全获取建筑物数据的要求。

· 控制网中各相邻控制点之间通视良好，要求一个控制点至少与两个控制点通视。

· 为提高测量精度，要求控制点与被测建筑物之间的距离保持在 50m 以内。

②　复杂建筑物建模观测控制网的布设原则如下。

· 观测控制网建设精度比复杂建筑物模型要求精度高一个等级。

· 控制网各控制点平面坐标采用高精度全站仪实施导线测量，全程采用高精密水准测量方法，并进行严格平差计算；

· 控制网网型合适，满足三维激光扫描仪完整获取建筑物数据的要求。对部分结构复杂区域，应加密变形监测控制点，使扫描时能更好地获得扫描数据。

· 控制网中各相邻控制点之间通视良好，要求一个控制点至少与两个控制点通视。

· 为提高测量精度，要求控制点与被测建筑物之间的距离保持在 50m 以内或更近的距离。

（2）现场勘查

扫描前进行现场勘查并制定具体扫描方案。

（3）布设控制网

完成现场勘察后，选择若干合适地点埋设勘测专用钢钉，确定所有控制点位置。使用全站仪配合棱镜，对中杆精确测量控制点间距离，最终完成闭合导线测量，建立控制网，放置控制点示意如图 3-32 所示。建立控制网可以有效控制扫描误差，提高扫描精度。

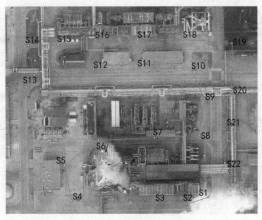

图 3-32　放置控制点示意

（4）现场选点、设站扫描

扫描仪通过对现场标靶或者靶球的识别，可以精准定位每一站扫描点云的空间坐标，并在使用软件后期合成时进行多站点云的自动化准确拼接。扫描仪通过架设在控制点上的靶球或标靶，采用已知点设站、后方交会设站或控制点拼接等几种方式灵活进行选点扫描、拍照。扫描工作将依附控制点分区域逐步推进，直到完成整个区域的扫描。

3.2.4　点云数据的处理

将扫描仪的数据传输至计算机，完成点云数据的导入和拼接。

手动拼接后的测站点云视图如图 3-33 所示。

图 3-33　手动拼接后的测站点云视图

3.2.5 逆向建模方法

手动去除装置周围的无用点，如行人和树木，以及其他一些干扰点，并通过系统命令优化点云质量，拼接后的模型空间如图 3-34 所示。再通过裁剪点云、修改参数、创建注释等工作，完成逆向建模。

图 3-34　拼接后的模型空间

3.2.6 模型的校对修正

（1）模型质量总体要求

① 地面及植被等表现应真实，贴图应准确反映出质感、色彩、明度及明暗关系。

② 建（构）筑物表现应真实无误，模型应准确反映出建模物体的高度、形状、质感、色彩及明暗关系。

③ 装置表现应真实无误，模型应准确反映出建模物体的高度、形状、质感、色彩及明暗关系。

④ 装置附属设施表现应真实、完整，模型应准确反映出建模物体的形状、质感、色彩及明暗关系。

⑤ 其他模型要素应真实、完整，模型应准确反映出建模物体的位置、高度、分布、样式、质感及色彩等。

⑥ 场景整体色彩、光照效果应协调一致。

（2）基础-模型-校对内容

基础-模型-校对内容如表 3-6 和表 3-7 所示。

表 3-6　基础三维模型数据校对内容

质量元素	检查项
数据格式	检查数据是否符合要求
命名规则	检查命名是否符合要求
组织方式	检查数据存储是否根据规定结构进行
几何精度	检查平面精度和高层精度是否在误差范围内
实时性和完整性	检查是否使用基础资料建模，需建模装置或配套设施等有无遗漏和冗余

续表

质量元素	检查项
模型复杂度	检查模型复杂度是否符合要求
模型几何逻辑	检查是否有破面、漏面、漏缝、游离点、游离边、游离面等； 检查各建筑物是否组成独立对象且顶点已焊接好； 检查是否存在重面和闪面； 检查长条状构造物是否分段
纹理要求	检查精细度是否符合要求； 检查仿真度是否符合要求； 检查规格是否符合要求
整体性要求	以建模单元为单位检查模型之间的衔接是否合理； 检查建模单元边界对象之间的衔接是否合理； 检查整个模型场景风格是否统一

表 3-7　基础三维模型数据质量检查错误等级

质量元素	A	B	C	D
数据格式	数据格式错误	无	无	无
命名规则	命名规则错误	无	无	无
组织方式	组织方式错误	无	无	无
几何精度	基础资料识别有误，大部分误差超限	基础资料识别有误，局部细节误差超限	无测绘数据，部分视觉误差较大	无测绘数据，部分视觉有轻微误差
实时性和完整性	模型未按基础资料制作	需建模模型有重大遗漏	部分显眼模型有小遗漏	隐藏地带模型有部分遗漏
模型复杂度	模型大结构未表达	模型大结构使用错误表达方式	模型显眼小结构丢失	模型不显眼部分微小结构丢失
模型几何逻辑	存在破面、漏面、漏缝、游离点、游离边、游离面等	建筑物被不合理地分割与组合	同一坐标点位置未焊接	圆形结构分段不合理
纹理要求	规格符合要求	仿真有重大差异	纹理太模糊	视觉上略微不同
整体性要求	场景风格不统一	大面积衔接有空洞或重叠	显眼处部分衔接有空洞或重叠	隐蔽处衔接有空洞或重叠

（3）三维模型校对

校对内容包括检查渲染后的模型是否保持基础三维模型质量、三维模型场景展示效果是否满足需求、有无因为模型不良影响到浏览平台的稳定性和性能。三维模型质量等级分为通过、修正通过和不通过 3 类。通过是指成果完全符合要求，可以直接通过；修正通过是指成果基本符合要求，但有部分小问题需要修正，修正后可通过；不通过是指成果质量存在大量问题，修改后需要重新校对。

（4）校对控制环节

项目质量控制环节，主要包括作业人员自查与互查、质量检查人员 100%检查、项目组抽查及项目验收审查。历史数据整理人员、外业数据采集人员和三维建模人员在完成各自任务后都需要自查。主要阶段通过质检小组检查后，才能进入下一阶段，主要阶段包括历史数据整理阶段、三维建模阶段和三维效果整合等阶段，检查覆盖率为 100%。项目组要对通过质检小组检查的成果进行抽查，包括阶段性成果，以确定质检小组的工作是否达到要求。此外，业主在接收最终成果时，需要对最终成果进行验收审查。

（5）校对过程

作业人员提交数据之前，需要对其数据进行自查，必要情况下还需作业人员互相检查数据。校对人员专门对项目实施过程中的各环节进行监督，并提出修改意见。每个关键步骤完成后，都需要将成果提交给校对人员进行检查，校对合格，中间数据才能流转到下一道工序。若校对不符合要求，则将中间数据退回给作业人员，进行修改完善。整个校对结果要如实记录在校对报告中。

在历史数据整理阶段，历史数据补测由历史数据整理人员与历史数据补充人员之间两两互查，互相认可后提交给校对小组进行全面检查。外业采集由采集人员在照片整理过程中顺带自查，对未达到要求的部分进行补拍完善后提交给校对人员进行检查，通过校对人员检查则可以作为历史数据提供给下一道工序。

在三维建模阶段，三维建模人员进行自查、互查后将成果提交给校对人员。每次数据提交，均需要提供建模人员名单，并在得到辅查人员认可后，才能提交给校对小组检查。校对小组认可后数据进入数据库，否则退回建模人员处修改。三维建模过程中，项目组至少要安排一次抽检。待全部建模完成，再安排一次抽检。至少需要 3 位抽检会议与会人员，其中至少有 2 位与会人员属于校对小组成员，至少有 1 位与会人员属于校对小组外项目组成员。抽检抽取数量为全部样本的 20%，要求以建模单元为单位抽检，抽检面积不得少于总建模面积的 20%，若少于 20% 则需要加抽样本。若有 30% 抽检样本不合格，则要求校对人员全面复检，从抽检的样本中再抽取 25% 进行实地比对。

在三维效果整合阶段，校对小组中的每个成员都要对数据进行检查，检查通过浏览的方式进行。校对小组检查后还需要在项目组会议上展示检查成果，在会上进行简单的整体浏览，并随机选几个区域重点查看。

3.3 虚拟验证技术

3.3.1 空间模型验证技术

利用空间模型验证技术能够将不同三维建模平台创建的设计数据融合到一起，将跨系统工具设计的几何图形和信息通过参考、引用等方式结合到一起，形成一个整体的三维项目。通过兼容性良好的三维浏览器实时审阅多种格式的文件，可以帮助所有参与项目的相关方将项目作为一个整体来看待，从而在同一个对话平台上共同优化从设计决策、建筑实施、性能预测和规划到设施管理和运营等各个环节。

设计优秀的空间模型验证平台不只对三维空间信息展开应用，也能引入带项目进程计划和管控的时间维度，以及带项目成本计划和管控的资金维度，形成一个五维的管理体系。优秀的空间模型验证平台能够帮助工厂部门加强对项目的控制，通过综合各方信息的立体设计数据透彻了解并预测项目的性能，从而提高工作效率，保证工程质量。

（1）美国 Autodesk 公司的 Navisworks 软件

Navisworks 软件是设计和施工管理专业人员使用的一款全面审阅解决方案，用于保证项目顺利进行。该软件能够精确地再现设计意图，制定准确的四维施工进度表，超前实现施工项目的可视化。Navisworks 的浏览器可以自由查看 Navisworks Review、Navisworks Simulate 或 Navisworks Manage 以 NWD 格式保存的所有仿真内容和工程图。Navisworks 软件界面如图 3-35 所示。

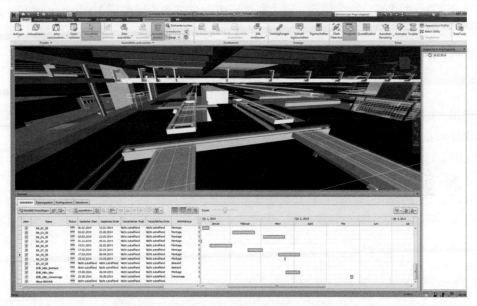

图 3-35　Autodesk 公司的 Navisworks 软件界面

Navisworks Freedom 为专业设计人士提供了高效的沟通方式，支持他们便捷、安全、顺畅地审阅 NWD 格式的项目文件。该模块可以简化大型的 CAD 模型、NWD 文件，还支持查看 3D DWF 格式的文件，用户能轻松交流设计意图，协同审阅项目相关方的设计方案，共享所有分析结果，在实际动工前就可以在真实环境中体验所设计的项目，更加全面地评估和验证所用材质和纹理是否符合设计意图，从而帮助各方在整个项目中实现有效协作。

该软件可以实现实时可视化，支持漫游并探索三维模型及其中包含的所有项目信息，从而提高施工文档的一致性、协调性、准确性，简化贯穿企业与团队的整个工作流程，帮助减少浪费、提升效率，同时显著减少设计变更。

Navisworks 将精确的错误查找功能与基于硬冲突、软冲突、净空冲突与时间冲突的管理相结合，可快速审阅和反复检查由多种三维设计软件创建的几何图元，对项目中发现的所有冲突进行完整记录，支持用户检查时间与空间是否协调，在规划阶段消除工作流程中的问题。基于点与线的冲突分析功能可便于工程师将激光扫描的竣工环境与实际模型相协调。该软件还支持用户改进场地与工作流程规划，通过对三维设计的高效分析与协调，用户能够更好地控制工作流程，及早预测和发现错误，可以避免误算造成的昂贵代价。

通过将三维模型数据与项目进度表相关联，实现四维可视化效果，Navisworks Simulate 可以清晰地表现设计意图、施工计划与项目当前进展状况。四维仿真与对象动画可以模拟设计意图，表现设计理念，帮助项目相关人员对所有设计方案进行深入研究。

此外，该软件支持用户在创建流程过程中的任何阶段共享设计，顺畅地进行审阅，从而减少错误、提高质量、节约时间与费用。该功能有助于改进项目规划，尽早发现风险，减少潜在的浪费。

Navisworks 可利用现有的设计数据，在真正完工前对三维项目进行实时可视化、漫游和体验。该功能可以兼容大部分主流三维设计和激光扫描格式，因此能够快速将三维文件整合到一个共享的虚拟模型中，以便项目相关方审阅几何图元、对象信息及关联 ODBC（开放数据库互联）数据库。冲突检测、重力和第三方视角进一步提高了 Navisworks Simulate 体验的真实性。该软件能够快创建动画和视点，并以影片或静态图片的格式输出，软件中还包含查看横截面、进行标记、测量与文本覆盖功能。

（2）法国 Dassault Systemes 的 CATIA 软件

CATIA 是 Computer Aided Tri-Dimensional Interface Application（计算机辅助三维接口应用）的缩写，它是法国 Dassault Systemes 公司提供的主流 CAD/CAE/CAM 一体化软件。

法国 Dassault Aviation 是世界著名的航空航天企业，其产品包括幻影 2000 战斗机和阵风战斗机，来自 Dessault Aviation 的工程师组成了 Dassault Systemes 公司。CATIA 广泛应用于航空航天、汽车制造、造船、机械制造、电子/电器、消费品行业，解决方案面向所有工业领域的大、中、小型企业，从波音 747 飞机、万吨巨轮、火箭发动机到化妆品的包装盒。产品用户包括波音、克莱斯勒、宝马、奔驰等公司。该软件因在曲面造型设计方面具有独特的优势而被广泛应用于航空航天、汽车、船舶等行业的复杂曲面造型设计中。

（3）美国 Bentley 的 MicroStation 软件

Bentley公司是一家软件企业，提供全面的促进基础设施可持续发展软件解决方案。Bentley通过帮助基础设施行业充分利用信息技术进行学习、最佳实践和全球协作及推动专注于这项重要工作的职业人的发展，为基础设施行业提供长久支持。

Bentley公司根据各个专业的需要，为基础设施资产全生命周期提供了量身打造的解决方案，这些解决方案适用于将要在此全生命周期中使用和处理这些资产的工程师、建筑师、规划员、承包商、制造商、IT管理员、操作员和维护工程师。其MicroStation 软件是国际知名的二维和三维CAD设计软件，在德国汽车工业的数字工厂设计中得到了广泛应用，如图3-36所示。

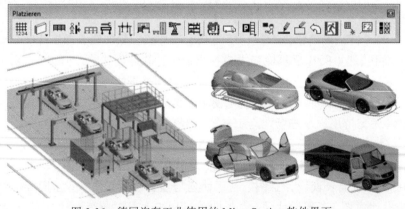

图 3-36　德国汽车工业使用的 MicroStation 软件界面

（4）以色列 Cimatron 13 软件

Cimatron 13 软件出自以色列 Cimatron 公司，其为模具制造商、工具制造商和其他制造商提供解决方案，使制造循环流程化，加强制造商与外部销售商间的协作，以缩短产品交付时间。主要产品模块包括线架构及曲面模型、实体模型、平面绘图整合科技、制造整合科技和加工模块。

Cimatron13 软件的基础是该公司的集成技术 Ci，Ci 产品思想是为用户提供一套可以一起紧密工作的、界面易学易用的综合产品。Cimatron 公司的模块化软件套件可以使生产的每一个阶段均实现自动化，提高产品生产效率。其面向制造业的 CAD/CAM 解决方案可提供处理复杂零件和复杂制造循环的能力。Cimatron 公司在全球拥有 4000 多位企业用户，涵盖汽车、航空航天、计算机、电子、消费类商品、医药、军事、光学仪器、通信和玩具等行业。

（5）美国 Pro/E 软件

Pro/E 软件是美国参数技术公司（PTC）的重要产品。Pro/E 软件是一套涵盖从设计至生产的机械自动化软件平台，是一个参数化、基于特征的实体造型系统。

其模块功能如下。

Pro/ENGINEER 具有特征驱动、参数化、支持大型和复杂组合件设计的特点。

Pro / ASSEMBLY 具有在组合件内自动替换零件，规则排列组合，在组装模式下生成零件的特点

Pro / CABLING 提供了一个全面的电缆布线功能。

Pro / CAT 提供双向数据交换接口，可将其造型输出到 CATIA 软件中。

Pro / CDT 为二维工程图提供双向数据交换直接接口。

Pro / COMPOSITE 可用于设计复合夹层材料的部件。

Pro / DEVELOP 可与第三方应用软件结合，并运行在 Pro/ENGINEER 软件环境下。

Pro / DESIGN 可加速设计大型及复杂的顺序组件。

Pro / DETAIL 提供了生成工程图的能力，包括自动标注尺寸，参数特征生成，全尺寸修饰，自动生成投影面、辅助面、截面和局部视图等。

Pro/DETAIL 还包括二维非参数化制图功能，可用于生成不需要三维模型的产品图。

（6）法国 SOLIDWORKS 软件

SOLIDWORKS 是基于 Windows 操作系统的三维设计软件，界面易用、友好，能够自动捕捉设计意图和引导设计修改。在 SOLIDWORKS 的装配设计中用户可以直接参照已有零件生成新的零件，有利于比较、评价不同的设计方案，减少设计错误，提高产量。

SOLIDWORKS 软件易于掌握和使用，适合工程技术人员使用。而且该软件支持 Visual Basic、Visual C++和其他 OLE(对象链接与嵌入)开发语言，免费提供二次开发工具(API)。用户二次开发的应用程序可直接挂在 SOLIDWORKS 的菜单下，形成统一界面。SOLIDWORKS 软件于 1997 年被法国 Dassault Systemes 公司收购。

（7）美国 Rhino 软件

Rhino是美国Robert McNeel & Associates开发的专业三维造型设计软件，其广泛地应用于三维动画制作、工业制造、科学研究及机械设计等领域。Rhino可以创建、编辑、分析和转换NURBS（非均匀有理B样条）曲线、曲面和实体，并且在复杂度、角度和尺寸方面

没有任何限制。

3.3.2　有限元分析技术

有限元分析（FEA）利用数学近似的方法对真实物理系统进行模拟，如几何、载荷、流体和电磁等。其原理是通过简单而又相互作用的元素，实现有限数量的未知量去逼近无限未知量的真实系统。

有限元分析是用较简单的问题代替复杂问题后再求解，它将求解对象简化成许多被称为有限元的微观互联子单元，并对每一单元假定一个合适的、可计算的近似值，然后推导求解该对象的整体状态，从而得到问题的解。因为实际问题被较简单的问题所代替，所以有限元分析不是精确还原，而是求出近似解。现实中的事物大部分难以用计算机完全精确地还原，而有限元分析在计算复杂度、计算时长、还原度方面可以做到恰当的平衡，且能适应各种复杂物理现象，因而成为当前行之有效的工程分析手段。

（1）美国 ANSYS 软件平台

ANSYS 软件是融合结构、流体、电场、磁场、声场分析于一体的大型通用有限元分析软件。该平台由世界著名有限分析软件公司之一美国的 ANSYS 开发，它能与多数 CAD 软件连接，实现数据的共享和交换。软件主要包括 3 个部分，即前处理模块、分析计算模块和解模块。

ANSYS 软件可以完成的有限元分析功能具体如下。

- 结构静力分析；
- 结构动力学分析；
- 结构非线性分析；
- 动力学分析；
- 热分析；
- 电磁场分析；
- 流体动力学分析；
- 声场分析；
- 压电分析；
- 瞬态响应分析。

ANSYS 有很强的场耦合技术，可以提供稳健和高精度的分析，可以在多个机群并行处理解决超大模型。

（2）MSC.Dytran 软件

MSC.Dytran 是世界顶尖高度非线性、流-固耦合、瞬态动力响应仿真软件，其因优异的快速显式积分算法和丰富的材料模式，被广泛用于分析各种非线性瞬态响应，如高速撞击、接触摩擦、冲压成型等。该软件还经常被用于计算高速列车行驶的轮轨动力学、高速列车穿隧道的冲击波响应、车辆过桥的动态响应及其他瞬态高速过程仿真。

（3）Algor 软件

Algor（现更名为 Autodesk Simulation）是一款大型通用有限元分析软件。Algor 在结构、热、流场、电场等方面均有专业的分析模块。在汽车、电子、航空航天、医学、军事、电力系统、石化、土木工程、微机电系统、日用品生产等诸多领域中有广泛的应用。

Algor 软件的分析功能十分强大，不仅可以进行一般性质的线性应力分析、非线性应力分析、线性和非线性的动力分析、瞬态和稳态的热传导分析、二维和三维的稳态和非稳态的流体流动分析、电场分析、非线性机械运动分析，还可以进行多场的耦合分析。

3.3.3 生产控制逻辑验证技术

（1）德国西门子的 Process Simulate 软件

Process Simulate 是西门子工业软件 Tecnomatix Application 的一个组成软件，作为一种工艺仿真解决方案，Process Simulate 提供了生产控制逻辑验证技术。该软件的作用主要体现在促进企业范围内制造过程信息的协同，通过共享减少制造规划工作量和时间，用户可在虚拟环境中验证早期生产试运行，并在全生命周期中模仿现实过程，从而提高过程质量。企业可以使用 Process Simulate 进行机器人路径规划和离线编程。

（2）美国 Mastercam 软件

Mastercam 是美国 CNC Software 公司开发的基于 PC 平台的 CAD/CAM 软件，其具有方便直观的几何造型。使用 Mastercam 可以实现 DNC（分布式数字控制）加工，DNC 是指用一台计算机直接控制多台数控机床，DNC 是实现 CAD/CAM 的关键技术之一。

（3）美国 UG NX 软件

UG NX 是美国 UGS（Unigraphics Solutions）公司面向制造行业的 CAID/CAD/CAE/CAM 一体化的高端软件，它集合了概念设计、工程设计、分析与加工制造功能，被广泛应用于航空航天、汽车、机械、家电及化工等行业。

UG NX 强大的加工功能是由多个加工模块组成的。常用的模块有 CAM 基础、后置处理、车加工、型芯和型腔铣削、固定轴铣削、清根切削、可变轴铣削、顺序铣切削、制造资源管理系统、切削仿真、线切割、图形刀轨编辑器、机床仿真、NURBS 轨迹生成器等。

3.3.4 试装分析技术

（1）美国 COSMOS 软件

COSMOS 是美国结构研究与分析公司 SRAC（Structural Research & Analysis Corporation）推出的有限元分析软件。COSMOS 提供的多场/多组件的复杂装配分析能大大简化工程师的劳动，使分析结果更精确，能够更好地模拟真实世界。

（2）美国 EDS I-DEAS 软件

EDS I-DEAS 是美国 EDS 公司的子公司 SDRC 公司开发的 CAD/CAM 软件，是高度集成化的 CAD/CAE/CAM 软件系统。它帮助工程师高效地在单一数字模型中完成从产品设计、仿真分析、测试至数控加工的产品研发全过程。I-DEAS CAMAND 可以方便地仿真刀具及机床的运动，并可以对数控加工过程进行自动控制和优化。

EDS I-DEAS 是可升级的、可集成的协同电子机械设计自动化（E-MDA）的解决方案，它提供了一套基于互联网的协同产品开发解决方案，包含全部的数字化产品开发流程。I-DEAS 使用数字化主模型技术，在设计早期阶段就能从"可制造性"的角度更加全面地理解产品。纵向及横向的产品信息都包含在数字化主模型中，这样在产品开发流程中的每一个部门都能更容易地进行产品信息交流，包括制造、市场、管理、供应商等。

（3）法国 Dassult 公司的 DELMIA 软件

DELMIA 提供了和虚拟环境完全集成的人体工程模型，包括不同百分位的男、女人体模型库，这些模型都带有根据人体生物力学特性设定的人体反向运动特性。DELMIA 可以在虚拟环境中快速建立人体运动原型，并对设计的作业进行人体工程学分析。人体工学仿真包含了操作可达性仿真、可维护性仿真、人体工学/安全性仿真，软件的人体工程学分析界面如图 3-37 所示。

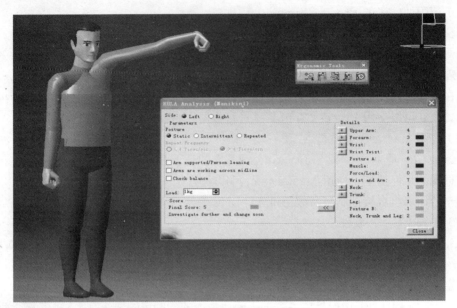

图 3-37　DELMIA 软件的人体工程学分析界面

DELMIA 的人体工程学验证技术可以实现如下功能。

① 对人体各种姿态进行分析，检验各种百分位人体的可达性，如座舱乘坐舒适性。

② 检验装配维修是否方便。

③ 生成人的视野窗口，并随人体的运动动态更新。设计人员可以据此改进产品的人体工学设计，检验产品的可维护性和可装配性。

④ 自动计算人体从一个工位到另一个工位运动所需要的时间及消耗的能量。

⑤ 在图形化界面下示教人体设计的工作，用户可以用鼠标操作人体各个关节的运动。

第4章

数字工厂应用技术图谱——运营域

第 3 章介绍了面向规划场景的数字工厂，其通过采用三维建模和虚拟验证技术提升人在规划环节的洞察能力，通过可视化技术改进设计和建造工作，并为后续的运营工作留下重要的工程数字化资产。本章介绍的面向运营场景的数字工厂技术，主要通过运营过程中的数据搜集、数据清洗、数据分析、建模、寻优来实现运营决策水平的显著提升，从而降低运营成本，提高运营效益，增强产品交付能力和质量控制能力。

运营域的数字工厂是以数据科学为核心技术手段，数据科学的技术版图中有机器学习（ML）、知识图谱、运筹与仿真等几大技术领域，如图 4-1 所示。

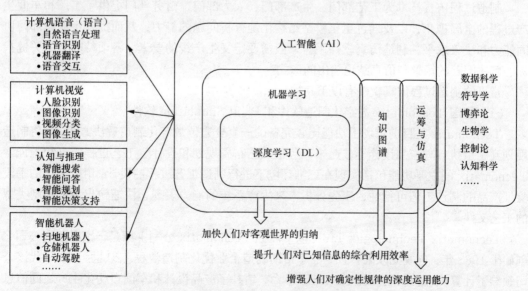

图 4-1　数据科学在制造业应用的技术版图

简单地用一句话来概括各技术领域的核心作用，**机器学习的作用是加快人们对客观世界的归纳，知识图谱的作用是提升人们对已知信息的综合利用效率，运筹学与仿真的作用是增强人们对确定性规律的深度运用能力**。这些技术让企业运营的管理者能迅速具备全局观和结构化的视角，洞察当前企业运营存在的系统性问题，加快企业对隐性知识的挖掘、归纳和更新速度，让企业的决策逻辑实现从经验依赖向数据模型驱动的变革。

数据科学技术版图里的机器学习、运筹与仿真方法都可以叫"算法"，但本质上不属于同一个科学范式，且这些"算法"之间的区别并不为大众所认知。**机器学习的本质是偏归纳式的推理，运筹与仿真的本质是偏演绎式的推理，归纳和演绎是两种完全不一样的科学范式**。在管理科学和信息科学领域里，以机器学习为典型技术手段的大数据建模算法，代表了一种实用主义的态度，这类算法不追求绝对的因果关系和"为什么"，只要能给出解决问题的结论或模型，进行尽可能准确的判断和决策即可。现实中，如果被观察的对象在发生变化，那么机器学习的模型就会随之变化，所谓"观点随事实不断发生改变，不断迭代和修正"是一种实证和务实的科学方法。而运筹与仿真算法所代表的演绎式的推理，是坚实的、精确的、非黑即白的，在任何时间、任何地点推演的结论都应该有一致性，属于更传统的科学范式。

除了"算法"一词，在大众的意识里经常被混淆的词还有"仿真"。这两个词在不同专业领域代表完全不一样的概念，可以说内涵相距甚远，但今天很多人会将它们混为一谈。有的企业的 HR 会把机电控制算法专业的人聘来负责大数据算法研发，或者让做有限元分析仿真的人去负责生产流程仿真技术，这些都是典型的人才错配的情形。

4.1 过程仿真分析技术

4.1.1 制造过程仿真技术

制造过程仿真技术为工艺部门、生产部门、人力部门、财务部门提供了工厂和车间生产过程的全局视角，以及通过量化模型结构化地分析问题的能力，从而提升企业跨部门协同能力和决策水平。制造仿真软件平台一般需要定义生产线的要素、各项待分析的关键指标、解决问题的场景和仿真结论输出的形式。

常见的制造过程仿真软件有以下几种。

（1）德国 Tecnomatix 数字化制造软件和 Plant Simulation 软件

Tecnomatix 是目前市场上功能比较完备的一套全方位数字化制造解决方案，其将制造规划到制造执行与产品设计连接起来，包括工艺布局规划和设计、工艺过程仿真和验证。Tecnomatix 的主要功能包括实现在三维环境下进行制造工艺过程的设计，用数字化的手段验证产品的制造工艺可行性，事先分析未来生产系统的能力表现，快速输出各种定制类型的工艺文件。

Tecnomatix Tochnologies Ltd（以下简称 Tecnomatix 公司）原是一家以色列公司，创始于 1983 年，自成立以来一直专注于帮助制造企业优化制造流程。20 世纪 90 年代该公司领导了计算机辅助制造工程（CAPE）革命，填补了产品设计和车间自动化生产之间信息技术的空白。2000 年，Tecnomatix 公司提出了 MPM 的概念和战略，同时推出了协同制造过程管理的数字化制造 eMPower 解决方案。eMPower 包括 eM-Planner（规划、设计、分析及管理）、eM-Plant（工厂、生产线及生产物流过程的仿真与优化）、eM-Human（人机工程分析）、eM-Assembler（产品装配规划与分析）等功能模块。

2005 年，Tecnomatix 被 UGS 收购，成为 UGS 的数字化制造品牌。2007 年 5 月，UGS 被西门子收购，西门子的生产制造背景加强了 Tecnomatix 与其 MES（制造执行系统）平台 SIMATIC IT 的集成，将生产制造延伸到了制造车间环节。目前，Tecnomatix 在高科技电子、机械、航空与国防、汽车等行业取得了广泛应用。Tecnomatix 包含七大功能模块，分别为零件规划与管理验证、装配规划与验证、自动化机械与自动化规划、工厂设计与优化、质量管理、生产管理、制造流程管理。

Plant Simulation 软件由 eMPower 中的 eM-Plant 这一功能模块发展而来，是一款面向对象的，图形化的，集建模、仿真、动画制作和优化为一体的离散事件仿真软件，现在是西门子数字化制造软件 Tecnomatix 套装（包括 Process Designer、Process Simulation、Plant Simulation）中的一员，也是西门子集团数字化制造战略的重要组成部分。如前所述，该软件并非西门子公司自主开发，而是几经曲折最后被西门子收入门下。

Plant Simulation 作为一款工厂、生产线及物流仿真软件，能够从车间布局、生产物流设计、产能等方面进行定量验证，并根据仿真结果找出优化方向，能够在方案实施前对方案实施后的效果进行验证，Plant Simulation 软件界面如图 4-2 所示。

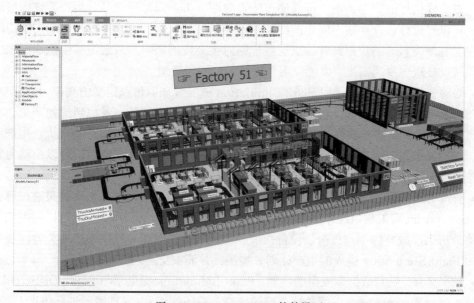

图 4-2　Plant Simulation 软件界面

下面列举 Plant Simulation 的几个应用场景。

● 布局规划及仿真验证。生产车间布局对物流及各方面的性能发挥都有影响。生产车间的布局设计直接影响物流运输路线的规划及车间的产能。Plant Simulation 能够根据各作业单元的物流量对各作业单元进行优化排序，从而实现对生产车间布局的规划及仿真验证。

● 生产线产能仿真及优化。生产线产能优化作为生产效率提升的主要目标，是生产制造企业进行生产线规划及优化的重要方向。由于生产时间一般是分布函数而不是一个确定的值，另外考虑到设备的故障率等问题，因此普通的计算方法计算的产能与实际存在较大偏差。而 Plant Simulation 能够对分布函数及设备的故障率等概率事件进行仿真模拟，从而能够相对准确地计算生产线的产能，并根据仿真统计结果发现生产线的瓶颈，为生产线的优化指明方向。

- 车间物流仿真。随着物流自动化的推进，车间物流运输工具（叉车、人力车）逐渐被 AGV（自动导引车）取代。由于 AGV 的价格普遍在几万元到几十万元，因此合理的 AGV 数量和物流运输路线设计已成为自动化车间物流设计中重点考虑的问题。针对这一问题，Plant Simulation 能够对车间物流系统进行建模仿真，从而对方案进行验证，而且能够进行 DOE（实验设计），找到最优的 AGV 设计数量。

- 装配线平衡。在装配流水线中，一个产品的装配由 N 个小工序组成，工序之间具有一定的工序先后顺序约束关系。装配线平衡就是在满足生产节拍和工序先后顺序约束的条件下，如何将 N 个工序分配到 M 个工站中，从而使生产线平衡率达到最高。由于满足条件的分配会有很多种，因此手工计算非常困难。针对此问题，Plant Simulation 可以对可行解不断进行优化，从而找出符合条件的最优解。

Plant Simulation 有以下亮点功能和核心技术。

- 生产系统仿真优化。使用 Plant Simulation 仿真工具可以解决生产瓶颈问题、优化产量、减少线边库的库存，用户可以通过仿真模型分析不同型号产品对生产系统的影响。用户还可以通过该软件评估不同生产线的生产控制策略，验证主生产线和辅生产线的同步性，定义各种物料流的规则，并检查这些规则对生产线的影响。从系统库中挑选出来的控制规则可以被进一步地细化，以便应用于更复杂的控制模型。

- 自动分析方案。用户使用 Plant Simulation 试验管理器可以定义仿真模型运行参数，设置仿真运行的次数和时间，也可以在一次仿真中执行多次试验。考虑到诸如产量、在制品、资源利用率、交货日期等多方面限制条件，Plant Simulation 针对产量最大、生产周期最短、在制品数量最少等特定目标优化，采用遗传算法来优化系统参数，可以自动为复杂的生产线进行评估并找到最优方案。

- 分析仿真结果。使用 Plant Simulation 分析工具可以轻松地对仿真结果进行解读。Plant Simulation 可以利用统计图表显示缓存区、设备、工人的利用率，也可以利用统计图表动态分析生产线整体工作负荷、设备故障、空闲与维修时间、瓶颈工序的关键性能等参数。由 Plant Simulation 生成的生产计划甘特图，并能被交互地修改。

- 数据交互。随着数据库应用的增加，Plant Simulation 提供了与 SQL、ODBC、RPC、DDE、ActiveX、Socket 等进行数据交换的接口，它还能读入 CAD 图形进行仿真。

- 基于模块库进行仿真建模。用 Plant Simulation 可以为生产设备、生产线、生产过程、生产工艺建立结构层次清晰的模型。这种模型的建立过程使用了 Application Object Library 组件，这些组件专门用于各种专业过程，如总装、白车身制作、喷漆等。用户可以从预先定义好的资源、订单目录、操作计划、控制规则中选择，还可以通过向库中加入自己的模块来扩展系统库，将工程经验固化。

Plant Simulation 具有图形化和交互化建模能力，同时可通过内置的仿真语言 SimTALK 进行复杂过程定义、参数输入和控制策略调整，也能够建立完整的仿真模型。

SimTALK 是一种解释型的仿真逻辑脚本语言，语法规则类似于 Basic。同时，Plant Simulation 还提供专门的调试窗口，用户可以快速进行语法调试找到模型的逻辑错误。

（2）法国达索系统公司的 CATIA 软件

CATIA V5 版本是 IBM 和达索公司共同研发的，它围绕数字化产品和电子商务集成概念进行系统结构设计，并可为数字化企业建立一个针对产品整体开发过程的工作环境。在这个环境中，用户可以对产品开发过程的各个方面进行仿真，并能够实现工程人员和非工程人员之间的电子通信。产品整体开发过程包括概念设计、详细设计、工程分析、成品定义和制造，甚至是成品在全生命周期中的使用和维护。

（3）美国 Autodesk 公司的 Process Analysis 软件

Process Analysis 软件是 Autodesk 公司产品设计与制造软件集合的一部分，这款基于 Web 和公有云的产品可帮助工程师和系统设计人员建模、分析和优化制造流程。用户使用 Process Analysis 可以将制造流程可视化，用户可以提前识别潜在瓶颈，并合理地优化生产线性能，Process Analysis 软件界面如图 4-3 所示。

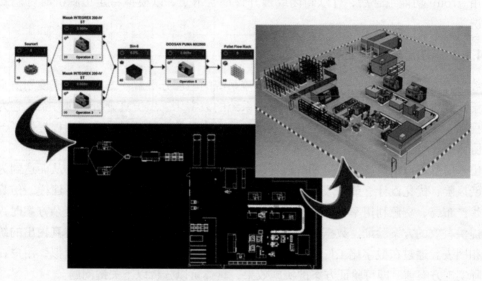

图 4-3 Process Analysis 软件界面

Process Analysis 的仿真模式可让用户尝试搭建各种备选方案，并不断进行模拟和优化，从而找到最佳设计以满足项目需求。这样的技术手段有助于在规划工作前期快速洞察问题，在满足规划目标的前提下高效率地改进方案，从而为工厂的投资建设节省时间和费用。用户还可以通过可视化平台有效地评估原料供应、设备参数、产能、在制品和库存容量上限等的状态与情况，并改善生产线的平衡性。

Process Analysis 软件布局简洁明快，建模方式简单，易上手，它把生产线的全部要素归纳为 5 个组件，即 Source、Processor、Buffer、Product、Operator。模型可以用拖曳的方式快速搭建，并在右侧参数窗口进行生产要素的参数配置。在软件顶部功能区的用户界面命令中，有访问模拟设置的复选框，选中该复选框，则仿真过程中的所有动画均可见，并可以在仿真过程中查看。在模拟运行时，软件可显示每个对象的数据，鼠标指针选择并悬停在某对象上，即可查看其详细状态报告。

Process Analysis 软件的优点是界面简洁，不但能直观体现生产工位、工序，而且可以连接 AutoCAD 和 Inventor，便于进一步建模。该软件还有以下技术亮点。

- 为生产线元素提供了组件素材库，并且默认提供了相关的基础参数设定。
- 可调节仿真器的运行速度快慢，便于用户在不同节奏下观察生产线运行情况，可显示各个模块的实时数据。
- 提供了不同形式的仿真输出报表默认格式，其中 Line Efficiency Summary Report 可提供展现模型总体性能的高级图片，性能数据包括百分比、平均值、数量等，利用这些值可以快速确定模型中按照预期工作的区域，以及需要调整的区域。
- 汇总数据可以在计算成本时提供有价值的资源，Cycle Time Summary Report 可提供展现流程模型总体执行情况的图片，并帮助用户深入观察识别潜在的问题或者需要改进的领域。
- 参考了离散事件仿真规范的耦合概念，可以将生产线元素自由地组合与解耦。将对象用 group 功能组合后，可以封闭或展开该耦合节点，以模拟特定组脱机时可能发生的情况。

4.1.2 物流规划仿真技术

数字化工厂物流仿真是一种针对复杂物流系统的验证分析解决方案。物流规划仿真软件属于离散事件仿真工具，是一种针对复杂系统的数字化工厂仿真分析解决方案。它为工业工程师、物流工程师和管理人员在规划设计过程中开发和验证最优生产流程提供了一个统一协作的环境。

仿真信息可以在生产计划早期阶段帮助规划人员迅速可靠地进行决策，从而达到为企业降低风险、优化设计、节约成本的目的。仿真软件对生产和物流系统进行建模、仿真，分析生产布局、资源利用率、产能和效率、物流和供需链，在设计和确认复杂方案时，为用户提供有效的方案验证、数据分析及优化建议，最终向规划工程师提交仿真输出的统计数据和图表。通过在数字化工厂仿真软件中对新物流规划或改造方案进行模拟，用户在现场实际实施方案前，即可验证方案的实施效果，具体可以分析以下关键问题。

- 验证系统能力和效率是否达到规划要求。
- 识别物流瓶颈，评估物流规划布局合理性。
- 物流人员工作负荷分析，评估人员配置是否合理。
- 物流运载工具利用率分析，评估设备配置是否合理。

常见的物流规划仿真软件有以下几种。

（1）德国西门子的 Plant Simulation 软件

Plant Simulation 能用于创建物流系统的数字化模型，帮助用户了解系统的特征并优化其性能。在不中断现有生产系统的前提下可以使用这些数字化模型运行试验和假设方案，Plant Simulation 软件在物流规划场景中的应用界面如图 4-4 所示。运用软件提供的瓶颈分析、数据统计和图表生成等工具，用户可以评估不同的制造方案。

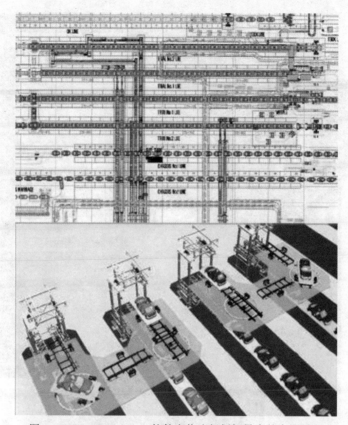

图 4-4　Plant Simulation 软件在物流规划场景中的应用界面

（2）法国达索系统公司的 Quest 软件

Quest 系统仿真软件是法国达索系统公司开发的针对设备建模、实验、分析设备分布和工艺流程的柔性、面向对象的、基于连续事件的专用模拟软件。Quest 演示性能强大，效果富有现实感，物流设备元素齐备，并且可以通过自带逻辑命令语言，对模型中大部分元素进行逻辑开发，使用者熟练掌握后可实现复杂系统的高难度仿真。

Quest 提供了 2D 图表和 3D 模型，用户可以通过按钮式界面、对话框、扩展标准库建模，其实时交互界面允许在运行期间对变量进行修改并观察各参数的演变。该软件可准确地评估现有的或规划中的系统车间布置、成本、工艺流程，可对搬运和加工设备等特定对象自定义配置 3D 模型外观，并指定脚本来运行模型机构。Quest 软件在物流规划场景中的应用界面如图 4-5 所示。

（3）AnyLogic 软件

AnyLogic 是由 AnyLogic 公司研发的一款多方法仿真建模工具。AnyLogic 支持离散事件、智能体、系统动力学 3 种仿真建模方法及其任意组合，能对任意复杂程度的业务系统进行仿真，如图 4-6 所示。系统动力学视角假定了一个较高的抽象建模层次，主要用于市场占有率及社会进程依赖等策略层面的问题。离散事件视角则主要用于操作和战术层面的建模，如生产制造流程及设备投资的评估等。基于智能体的视角适用于所有可以使用智能体来表示活动实体的建模，应用领域包括供应链优化等。

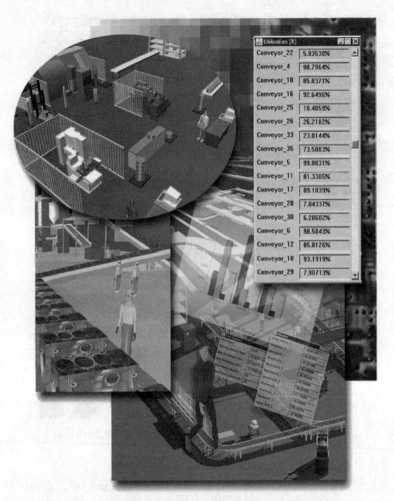

图 4-5　Quest 软件在物流规划场景中的应用界面

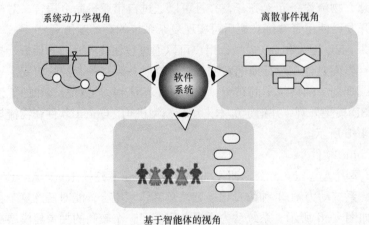

图 4-6　AnyLogic 软件的 3 种仿真建模方法

　　AnyLogic 提供包含流程建模库、流体库、轨道库、行人库、道路交通库、物料搬运库的特定行业建模库，支持物流规划各种场景的建模，AnyLogic 软件在物流规划场景中的应用界面如图 4-7 所示。

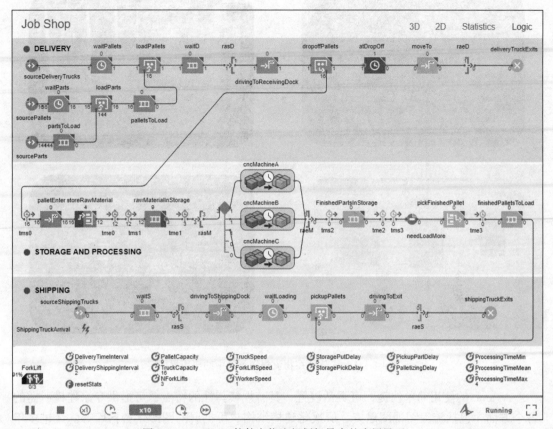

图 4-7　AnyLogic 软件在物流规划场景中的应用界面

　　AnyLogic 在供应链、生产制造、交通运输、仓储、市场营销、铁路物流、道路交通、港口运输、医疗等行业中得到了广泛应用。

　　AnyLogic 软件有以下技术亮点。

- 导航直观易用。
- 在运行过程中发生的事件能被监控。
- 在运行过程中可对参数进行调整，观察参数改变对模型结果的改变。
- 可将流程图转换为具有 3D 图形和 2D 图形的交互式影像，以最直观的方式展示模型。

（4）美国 Rockwell Automation 公司的 Arena 软件

　　Arena 是由美国 Rockwell Automation 公司于 1993 年开发的计算机模拟软件包，是基于 SIMAN 模拟语言的通用仿真软件。该软件可以模拟离散连续混合系统，具有可视化交互功能，用户可以根据需要设定参数，建立仿真模型，对生产操作进行评估和建模，帮助用户对物流、厂房布局、库存和人员配置等进行分析和规划。Arena 软件在物流规划场景中的应用界面如图 4-8 所示。

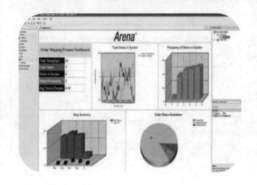
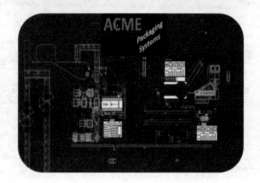

图 4-8　Arena 软件在物流规划场景中的应用界面

Arena 的使用简单快捷，可灵活设置，具有规模弹性的特点，可提供专家建模所需的各个方面，包括流程图视图建模、层次化建模结构、可扩展的图形化资料库等。经过多年的发展和积累，Arena 在业界已经实现规模化应用，在制造、物流及供应链等领域有广泛应用，国际机场和大型医院也使用 Arena 实现服务质量提升和流程优化，并为新的投资项目进行评估。

Arena 软件的科学性在学术领域内获得了广泛认可，被国内外 700 多所大学采用，用来教授系统工程、管理科学等专业的专业课程，并被广泛应用于世界各地的仿真模拟实验室。该软件基于 SIMAN 模拟语言，采用流程图视图建模方式，以实体为研究对象，并具有内嵌 VBA（Visual Basic for Application）工具，可以与其他软件集成。

Arena 软件有以下典型的应用场景。

● 流程优化：通过搭建模型，梳理生产线各个步骤，实现对流程的深入理解，从而找出生产瓶颈，制定改进方案。通过修改系统参数和流程规则，模拟不同方案，进行方案评估。利用内置的统计分析工具判定系统输出差异的显著性，评估流程改进效果。

● 布局优化：Arena 可以实现对设备布置、工件加工轨迹、排队情况的可视化仿真。通过对生产过程和布局的再现，设计出更加合理的厂房布局，减少搬运成本，为新设备提供合理的占地面积。

● 风险控制：通过模拟机械故障、人员变动、物料紧张、订单冲击等不确定因素对最终产量的影响，提前制定出合理的应急方案，实现风险控制。

● 资源分配：通过分析生产过程中人员、设备、空间、时间、材料等相关生产资源的分配和使用的情况，找出不合理的资源分配情况和资源浪费情况，从而更有效地进行生产计划制订、人员排班管理、库存管理、产能控制等。

- 生产管理：仿真过程中采集的财务数据，可以对不同生产方案进行成本分析、收益分析。同时，在仿真过程中采集的生产数据也可用来比对不同方案下的系统表现，协助管理生产指标、制订生产计划。

- 动态演示：在模型的基础上编辑 2D 或 3D 的动画，使生产过程有一个更直观的体现，实现生产过程全程可视化，为研究生产规律提供便利。

4.1.3 当前仿真软件的问题

现代计算机性能的提升和仿真软件技术的发展，如 Plant Simulation 等仿真软件都有图形化的工作环境，层次化的模型结构，面向对象的方法，各种形式的报告输出，有助于辅助工业规划任务。

虽然今天的商业仿真软件功能强大，模块化能力强和集成性好，用户基础广泛，但实际在特定行业中的应用都会遇到适用性的问题。笔者动手试用过市面上大部分过程仿真软件，从使用感受来说各有优缺点，到目前为止还没有堪称完美的过程仿真软件。有不少软件在使用过程中有各种不足，存在一些功能缺陷和用户体验方面的待改进细节。例如人机交互体验不佳、展示细节存在缺点、缺少必要的跨界功能、建模与参数配置没有考虑不同人群的诉求等问题。所以商业仿真软件还是一个发展中的产品，目前仍存在的常见问题如下。

- 不少商业仿真软件发展到今天已经过于"重"，整个功能体系比较庞大，操作烦琐，功能太多，不易掌握，用户需要学习较长时间才能上手。

- 越来越多的商业仿真软件选择把技术架构云端化，限制用户必须用浏览器或者应用端在国外的服务器上进行建模和仿真，这样会使企业信息安全存在隐患。

- 需要用户用 Java 代码实现参数设置，不易设置模型运行参数，对初级用户不太友好。

- 功能仍然存在局限性，无法有效映射生产线的真实运行流程，如不支持将若干个工序打包成一个工序或者工序的拆分；不支持设定模块的初始值，如生产线中的缓冲区每日保持一定的在制品数量等场景；不支持模型的参数用函数设定复杂情形，导致模型设定的灵活度较低。

- 软件界面的人机交互体验不佳，UI 设计的操作便捷性不足，如拖动页面没有快捷键；快速工具栏不能定制，导致在不同场景下使用不便；在流水线太长被分成多行的情况下，连接上一行最后一个工序与下一行第一个工序，需要多次调整和对齐连接线；在拖曳搭建模型的过程中，软件响应不流畅等。

- 仿真软件多数较为复杂，在实现生产系统动态仿真和信息分析的过程中，对企业条件有较高的要求，如领导支持、充足的人力资源、完整的企业工艺文档。

- 应用仿真的投入产出比不高，软件本身对使用者提出较高的能力要求，需要较长时间培训和组建团队，需要现场生产部门或经营部门的大量配合，仿真工作调研和建模的工作周期长，只能对特定应用求解，而更换业务环境和应用场景之后还得重新建模等，这样会导致仿真成本高于其潜在收益的价值。

- 国外不少软件厂商把中国市场视为一个卖软件序列号的市场，而不是提供技术服务的市场，面向国内客户的本地化技术支持服务一直非常差。因为很少倾听中国用户的诉求和建议，导致一些软件用户反馈的问题长期未得到跟进和解决。

传统商业仿真平台的不利条件，限制了仿真手段在制造业中的使用。在企业的数字化团队实力足够强的前提下，自主研发一套适用于本行业的制造过程仿真软件，会有利于本企业真正采纳和推广这一数字化工具，有效提升各部门在工艺和人效提升方面的洞察能力和协同能力。

4.1.4　仿真软件自主研发实践研究

本节以三一重机大数据所自主研发的阿波罗系统为例，讨论制造仿真软件平台自主研发的实践过程。

1. EVA 理论框架

仿真体系的构建有多种理论方法，离散事件系统规范（DEVS）是其中一种经典理论。DEVS 是美国学者齐格勒提出的一种离散事件系统形式化描述体系。DEVS 提供了模块化、层次化的系统建模和仿真执行框架。每个子系统在 DEVS 框架中都被视为一个内部结构独立、I/O 接口明确的模块，而且多个模块可以组合成具有一定连接关系的耦合模型。

DEVS 原子模型如图 4-9 所示，形式化描述定义如下。

$M = <X, Y, S, s_0, \tau, \delta_x, \delta_y>$。

X 是输入事件集。

Y 是输出事件集。

S 是系统状态集。

s_0 是初始状态，属于 S 集合。

τ 是系统维持当前状态的时间周期，通常为一个非负的数值。

δ_x 是一套输入转换功能，代表了输入事件后触发的一系列状态和时间周期变化的机制。

δ_y 是一套输出转换功能，代表了某个状态如何生成输出事件，以及同时改变内部状态及时间周期的机制。

DEVS 形式的操作语义简洁，有助于与真实系统构建简单对应关系，可以方便地建立具有时间概念的仿真模型。DEVS 的实验运行框架被形式化为模型对象，同时模型和运行框架能够组合形成耦合模型，并且具有与其他耦合模型相同的性质。这种清晰、分层的方法有利于对仿真对象进行模块化、结构化的描述。该理论框架为复杂多变的制造业规划情境提供了有效的解决方案。

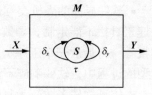

图 4-9　DEVS 原子模型

阿波罗系统的技术框架设计源于笔者在 2019 年提出的 EVA 模型思想，该模型思想是从 DEVS 理论演化而来的。EVA 模型框架如图 4-10 所示，其基本元素定义如表 4-1 所示。

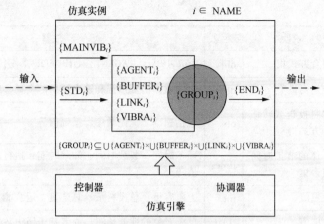

图 4-10　EVA 模型框架

表 4-1　EVA 模型的基本元素定义

元素	定义
Input	仿真输入接口
Output	仿真输出接口
CASE	<NAME, $\{STD_i\}$, $\{END_i\}$, $\{AGENT_i\}$, $\{BUFFER_i\}$, $\{LINK_i\}$, $\{VIBRA_i\}$, $\{GROUP_i\}$, $\{MAINVIB_i\}$ >
STD	< NAME, $\{RATE_j\}$, PERFORM, PATTERN, QUANT>
END	< NAME, QUANT>
AGENT	< NAME, PERFORM, $\{TAKT_j\}$, $\{PROCESS_i\}$, $\{RATE_j\}$, PATTERN, LOT>
BUFFER	< NAME, PERFORM, $\{RATE_j\}$, QUANT>
LINK	< NAME, UPPER, DOWNER, $\{TIME_j\}$, LOT, QUANT>
PERFORM	< MTBF, MTTR, $\{VIBRA_i\}$>
RATE	< PRIOT, TAKT, VIBRA>
PATTERN	< $\{SEQUE_j\}$, $\{TAKT_j\}$, $\{QUANT_j\}$>
PROCESS	< NAME, TYPE, SEQUE, PRIOT, LOT>

根据建模和仿真对象模型模板规范（IEEE 2010）标准，参考制造系统面向对象的仿真技术、建模方法和设计原则，EVA 模型中使用的变量和参数名词注释如表 4-2 所示。

表 4-2　EVA 模型中使用的变量和参数名词注释

名称	说明	类型	注释
CASE	一个仿真实例	obj	仿真实例名称
NAME	子组件名字集	char	$i \in$ NAME
$\{STD_i\}$	原料输入集	obj	原料投入的速度、规律、数量等属性
$\{END_i\}$	产品输出集	obj	仿真模型的流程终点
$\{AGENT_i\}$	中间处理器集	obj	中间处理环节，可以代表岗位、机床、业务窗口等
$\{BUFFER_i\}$	缓冲器集	obj	缓冲区，堆垛区
$\{LINK_i\}$	传送线集	obj	包括两点之间的运输能力、速率、组态等信息
$\{VIBRA_i\}$	振幅值集	%	所有实际值非恒定的量化参数的振幅

名称	说明	类型	注释
$\{GROUP_i\}$	组合方式集	obj	$\{GROUP_i\} \subseteq \cup\{AGENT_i\} \times \cup\{BUFFER_i\} \times \cup\{LINK_i\} \times \cup\{VIBRA_i\}$
$\{MAINVIB_i\}$	全局变量集	obj	影响整体仿真过程和输出结果的全局参数设定组合
$\{RATE_j\}$	物料投送或转移的方式集	obj	包括速率、优先顺序、振幅值等
$\{TAKT_j\}$	个体的节拍时间组合集	time	预备时间、装载时间、卸载时间、执行时间、振幅值等
QUANT	数量值	int	上限容量、总投料量、总产量、运载能力等
PERFORM	性能值	float	单个对象的性能预测，或者基于历史数据的性能评估
PATTERN	序列控制机制	obj	由顺序、时间间隔、数量等信息组成的序列表
MTBF	平均故障间隔	time	工序单次不停机检修可连续工作的时间长度
MTTR	平均故障恢复	time	工序单次停机检修或维护的时间长度
LOT	单次数量要求	int	一次性处理的任务要求包含的产品个体数量
UPPER	上游对象	obj	$UPPER \in \{STD_i\} \cup \{AGENT_i\} \cup \{BUFFER_i\}$
DOWNER	下游对象	obj	$DOWNER \in \{AGENT_i\} \cup \{BUFFER_i\} \cup \{END_i\}$
$\{PROCESS_i\}$	工艺组合集	obj	一个 AGENT 可以包含单个或多个 PROCESS
TYPE	工艺形式	bool	组合或分解等工艺形式
SEQUE	工艺关系	bool	并行或串行等工艺间关系
PRIOT	优先等级	int	有争用的情况下优先级高的任务先执行

EVA 模型将仿真要素集中在制造业生产流程规划初期关注的核心指标上，如时间、节拍、效率、负荷、产能等，从而只进行相对简洁的建模，需要采集和输入的信息比较少。其仿真结果的输出也聚焦在整条生产线和其中单个对象的关键绩效指标上，如产能、负荷、节拍、时间等，从而让工艺规划决策者可以快速聚焦到关键指标上。

参考离散事件系统（DEVS）形式的仿真运行设计框架，EVA 仿真器和其运行框架包括以下 4 个主要组成部分。① 现实系统，包括真实的和概念设计中的生产系统，其元素及条件的集合都是仿真的数据来源；② 源于现实系统构建的模型，模型的结构组成了其运行指令，模型的数据集控制仿真的执行过程；③ 仿真器，通过控制器和引擎来驱动完成模型仿真；④ 实验运行框架，在 EVA 中是一个可耦合模型，当它耦合到一个模型上，可以生成输入模型的外部事件状态，监测模型运行状态，处理模型输出。

在仿真结构设计方案中，EVA 的仿真器和运行框架结构被形式化为模型对象，如图 4-11 所示。模型和运行框架能够组合形成耦合模型，并且具有与其他耦合模型相同的性质，这种层次清晰的处理方式有利于模块化和结构化地描述仿真对象。

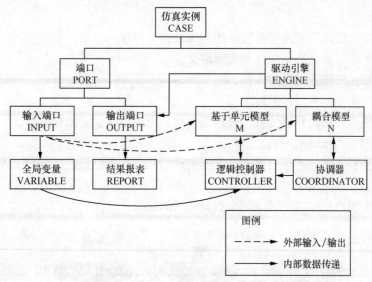

图 4-11　EVA 仿真器和运行框架结构

EVA 仿真器有 3 种类型的实体,同时每个原子模型在逻辑上均有原子仿真器来处理其行为,不同类型的原子模型需要不同的仿真器。同样,每个耦合模型对应一个协调器,而总协调器负责协调所有的协调器。这种统一的处理方式具有模块化描述和结构化描述的好处。

为了破解传统过程仿真软件存在的应用障碍,在自主研发新的过程仿真平台的时候,产品创意小组提出了轻量化的主张,并以下设计思想作为系统开发的指导原则。

① 将生产线要素模块化。将生产线要素(如工人、工位、线边库)实例化,并通过简单的参数配置赋予和物理车间相对应的关键属性。

② 产品的设计目标是实现仿真建模能力下沉。无论拥有什么专业背景和学历的新用户,都可以在 1 小时内快速掌握软件使用方法,并且能在 2 小时内独立完成一条生产线建模,从而将仿真软件的使用门槛降到极低,实现在工厂中,"人人能建模、个个会分析"的目标。

③ 将模型对象和仿真过程参数化。通过元素的参数化,实现对真实生产过程的量化模拟,并在仿真过程中从全局视角和局部视角对生产过程模拟的关键信息进行监控。

④ 一人一套定制化分析报告。定制化分析报告不但有翔实的过程和结果数据支撑,而且能根据不同使用者的业务视角和关注重点进行个性化灵活配置。

2.　生产线要素和关键指标

以下介绍阿波罗系统定义的生产线要素、关键指标、解决问题的场景和仿真结论输出的形式。

(1)阿波罗系统对生产线要素的定义

为了使用环境的简洁化,阿波罗系统把所有生产线要素归纳为七大类,分别是物料、工位、工人、设备、缓冲区、成品、运输线。

也就是说,所有用于生产线过程模拟的要素都不会超出这七大类对象,具体这些生产线要素的定义如下。

物料：在生产领域流转的成品以外的一切被加工对象。

工位：设备或工人进行生产作业的固定位置。

工人：参与生产作业过程的人员。

设备：参与生产作业过程的设备。

缓冲区：临时存储物料的位置，包括线边库、半成品库、立体仓库等。

成品：标志生产结束的产品。

运输线：物料在不同工位与缓冲区之间传递的线路，包括料道、板链、AGV、RGV、EMS、叉车、人工搬运等各种运输形式。

生产线要素模块化和需要考虑定义的参数示例如图 4-12 所示。

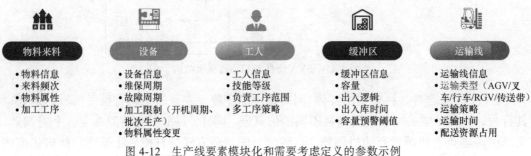

图 4-12　生产线要素模块化和需要考虑定义的参数示例

（2）阿波罗系统对生产线关键指标的定义

在生产管理的理论丛林中，不同的理论体系对类似节拍这样的概念有着不一样的解释，在本书的第一章我们浅谈过这个话题。为了确保仿真工具可以被企业不同部门普遍采纳和应用，必须对仿真的指标进行标准化的定义，这样不同用户理解的仿真的输入和输出指标才是一致的。阿波罗系统对一些关键指标的定义如下。

节拍（TT）：节拍是映射生产线或生产单元极限生产能力的指标。

工位 TT（TT_agent）：指一个生产单元（包括工位、机器、工人），为某个特定型号产品完成指定加工任务的最小必要时间，其包含纯加工时间，以及上料、下料时间，不包含等料、堵料、运输、换模、热机、修补等非加工动作的时间。工位 TT 映射了该工位的极限生产能力。

瓶颈工位：为被观察的生产线上 TT 值最大的工位。

整线 TT（TT_line）：指在投料充足、产品型号组合固定、满负荷运转的前提下，一条生产线终端产品平均下线时间间隔。整线 TT 映射了该生产线的极限生产能力。

线平衡率：线平衡率是衡量一条生产线各工位之间能力均衡性的指标。

生产周期（CT）：被加工对象从上线到加工结束所经历的时间。

整线 CT（CT_line）：成品的生产周期，以原材料进入产线为起点，以成品离开产线为终点，期间所经历的时间。

工位 CT（CT_agent）：物料在工位的生产周期，以物料进入工位为起点，以物料离开工位为终点，期间所经历的时间。

MT（工时）：工人为了完成特定的工作任务，必须付出的劳动时间，包括换模时间、上下料时间、纯加工时间、移动时间。

人均负荷率：全体工人的有效劳动时间在总工作时长中的占比。

在制品（WIP）数量：在工位、线边库、运输线中的物料数量总和，考虑到有的生产线存在合并和拆分功能，因此 WIP 数量的计算不能简单用物料创建总数减去成品总数，而是要用折算方式，如用成本定价折算或者根据 BOM 归并。

3. 应用场景和输出形式

阿波罗系统作为自主研发的流程仿真工业软件，可围绕公司核心经营指标，提供符合各业务部门视角的决策建议。通过该软件，工艺人员、生产管理者、工业工程分析师、人员效率核算专员等角色能够独立地创建车间数字化模型，同时自行分析，并使部门间可以极其高效地开展讨论与协作，从而提升公司的整体运营效率。该软件应用的具体收益体现在人员效率提升、成本控制、产线优化等方面，通过仿真引擎的报表工具和实时洞察，快速定位问题，给出提升效率、减少浪费、精确管理投资与工人的具体切入点。

下面列举一些已经实际开展应用的典型场景，以及这些场景下输出报告的概念图。注意，这些场景下的输出报告都是概念图，是在该软件研发的早期阶段由 UI 设计师手绘的，最终真正定型的软件界面见 4.1.5 节"阿波罗仿真软件应用简介"。

（1）工艺流程分析场景

阿波罗系统在工艺流程分析场景中可以分析工艺布局的合理性，模拟生产流程和节拍，具体包括如下作用。

- 在产线规划阶段对方案的可行性和效果进行评估。
- 通过仿真软件模拟满产运行状态评估产能。
- 模拟不同的运输方案，为选择效率更高的方案提供数据支撑。

工位分析报告可以结合数据图表观察以下指标，工位分析报告概念图如图 4-13 所示。

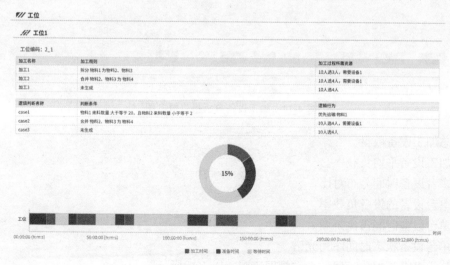

图 4-13　工位分析报告概念图

- 单个工位 CT。
- 单个工位 TT。

- 单个工位生产总数。
- 单个工位工人数量。
- 单个工位负载率。
- 工位时间分布对比图。
- 单工位状态时间序列光谱。

加工设备分析报告可以结合数据图表观察以下指标，加工设备分析报告概念图如图 4-14 所示。

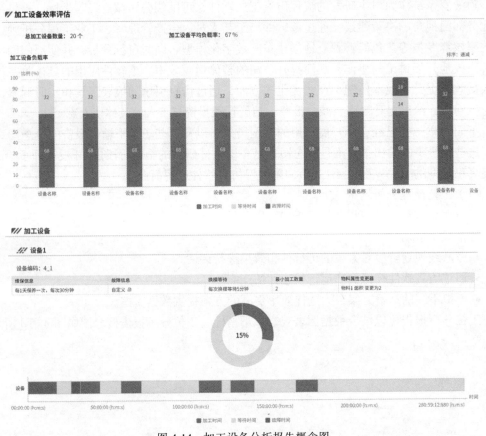

图 4-14　加工设备分析报告概念图

- 总加工设备数量。
- 加工设备平均负载率。
- 多台设备时间分布对比。
- 单台设备的设备负载率。
- 单台设备时间占比饼图。
- 单台设备状态时间序列光谱。

运输设备分析报告可以结合数据图表观察以下指标。

- 运输设备数量。
- 运输设备负载率。
- 多台运输设备时间分布对比。

- 单个运输设备负载率。
- 单个运输设备时间占比饼图。
- 单台运输设备状态时间序列光谱。

（2）产线瓶颈挖掘场景

阿波罗系统在产线瓶颈挖掘场景中可以用全局视角评估产线运行情况，快速定位瓶颈工序，具体包括如下作用。

- 考虑全局生产要素，根据现场实际数据，快速直观定位产线瓶颈问题，模拟不同的调整方案效果，改善线平衡，提升产能。
- 模型运行完成后自动输出分析报告，支持自定义配置报告内容。

线平衡分析报告可以结合数据图表观察以下指标。

- 总工位数量。
- 工位平均负载率。
- 多工位 CT 对比柱状图。
- 多工位负载率对比柱状图。

（3）人员配置方案模拟场景

阿波罗系统在人员配置方案模拟场景中可以量化生产过程中的人员效率，预测人员配置需求，具体包括如下作用。

- 在混线生产占比很大的情况下，选择最优人员配置方案。
- 结合人员工作负荷、机器负荷、产线平衡等多维度数据，探索人机配比的合理性与保证一定经济效益间的平衡。
- 基于仿真平台的量化数据讨论人员配置方案。

人员效率评估的输出报告概念图如图 4-15 所示，内容包括人员效率概览，如工人总数量、人均日产量等。

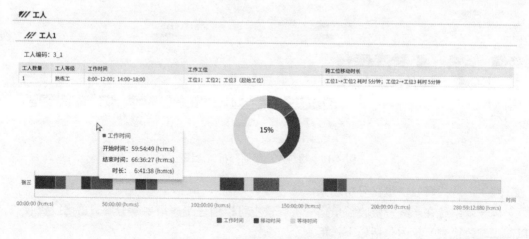

图 4-15　人员效率评估的输出报告概念图

人员效率分析还包括工人的个体效率分析，展示不同技能等级工人（高级工、熟练工、普工、初级工）的工作时间、移动时间、等待时间占比，用柱状图展示多个工人时间分布对比图，以及用饼图和光谱图展示单个工人拆分的工作时间、等待时间、移动时间。

（4）生产扰动影响分析场景

阿波罗系统在生产扰动影响分析场景中可以动态模拟设备故障、质量问题等生产扰动对产线的影响，具体包括如下作用。

- 考虑生产扰动发生概率、分布、周期等复杂数学规律，计算方案的经济效益。
- 通过模拟生产扰动发生后的影响范围，提供系统性的全局评估手段，有针对性地制定方案。

以物料生产周期分析为例，生产扰动影响分析场景可以结合数据图表观察以下指标，物料生产周期分析概念图如图 4-16 所示。

- 不同成品的产出数量。
- 还在产线内的在制品数量。
- 成品光谱图。

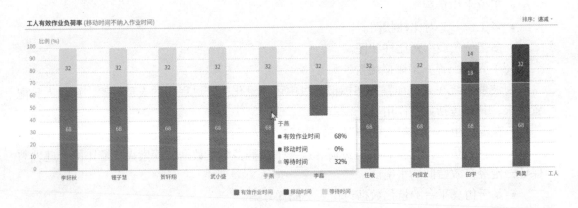

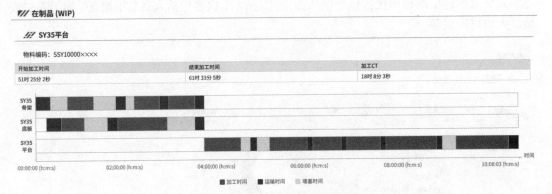

图 4-16　物料生产周期分析概念图

（5）产线投资收益量化分析场景

阿波罗系统在产线投资收益量化分析场景中可以通过工序级要素分解，量化投资收益，以减少无效投资，具体包括如下作用。

- 产线规划阶段，根据产能来进行线体规划、确定设备和人员配备数量与线边库容量。
- 产线技改项目，从整条线体的角度综合评估投资收益率。
- 产线建设阶段，根据产线建设过程中的过程数据，利用仿真模型快速定位问题，加快达产进度。

● 产线经营阶段，提供能耗、混线生产效率等分析视角，为选择投入产出比更高的方案提供数据支撑。

以缓冲区效率分析为例，产线投资收益量化分析场景可以结合数据图表观察以下指标，缓冲区效率分析概念图如图 4-17 所示。

● 单个缓冲区的平均容量利用率：单个缓存区的平均存量/最大容量。

● 缓冲区容量告警阈值占比。

● 单个缓冲区的不同物料的平均队列长度，不同物料的瞬时队列长度趋势。

● 单个缓冲区的平均队列长度，瞬时队列长度趋势。

● 单个缓冲区剩余库存量：仿真结束运行时该缓冲区的物料数量。

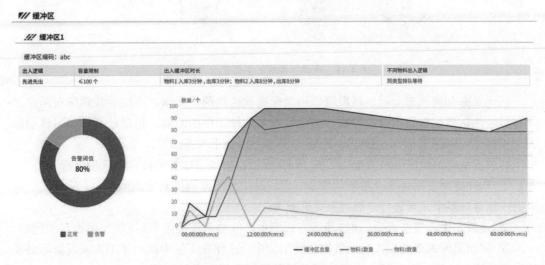

图 4-17　缓冲区效率分析概念图

4.1.5　阿波罗仿真软件应用简介

（1）主要界面和建模步骤

阿波罗系统是基于 BS 架构，用 Java 和 C++为主体代码语言研发的。用户需要通过浏览器访问使用该软件的客户端，推荐使用谷歌浏览器 Chrome。软件登录功能集成了企业的域控制器，如果已经部署了域环境的公司，可以用单点登录技术，通过企业统一的域账号和密码登录。在首次登录时会出现一个注册提示，确认注册即可使用。阿波罗系统使用了主流的扁平化设计，首页能看到已搭建模型的列表，以缩略图的形式排列呈现。阿波罗系统里面的主要建模元素有物料、工位、设备、缓冲区、工人、成品、运输线，如图 4-18 所示。

简单而言，物料是原材料或半成品；工位是产线上的物理位置，是生产作业的岗位；工人是生产一线人员；设备是工位上的固定生产机器；缓冲区是临时存储在制品的地方；成品是被加工完成的产品。车间里的所有生产要素均被归纳为以上 6 种，用户只需要将这些元素拖曳到画布上，就可以开始模型的搭建工作了。

图 4-18　阿波罗系统的主要建模元素

把元素拖曳到画布上后，用户可以用鼠标指针连接两个元素，连线后就意味着两点之间有运输线，要配置运输设备参数，运输设备是运输工件的载具，包括任意的物料移动形式，如料道、VGA、RGV、EMS、KBK、叉车，以及手动搬运等。

阿波罗系统的建模界面的布局如图 4-19 所示，模型搭建主要按以下 5 步进行。

① 软件界面左侧是 6 个生产线要素，用户从中把元素拖曳到中间画布中。拖曳完后可以用快捷键对多个元素进行一键对齐等排版美化。

② 设置完生产线要素后，通过连线方式把生产线要素连接起来，连线代表物料的运输。

③ 将加工所需要的工人及设备拖动到工位中，这样在工位中就有了工人或设备等必要的生产线要素，到这一步基本生产线要素就已经都在画布上了。

④ 接下来需要录入每个生产线要素的参数，物料、工人、设备、工位、缓冲区等都有各自的参数表。同时阿波罗系统提供了全局参数配置，如全局作息时间表等，目的是提高用户的参数录入效率。

⑤ 最后设定生产线的模拟条件参数，如运行的结束条件、需要输出的报表类型等。到此为止建模工作已经全部完成，可以打开模拟器开始进行生产线的生产过程模拟。

为了保证模拟器运行的逻辑严谨性，阿波罗系统设定了约束条件，以及对约束条件的自动化合规性检查。用户搭建的模型要求符合以下 3 条基本原则。不符合基本原则的模型，在仿真器开始运行时就会被立刻检查出来，并提示该模型有逻辑错误。

① 画布中所有的元素都要和唯一的一条生产线相关联，即在一个模型中不允许有孤立的单个元素或者第二条孤立的生产线存在，如图 4-19 中的序号①所示。

② 任何工位里都至少要包含一个工人或者一台设备，不允许在一个工位里既没有工人也没有设备，如图 4-19 中的序号②所示。

③ 模型的逻辑顺序是由物料起始，由成品终止，如图 4-19 中的序号③所示。

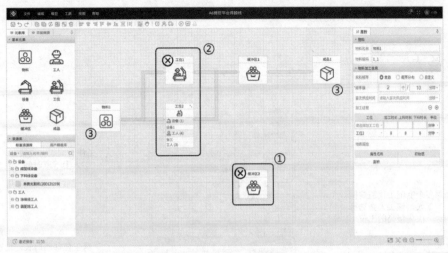

图 4-19   阿波罗系统的建模界面的布局

接下来对基本生产线元素的参数配置进行介绍。

① 物料

物料元素重要的属性之一是投料速度，形象地说就是每间隔多长时间来几个物料，图 4-20 中的这个例子是每间隔 10 分钟来 2 个物料，注意这个实例不能变成每 5 分钟来 1 个物料，两种表达对应不同的现实情况。另一个重要的属性是该物料在后续每个工位上的加工时长、上料时长、下料时长，以及一条生产线生产多种类型产品的混线生产情况，图 4-20 中的加工过程参数表提供了对不同物料在不同工位上的加工属性进行区分设置的方法。

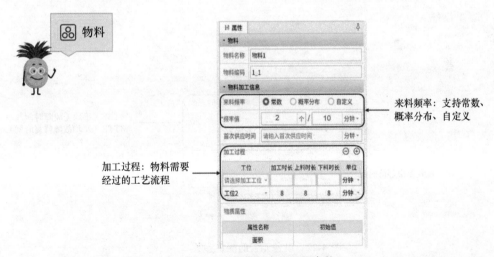

图 4-20   物料元素的配置参数

② 工人

工人元素的重要参数配置包括工人的工作时间表，前文提到过，默认可以用全体员工作息时间这样的全局变量，也可以在全局参数的基础上再单独配置，如个别员工作息时间和其他人不一样，可以为该员工单独定义作息时间。有的工人需要在多个工位上工作，则需要为该工人配置不同工位的优先级、在不同工位间的移动时间，体现多工位工作逻辑，

图 4-21 中展示了工人元素的配置参数。

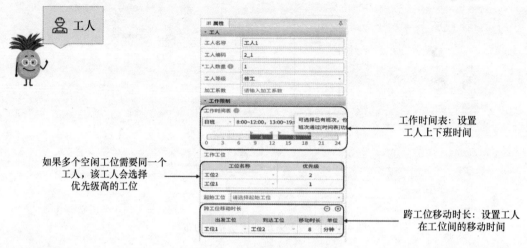

图 4-21　工人元素的配置参数

③ 设备

设备元素比较重要的参数包括 MTBF 和 MTTR，如图 4-22 所示。通俗地说，MTBF 代表设备可以持续运行多长时间直到出现故障，MTTR 代表需要多长时间可以修复故障。这里的"故障"除了字面上的意义，也包括冷却、润滑、消磁等有计划的设备定期维护保养。

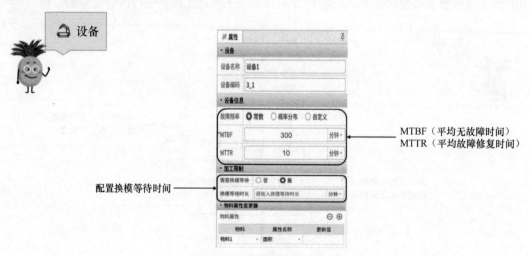

图 4-22　设备元素的配置参数

除了 MTBF 和 MTTR，设备的另一个重要参数是换模等待时间，换模是在某些混线生产的情形下，当切换不同产品类型的时候在设备上需要额外考虑的时间消耗因素。

④ 工位

工位元素用于对加工类型进行选择，包括默认、拆分、合并 3 种情形，如图 4-23 所示。默认代表该工位是单物料进、单物料出，如机加工序。拆分代表一个工件被切割成多个小工件，如钢板切割工序。合并代表现场产线物料在该工序有多物料合成，如装配工序。

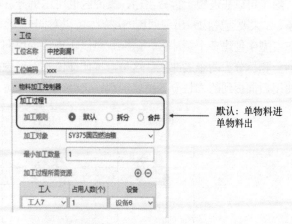

图 4-23　工位元素的配置参数

⑤ 运输线

运输线和运输设备的重要参数是运输对象、运输数量和运输时长，并可以通过"+"新增一条运输线，并设置相应条件参数，在展开的参数设定窗口里可以设置参数详情，如图 4-24 所示。

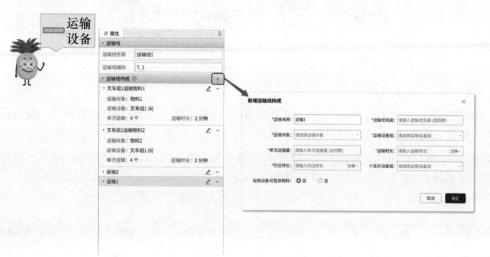

图 4-24　运输线和运输设备的配置参数

在参数设定窗口里有"*"的虽然是必填项，但建模人员如果对这个指标并不关心，也可以用简化的处理方式，这时候不要求数据精确。例如运输时长填 0 就代表该模型暂不考虑运输损耗时间，单次运输量填一个超出正常情况的大数值（如 99999），就表示默认这条运输线运能足够，阿波罗系统的用户在非关键指标上这样变通地填写数据是一种节省心力的方法。

（2）一些高阶建模技巧

为了更好地模拟现实生产线的特殊业务场景，我们可以在仿真模型中将一个工序抽象地拆分为多个工序，一般发生在同一个工序存在多个动作，而这些动作互相比较独立。不耦合的情况下，如果希望独立地分析评价这些动作，就可以将一个工序虚拟成两个工序，并在画布上分别用两个工位表示。

除了可以在逻辑上拆分工序，缓冲区也可以拆分。真实的生产线存在多工序共用缓冲区的现象，如果要避免物料出现回流的逻辑，可以对同一个缓冲区按一定的划分比例进行容量拆分，并在模型中创建多个缓冲区，这样就可以实现流程单向流动。图 4-25 展示了如何将一个缓冲区抽象和拆分为两个缓冲区。这是一种便捷但不太精确的处理方式，如果希望精确处理，也可以使用后面提到的物料分流逻辑规则，这样就不需要拆分和虚拟出新的缓冲区了。

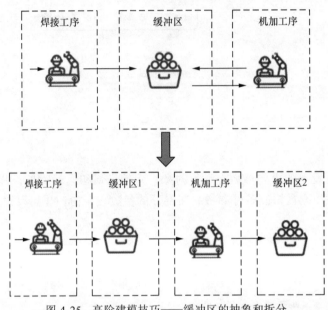

图 4-25　高阶建模技巧——缓冲区的抽象和拆分

建模的第 2 个高阶技巧是合并。有些生产线工序非常多，建模复现整个生产线全部元素的工作量很大。但实际用户只需要分析其中个别加工环节，这个时候就可以使用工序合并技巧，将当前不关心的区间合并，以便聚焦自己关注的问题。图 4-26 所示是在一条油箱线中，为了研究酸洗磷化工序、清理屏蔽工序之间存在的问题，对前面焊接段的多个工位和后面涂装段的多个工位分别进行了合并，从而大大减少了建模的工作量。

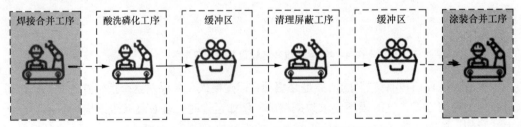

图 4-26　高阶建模技巧——生产现场的抽象和合并

建模的第 3 个高阶技巧是物料分流功能。真实的流水线经常会存在一个工位加工完成的物料要去往多个下游节点的现象，这也就是所谓的分流。出现这种情况就会涉及分流的规则。阿波罗系统提供了比较灵活的分流规则，除了指定分配比例，分配的优先级，还可以按不同的物料配置不一样的分流策略。图 4-27 所示是一个物料分流规则的应用实例。在这个实例里面，焊接机器人能加工的机型是不同的，SY55 只能由焊接机器人 1 进行加工，SY65 只能由焊接机器人 2 进行加工，所以设置 SY55 机型的物料 100% 要被运输到焊接机器人 1 处。

图 4-27　高阶建模技巧——物料分流功能

（3）仿真模拟和输出报告

模型搭建好之后，需要设置模型的运行参数。其中，模型运行完成的指标有定时与定量两种，定量指标是模拟产出了规定数量的成品后停止运行，定时是模拟生产时间达到规定的时长后停止运行。

定义了模型的运行参数后，可以开始运行模型了。在模型运行过程中可以随时看到模型要素的状态，鼠标指针悬浮到模块上便可以看到更细节的运行参数，如图 4-28 所示。在阿波罗系统里有一个色卡约定，在所有的应用场景下，一般默认蓝绿色系是"好"的颜色，表示该对象运行正常或者是管理者乐见其发生的情形；红橙黄色系是"坏"的颜色，表示发生异常或者是管理者要尽量避免发生的情形。

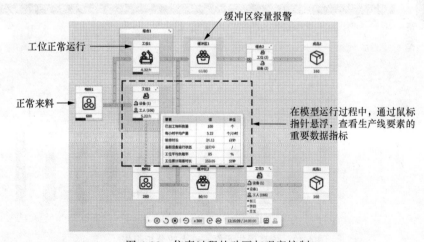

图 4-28　仿真过程的动画与观察控制

阿波罗系统的仿真报告能从宏观角度评估整条生产线运行的表现，也能从微观角度评估每一个生产线元素在整个仿真周期内的表现。每一次完成模型运行后，系统后台就会自动生成仿真报告，覆盖了用户所有可能关注的角度，其主要包含 6 个模块，即模型概览、人效分析、线平衡分析、加工设备效率分析、运输设备效率分析和物料生产周期分析。仿真报告的总体框架如图 4-29 所示。

模型概览
- 模型运行、生产时长
- 线平衡率
- 整线CT、ATT
- 工人数量
- 成品、在制品数量

人效分析
- 工人人均作业负荷率、人均生产成品数量
- 人均作业时间、移动时间、等待时间
- 各工人负荷率对比
- 各级别（高级工等）工人工作效率
- 工人光谱图

线平衡分析
- 工位平均负载率
- 工位CT、ATT对比
- 各工位负载率对比
- 工位光谱图

加工设备效率分析
- 设备平均负载率
- 各设备负载率对比
- 设备光谱图

运输设备效率分析
- 运输设备平均负载率
- 各运输设备负载率对比
- 运输设备光谱图

物料生产周期分析
- 成品生产周期
- 物料生产周期
- 物料光谱图

图 4-29　仿真报告的总体框架

　　用户可以通过网页浏览报告，或者将报告导出为 PDF 文件。来自不同部门和不同岗位的人，关注的内容不一样，因此阿波罗系统允许用户在输出报告前进行个性化的自定义设置。在复选框内进行选择后，用户在报告页面只会看到他自己选择的部分。以下介绍几个典型的报告场景。

　　人效分析报告可以展示人均生产成品数量、人均作业负荷率、人均加工时间、人均移动时间、人均等待时间等指标，同时报告提供了单个工人有效作业负荷率的横向对比图，帮助定位潜在的人效提升点。图 4-30 中展示了人效分析报告中的局部截图。

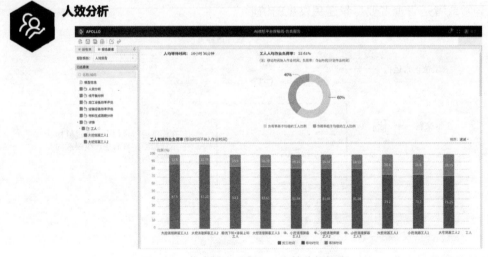

图 4-30　仿真报告示例——人效分析报告

　　光谱图是阿波罗系统仿真报告的一个特色功能，物料、工人、设备、运输工具等个体对象都可以输出光谱图。光谱图是一维图，横轴为仿真运行的完整时段，然后用不同颜色映射了该对象在整个过程中所经历的全部状态。例如在人效分析模块中，除了对工人的整体分析，报告还会提供每个工人的光谱图，帮助分析工人在不同时间点的状态。

　　图 4-31 所示是一个设备的光谱图示例，阿波罗系统在定义光谱图的色系的时候，采用

了统一的色系原则，一般来说蓝绿色系是"好"的生产状态，橙黄色系是"坏"但可以努力通过管理改善的生产状态，红灰色系是"坏"但属于自然特性且无法通过管理改善的生产状态。所有元素报告的色卡设定都符合以上原则，但不同颜色代表的状态会略有区别。

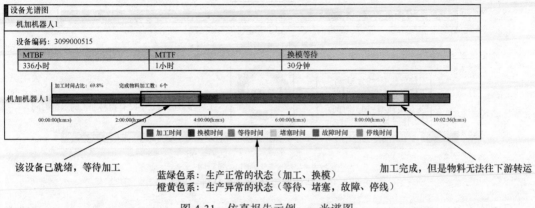

图 4-31　仿真报告示例——光谱图

以设备光谱图中 6 种颜色为例，绿色是设备加工的时间，蓝色是必要的换模时间和上下料时间；橙色是等待时间，黄色是堵塞时间，等待通常是因为工人或物料未就位，堵塞通常是因为下一道工序或缓冲区饱和；红色是设备的故障时间，灰色是停线时间，即休班时长。

以物料光谱图的 3 种颜色为例，绿色是物料被加工的时间，蓝色是物料被运输的时间，橙色是设备等待的时间，物料的等待一般是因为工人、设备、运输工具繁忙。

缓冲区存量图描述了缓冲区的存量随时间变化的情况，如图 4-32 所示。缓冲区作为衔接工位上下游的要素，正常情况下存量应该是有高有低、动态波动的，说明缓冲区很好地承载了产线的生产波动。如果有一些缓冲区的容量长时间持续偏低或者缓冲区处于满负荷状态，通常是上下游产能衔接得不合理导致的，这时候要结合上下游工序报告进行综合分析。

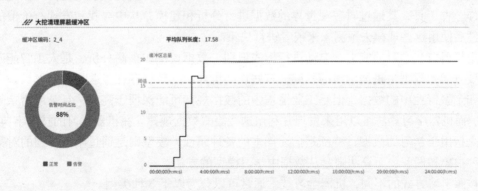

图 4-32　仿真报告示例——缓冲器存量图

（4）分析实例

图 4-33 所示是阿波罗系统的一个分析实例，某生产线存在大量在制品堆积的情况，因此使用该生产线的工位光谱图展开分析。

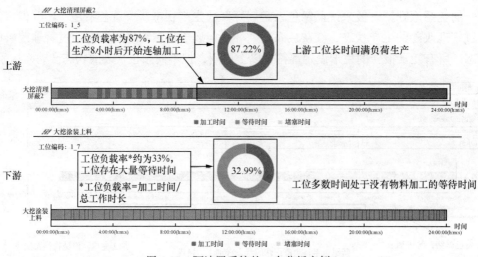

图 4-33　阿波罗系统的一个分析实例

图中上游清理屏蔽的工位负载率为87%，而且在生产8小时后开始连轴加工，持续满负荷生产，证明上游来料是充足的。下游是涂装上料的工位，工位负载率仅为33%，说明工位多数时间处于没有物料加工的等待时间。这种上下游输出报告的组合情况，根据现实经验推测是上下游节拍不平衡，导致下游涂装上料工位多数时间处于等料状态。接下来再调查一下二者的实际节拍，能看到上游平均节拍为7.67分钟，下游平均节拍为3分钟，从而验证了前面的推测。

4.2　机器学习技术

机器学习是一种专门研究计算机怎样模拟或实现人类的学习行为，以获取新的知识或技能，重新组织已有的知识结构使之不断改善自身性能的技术。机器学习技术使计算机可以在接触新的数据时挖掘潜在规律，提高系统性能，或者为人类提供决策支持，因此也可以看作一种工具，其通过对客观世界的数据进行分析和建模，从中寻找和发现有价值的规律，然后使用这些规律去预测未来或者进行决策。

用机器自我学习的能力，自动进行模式识别、数据挖掘和预测分析，是人工智能研究的重要方向。数据是机器学习的基础，有些现实世界中的数据存在显著规律，尤其是商业数据和金融行业中的数据，但是工业情境中的数据规律可能深埋于高维、复杂或嘈杂的数据中，而机器学习算法可以用来发现并利用这些隐藏数据规律。在机器学习的技术字典中，样本是指用于学习的数据，特征是描述样本的各种属性，模型则是通过学习得到的对数据的一种抽象和理解，而算法则是从数据中学习模型的方法。

按照学习方式的不同，机器学习技术通常可以分为以下3种类型。

① 监督学习：在监督学习中，有一组已知的输入和对应的输出，目标是学习一个函数，它能够将输入准确地映射到输出中。常见的监督学习算法包括线性回归、逻辑回归、决策树算法、随机森林算法、支持向量机（SVM）、神经网络等。

② 无监督学习：在无监督学习中，训练样本只有输入数据而没有对应的输出，或者说输入数据没有预先标记类别。目标是通过对未分类的数据进行分析和学习，发现数据中的

结构和规律。常见的无监督学习算法包括聚类算法、降维、关联规则挖掘等。

③ 强化学习：在强化学习中，目标是通过与环境的交互，学习一种策略，使得从长远来看能够获得最大的回报。强化学习在无人驾驶、机器人、游戏等领域中有广泛的应用。

通过机器学习技术，计算机可以从数据中学习并自动优化模型，从而实现智能化任务，如图像识别、语音识别、自然语言处理（NLP）、推荐系统等。

知识图谱和自然语言处理技术在机器学习中也扮演着重要的角色。知识图谱是一种用于表示和存储结构化知识的图形模型，它能够帮助机器学习算法获取和理解丰富的语义关系；自然语言处理技术致力于理解和处理人类语言，包括语音识别、文本分类、情感分析等任务。

4.2.1 基于机器学习的数字孪生

机器学习的应用流程在制造业环境下的具体流程如图 4-34 所示。

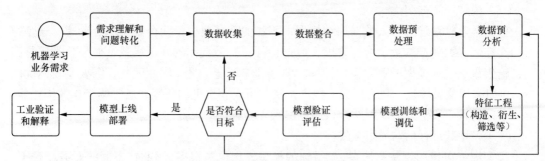

图 4-34　机器学习的具体应用流程

（1）明确目的需求，将其转化成数学问题

要明确机器学习建模的目的，首先要对业务的情境有深刻的理解，而且能够提出一个好的目标。提出好的目标有两点好处；第一，有价值，解决后能给企业带来很大的帮助，产生显著的效益；第二，场景描述可以结构化，能够被目前已知的机器学习算法解决。接着根据业务需求，抽象成数学问题。机器学习的训练过程通常非常耗时，盲目尝试的成本非常高，抽象成数学问题的目的是明确可以获得的数据类型，以及将问题情境归类到某一个算法大类中，从而可以有的放矢地展开接下来的工作，降低试错成本。

（2）数据收集及整合

数据决定了机器学习的上界，而模型和算法只是逼近这个上界，由此可见数据对于整个机器学习项目至关重要。企业的数据是海量的，但什么样的数据是建模所必需的，应该是由上一步的产出物，即明确的目标来决定的。只有和目标问题有相关性的数据才有必要被采集，这个判断应当由业务专家和算法专家共同商量后决策。待解决的问题类型决定了对采集数据的分布要求，如分类问题的数据偏斜不能过于严重，收集的数据要有代表性，否则模型训练易发生过拟合。数据收集总量也需要被评估，如果数据集过大，在训练过程中出现内存不够用的情况，就要考虑改进算法或者对数据进行降维处理，也可以考虑用分布式运算。

（3）数据预处理和预分析

数据预处理包括异常数据清洗、数据归一化、缺失值处理、数据标准化、去除共线性、数据扩充等。机器学习过程中的大量工时会花在数据预处理上，工业大数据情境下因为数据质量不理想，这一点会更加明显，但这项工作是非常值得的，它是保障机器学习实现收益的重要基础工作。

（4）特征工程

特征工程是对数据的选择和转换，以及按照特定算法要求进行的数据预处理工作，包括数据降维、特征筛选、特征衍生、特征构造等几类。这里需要运用特征有效性分析的相关技术，如相关系数、卡方检验、平均互信息、条件熵、后验概率、逻辑回归权重等方法。一般来说，数据集要能够提取出良好的特征才能真正发挥效力，而筛选出数据的显著特征、摒弃非显著特征的工作，需要算法工程师对业务有深刻的理解。如果特征工程输出的数据质量高，使用简单的算法也能训练出良好、稳定的模型。值得注意的是，现在随着深度学习技术的发展，特征工程工作的重要性在下降。

（5）模型训练与调优

机器学习算法通过输入数据训练模型，算法的选择要根据两个因素综合考虑。一是数据的实际情况，如样本量、特征维度，数据特征；二是具体的问题场景，如是分类还是回归，输出重点关注模型的哪方面指标等。模型训练可能不是一蹴而就的，需要反复调优调参，可以采用交叉验证、观察损失曲线等方法分析误差出现的原因，通过调节参数优化器、学习率等技术手段尝试多模型融合，通过加入先验条件约束提前去除显著的错误结论。

（6）模型验证评估与模型上线部署

模型训练可用的算法有很多，可得到的模型输出也有很多，因此在不同的业务场景下，需要设计不同的模型评价机制，根据业务目标对模型"择优录取"。模型评估的指标有很多，包括准确率、误差、过拟合、欠拟合、稳定性、时间复杂度、空间复杂度、可泛化性等。如果达到业务目标要求，可以择优选出性能最好的模型在线部署到生产环境中，进行实践应用；如果模型达不到要求，还要从数据预处理开始重复上述训练过程，有些甚至要重新收集数据。这是一个反复迭代、不断逼近的过程，需要不断地尝试，进而达到最优状态。

（7）工业验证和解释

将模型在线部署到应用环境后，还要通过实验对比和统计分析，判定使用机器学习算法的效果。验证过程最好能进行相对严谨的 AB 测试，即尽量控制住其他的干扰变量，只单纯比较采纳机器学习模型和不用机器学习模型的区别。对于机器学习模型的输出结论，能和业务部门合作给出合理性解释会有助于提升算法的可信度和推广应用。目前很多机器学习算法包都有相关的模型解释技术。

机器学习在工厂实践的路线如图 4-35 所示。需要注意的是，这 7 步不是一气呵成的，对于工业实践的大数据分析来说，一气呵成的情况罕见，不论数据采集、特征工程，还是模型训练环节，都有可能在某个关键节点发现没有达到预期效果，需要回溯前面的任务。另外，即使建模到模型部署工作都完成了，模型优化也可能要随着数据的更新而不断循环迭代。

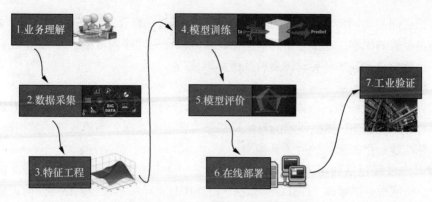

图 4-35　机器学习在工厂实践的路线

2019 年，笔者提出了基于机器学习构建用于制造业的数字孪生模型，这种模型可以用于生产控制优化等高价值场景。该方法通过计算机仿真建模的方法，尽可能真实地映射物理生产线的输入输出控制变量，以及模拟生产线控制参数实时组合的变化以确认该方法对最终产品的影响。该方法有 5 个主要步骤，包括预备工作和数据收集、数据特征工程、模型训练和验证、模型试运行和优化、模型在线化部署等，如图 4-36 所示。

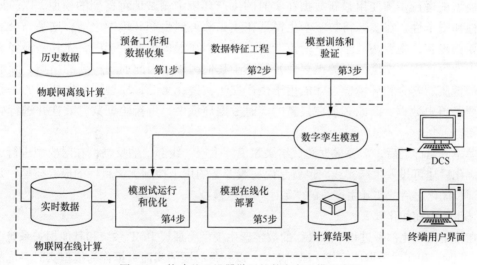

图 4-36　构建基于机器学习的数字孪生模型步骤

（1）预备工作和数据收集

预备工作包括对真实工厂必要的调研工作，这些工作有助于建模工作人员了解工厂的实际业务模式，包括生产流程和生产控制的逻辑，生产线传递的反馈信息及其意义，各种数据所代表的含义及指标数据变化背后所隐含的重要意义。数据收集不仅是收集来自生产线 IIoT（工业物联网）系统和传统的业务驱动型系统的数据，将其用于数字孪生模型的训练，也包括收集在之前的预备工作中所理解的、在业务模型中的数据映射关系的知识。

（2）数据特征工程

数据特征工程包括数据清洗、数据转换，以及与生产制造工业的特殊性相对应的其他必要步骤，数据特征工程具有以下目标。①统一时间序列数据采样频率；②解决多维度时间序列数据之间的时间滞后问题；③进行相关性分析并在必要时降低数据维度；④分析自相关和偏自相关的因素，并在必要时重新生成新的稳定时间序列数据；⑤基于现有时间序列数据创建新变量，并在必要时扩展特征指标维度。

（3）模型训练和验证

为了训练和验证模型，收集和转换的数据必须分为两组集合，一组集合作为训练集，另一组集合作为验证集。模型训练的目的是基于可获取的数据和当前成熟的数据挖掘算法，用训练指标构建一个精确的映射关系模型。

模型训练过程包括利用不同的机器学习算法，如随机森林算法、AdaBoost 算法、XGBoost、梯度增强决策树（GBDT）算法、LightGBM 算法和神经网络等。验证数据组集合将会被用于验证使用不同算法训练得到的不同模型的效果。在多数情况下，特别是在集成模型算法（如 Boosting 算法和 Bagging 算法）的训练下得到的最终模型，可以通过多种评估指标，对其输出模型的有效性进行验证和评估，但是通常不能通过正式的显性公式的描述来解释其因果关系。在模型评估的实践中，参考准确度、拟合误差和确定系数是评估模型的重要指标。

（4）模型试运行和优化

模型试运行步骤使用最新数据在实时的生产环境中测试训练得到的模型，以验证其有效性和安全性。在实际将数字孪生模型在线化部署到生产环境中之前，这是一个非常有必要的步骤，主要是基于以下两点考虑。第一，在很多工业生产中，尤其是很多流程制造工业生产中，安全因素的重要性始终高于其他因素，因此训练得到的模型必须通过必要的健康、安全和环境检查才能用于生产控制实践；第二，模型训练所使用的基础数据主要是历史数据，因此必须在最新的实时数据环境中，重新验证其有效性并进行必要的更新。

模型试运行之后，需要根据测试结果和工厂生产一线部门的反馈，在对模型进行进一步的优化后才可投入生产实践。也就是说在线部署的用于控制优化目标的最终模型，是经过验证和优化之后的实际生产线的"数字孪生"模型。

（5）模型在线化部署

在模型在线化部署过程中，最终的数字孪生模型将通过 IIoT 系统和其他相关系统（如 MES、LIMS 和实时数据库系统）建立连接，以获得必要的实时数据作为模型实时寻优的输入数据源。反过来，数字孪生模型通过 IIoT 系统直接输出控制命令到生产线的自控系统中，或通过可视化的用户终端界面，将优化建议信息集成到生产过程控制管理系统中，向生产操作人员提供优化指导意见，并通过操作人员间接地向生产线输出控制命令。具体应当采用直接还是间接的控制方式，需要根据实际工业生产情境具体选择，如对安全性要求较高的工业生产，通常建议采用间接的控制方式，在存在不确定性的实验项目中，也应当采用间接的控制方式。而对于安全风险较低，对控制的实时性要求较高，优化指令输出频次较多的工业生产情境，则可以考虑采用直接的控制方式。

当数字孪生模型在线化部署完成之后，系统将基于数字孪生模型和 IIoT 系统的实时数据进行连续搜索，寻找最优控制参数集。如果生产控制过程将经济价值的最大化定义为最终目标，则生产控制的机器学习目标是基于最终的数字孪生模型和实时数据，找到优化的实时控制集。在数据维度很高的情况下，寻优过程往往会耗费大量的算力和时间，然而有的工业生产情境，如流程制造业中的石油化工生产线，又对生产控制的即时性有很高的要求，这一类工业生产过程总是需要不断地调整控制点位，如温度、压力和液位，以快速地对 IIoT 系统反馈的瞬时数据作出响应，这样的情形可能会导致结果最优和满足及时性之间的矛盾。通常，在为优化的控制集选择合适的搜索算法时，重要的是要考虑服务器的计算能力及其平衡，以避免陷入局部最优并确保满足及时性。有许多搜索算法可以找到最佳控制集，如深度优先搜索（DFS）、广度优先搜索（BFS）、网格搜索或粒子群算法。

以上的步骤（1）~步骤（5）不是一劳永逸的单次流程，而是一个循环重复过程，即实现生产线的持续控制和优化的基于机器学习的数字孪生实践环（DTPL），用户需要对数字孪生模型进行持续的迭代训练，以满足虚拟数字镜像永远和真实的生产环境保持同步，如图 4-37 所示。

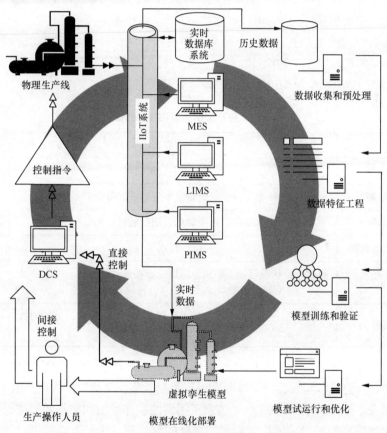

图 4-37　基于机器学习的数字孪生实践环

在第一轮生产控制数字孪生实践循环中，有大量需要人工干预的工作，因为涉及很多初始化准备工作和业务理解工作，但在之后的循环中，多数的任务都应由计算机在物理工厂的物联网和虚拟信息世界的网络之间自动执行。DTPL 重复的频率，取决于两个因素，一是在当前情境下生产业务的实际要求，二是企业所具备的计算机的运行能力。

在笔者实际主持的工业实践项目中，以石油炼化工厂为例，一个 500 万吨级产能的石油炼化工厂所采集的时间序列数据维度可以达到万级，每周产生的数据量可以达到 TB 级。实践证明在这种数据量背景下，一般的制造型企业自身能够配备的 X86 服务器或小型机，迭代更新一次数字孪生模型需要的运算周期大概为 100 个小时，因此数字孪生模型能实现的更新频次应设定为一周一次。

4.2.2　工业大数据的处理方法

从生产车间物联网和业务系统中收集的原始数据主要是时间序列数据，可通过数据清洗、编码映射、处理异常和丢失数据的基本步骤来处理这些数据。在将工业大数据用于训练生产控制优化的机器学习模型之前，针对生产制造行业大数据的特点，通常需要进行几项重要的数据预处理工作，主要包括时间序列数据采样频率的统一、多维度时间序列数据之间的时间滞后问题的处理、相关性分析和数据降维等。具体方法说明如下。

（1）时间序列数据采样频率的统一

生产数据类型包括生产工艺数据、物料计量数据、能耗计量数据、实时数据库质量数据、设备安全联锁数据、手工数据等，接口方案包括对象链接与嵌入（OLE）、用于过程控制的 OLE（OPC）、应用程序接口（API）等，如表 4-3 所示。

表 4-3　生产数据类型和接口方案

生产数据类型	生产数据范围	接口方案
生产工艺数据	温度、压力、流量等	OPC
物料计量数据	液位、流量、温度、罐量等	OPC
能耗计量数据	用水能耗、用电能耗、用气能耗、风能耗	OPC
实时数据库质量数据	密度、含水率等	OPC
设备安全联锁数据	机泵运行状态信号、联锁旁路信号、联锁动作信号、报警信号（如设备振动数据、位移、转速、开度等）	OPC
手工数据	工艺卡片上下限值、手工抄表数据、补偿数据及人工修正的数据等	API

从生产车间物联网中收集的数据具有连续的特征。生产线的原始物联网数据通常根据其类型的不同，而使用不同的数据采样频率进行数据收集。以某工厂为例，图 4-38 展示了采用不同数据采集频率的示例，表 4-4 展示了不同的指标类型和数据收集周期。因此，为了实现数字孪生模型的正确建模，需要通过数据的预处理，统一不同数据维度之间的时间序列数据采样频率。将时间序列数据采样频率统一的方法，包括增加低采样频率的指标或者减少高采样频率的指标。

通常可以选择其中一个数据维度作为基准，变换其他维度的数据采样频率从而与此基准维度的数据采样频率保持一致。这个处理过程在机器学习方法中可以由服务器端处理，随着边缘计算技术的发展，现在该过程在生产线一端就可以被顶先处理。

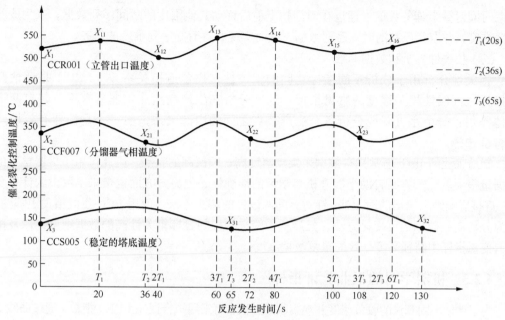

图 4-38　采用不同数据采集频率的示例

表 4-4　指标类型和数据收集周期

类型	具体目录	收集周期
关键控制点	对主机稳定运行产生重大影响的控制点，如反应堆温度和压力及换热器温度，以及对生产安全具有重要影响的监测点，如安全点和报警点	$T_1 \in [5s, 30s]$
常规控制点	除关键控制点外的其他控制参数，如辅助装置、罐区测量点等	$T_2 \in (30s, 60s]$
一般计量点	物料和公用工程计量点，质量检验数据等	$T_3 \in (60s, 120s]$

（2）多维度时间序列数据之间的时间滞后问题的处理

在多数工业生产过程中，生产过程是不间断的物理和化学反应过程，必须考虑不同反应位置之间发生相互作用的时间滞后性。时延 Δt 描述的是一个生产位置对另一个生产位置产生的影响不是瞬时发生的，而是会滞后一定的时间。这种现象对于生产控制造成的影响，在流程制造工业中尤其显著，如石油化工行业。当对这个问题的观察视角，从两个工艺点位之间的时间滞后性扩展到整个生产线中所有工艺点位之间的时间滞后性，从而考察所有工艺点位之间的两两关系时，需要用一个规模很大的时间对齐矩阵来描述。

为了解决多维度时间序列数据之间的时间滞后分布问题，本书提供了多种途径综合的解决方法，具体如下。

① 在工厂技术文档中已记录的反应过程、参数和时延信息，可为构建时间对齐矩阵提供主要信息来源。有些工厂已建立的工厂数字化模型可提供详细的工程和工艺信息，能为获取和计算时延提供更好的信息来源和数据接口。

② 来自生产一线的先验信息，也是补充时间对齐矩阵的重要参考信息。例如来自现场生产操作人员或工艺专家的经验。

③ 当时间对齐矩阵被创建好后，将某一个数据维度（指标）设定为参考基准维度，并

参考时间对齐矩阵的数值，通过在时间轴上前后移动其他维度的时间序列数据，来生成新数据维度，并取代原有的时间序列数据，从而实现所有时间序列维度的对齐。

（3）相关性分析和数据降维

相关性分析用于分析不同指标之间的相关性，皮尔逊相关系数（PCC）是评估两个指标之间线性相关程度的常见指标。这种分析在生产制造业中非常有用，其有两个具体作用：一个是直观地分析各个生产节点之间的内部关系，另一个是快捷有效地进行特征选择。

制造工业的 IIoT 通常具有数据采集点密度高、频次高的特点，因此可用于机器学习的数据量很大。这一方面有助于提升机器学习的准确性，但另一方面也带来了巨大的计算负荷，直接影响结果输出的时效性。针对此问题设计的解决方法是使用 PCC 生成相关矩阵图，作为分析高维数据的可视化方法，然后从中筛选和控制目标相关性高的数据维度，以及削减自变量指标中特征高度一致的重复数据维度。

4.2.3　机器学习的工业验证指标

为了评估不同算法的收敛速度并观察收敛过程，可采用拟合误差（FE）指数，通过曲线显示 FE 指数的真实值和绝对值，以比较不同算法的效率，FE 指数的绝对值越小越好。

数字孪生模型是通过不同的机器学习算法和训练数据组训练的。未被用于模型训练的数据集被称为验证集，通过验证集和合理的评估指标，可以比较不同模型的质量并找到最优模型，即用于生产控制的数字孪生模型。数字孪生模型将结合实时 IIoT 数据进行模拟和寻优，并为生产线控制提出优化方案。

为了全面评估数字孪生模型的质量，本章设计采用以下 4 个评估指标进行多维度的综合评估，分别是模型准确率（MAR）、均方根误差（RMSE）、方差解释率（VIR）和 PCC。

为了给生产操作人员提供具有可操作性的优化建议，用户通常需要选择有限个数的控制指标。可使用算法本身自带的重要指标作为依据，对诸多可控指标的重要程度进行排序。例如在使用 LightGBM 算法训练数字孪生模型的过程中，算法会自动计算重要指标，这个指标体现了每个数据维度导致模型的总信息增益增加的程度，并在模型最终形成后以指数形式对应每个数据维度。

4.3　知识图谱和自然语言处理技术

知识图谱（KG）是一种图形化的知识表示和组织方式，用于描述实体（或属性）与实体之间的关系。它以图的形式展现知识，其中节点代表实体，边代表实体之间的关系。自然语言处理（NLP）是人工智能领域的一个分支，研究如何使计算机能够理解和处理自然语言。NLP 技术致力于将人类语言转化为计算机可理解和处理的形式，并完成语言理解、语言生成和机器翻译等任务。

4.3.1　知识图谱和自然语言处理概述

知识图谱和自然语言处理技术相互融合，共同推动了人类对语言和知识的处理能力的提升。知识图谱提供了丰富的语义信息和语义关系，为自然语言处理提供了背景知识和语义模型；而自然语言处理技术则使得知识图谱能够更好地理解和处理自然语言，实现更智能和更准确的应用。

知识图谱是一种基于图结构的知识库，用于表示实体（包括物体、事件或抽象概念）及实体与实体之间的关系。知识图谱通过整合和链接不同的知识源，如数据库、文本、结构化数据等，将分散的知识整合成一个统一的知识网络。它是一种系统工程，涵盖了知识表示、知识存储、知识推理、知识图谱构建和知识图谱问答等多个方面。而自然语言处理技术在支持知识图谱的构建、推理和应用中起着重要作用。

知识图谱的目标是利用图结构对知识进行表示，并通过识别和推断实体之间的复杂关系，进一步丰富各类知识。知识图谱的基本元素是由头实体、实体间的关系和尾实体构成的三元组。通过扩展这样的三元组，知识图谱能形成一个巨大的知识网络。

自然语言处理技术与知识图谱密切相关。通过结合自然语言处理技术，用户可以更好地利用基于图结构的知识，如利用自然语言处理技术从文本中抽取实体和实体间的关系，从而丰富知识图谱的内容。自然语言处理技术也可以应用于知识图谱问答、语义检索等任务，使用户可以直接通过知识图谱进行信息查询和交互。它们的主要作用如下。

（1）知识图谱的作用

• 知识整合和链接：知识图谱能够整合来自不同领域、不同知识源的知识，并通过关系链接构建出完整的知识网络。

• 知识表示和推理：知识图谱以图的形式展现知识，提供了丰富的语义信息和语义关系，使计算机能够更准确地理解和推理知识。

• 智能问答和推荐：知识图谱可以构建智能问答和推荐系统，提供准确和个性化的答案和推荐结果。

• 知识发现和发掘：通过分析和挖掘知识图谱中的模式和关系，用户可以发现隐藏的知识和新的关联，促进新知识的发现和应用。

（2）自然语言处理的作用

• 语言理解和语义分析：自然语言处理技术能够将自然语言转化为计算机可以理解和处理的形式，实现对语言的语义分析和理解。

• 信息提取和文本挖掘：通过自然语言处理技术，用户可以从大量文本中提取关键信息和模式，并执行文术分类、命名实体识别（NER）等任务。

• 机器翻译和自动摘要：自然语言处理技术可以实现机器翻译和自动摘要，将一种语言转化为另一种语言或从文本中提取关键摘要信息。

• 智能对话系统和虚拟助手：基于自然语言处理技术，我们可以构建智能对话系统和虚拟助手，实现人机对话和智能交互。

目前大部分搜索引擎都采用知识图谱作为底层支撑技术，并借助基于知识图谱的问答算法，直接回答用户查询的问题。这种基于知识图谱技术的问答方式极大地提升了用户的信息检索体验。知识图谱可以分为事实知识图谱、概念知识图谱、语言知识图谱和常识知识图谱，它们分别描述了现实世界中实体之间的关系，概念之间的层次关系，语言中的词法、句法、语义和常识知识。

通过结合自然语言处理技术，我们可以更好地构建、推理和应用知识图谱。通过构建知识图谱，我们可以将各领域的知识以结构化的形式表示，包括医学、生物、金融、化学等领域的专业知识，甚至常识知识。这种结合将为人工智能领域的发展和应用提供坚实的基础，也将为用户提供更准确、便捷的信息检索和交互体验。

4.3.2 知识图谱发展历程

早期的自然语言处理技术主要集中在语法分析和基于语法规则的方法上，这些方法通过语法规则和语法规范来理解和处理自然语言。然而，由于自然语言的复杂性和多样性，基于语法规则的方法往往难以覆盖所有情况。

20 世纪 80 年代，随着机器学习的兴起，自然语言处理技术开始应用统计模型来解决问题。这种基于数据驱动的方法基于大量的语言样本进行训练，从而使计算机能够从数据中学习语言模型和语义关系。然而，传统的自然语言处理技术仍然受限于词汇、句法和语义的表面层次表示。为了更好地理解自然语言，人们开始将知识图谱引入自然语言处理领域。

20 世纪 90 年代的语义 Web 提出了一种新的方法，旨在为 Web 上的信息赋予更多的语义。语义 Web 使用 RDF（资源描述框架）和 OWL（网络本体语言）等语义技术来表示和链接信息，从而使知识可以以一种标准化和互操作的形式在 Web 上共享和集成。

随着语义 Web 的发展，知识图谱和自然语言处理技术开始相互融合。知识图谱为自然语言处理提供丰富的背景知识和语义关系，而自然语言处理技术为知识图谱提供更精确和自动化的构建、更新方式。

知识图谱并非单一技术研究，而是一个系统工程，涵盖知识表示、知识存储、知识推理、知识图谱构建、知识图谱问答等多个方面，同时也涉及自然语言处理、机器学习、图数据库、逻辑推理等多个交叉领域。自然语言和知识密切相关，因此知识在实现计算机对自然语言的真正理解过程中起着关键作用。知识图谱在自然语言处理领域也扮演着越来越重要的角色，是智能问答、语义检索、机器翻译、语义表示等任务的重要基础。

近年来，随着深度学习的兴起，自然语言处理技术取得了巨大的突破。深度学习模型，如递归神经网络和 Transformer，使计算机能够更好地理解和生成自然语言。这些模型可以通过大规模语料库的训练，自动学习词汇、语法和语义的表示。同时深度学习也在知识图谱的构建和应用中发挥了重要作用，它可以通过自动推理和关联来发现知识图谱中的模式和关系，并提供更准确和更丰富的语义表达。

4.3.3 知识图谱的构建方法

知识图谱的构建是一个重要且具有挑战性的任务，而如何构建大规模且高质量的知识图谱更是其核心问题之一。传统的人工构建方法虽然直接，但受限于知识覆盖面不足和不确定性，无法满足现代知识图谱的需求。为了实现海量知识的准确抽取和有效聚合，我们需要综合利用多种数据来源，包括结构化数据、半结构化数据和非结构化数据。知识图谱的构建依赖于实体抽取、实体间的关系抽取等自然语言处理技术。通过综合利用结构化数据、半结构化数据和非结构化数据，我们可以构建大规模且高质量的知识图谱。这些技术和方法在知识图谱领域中起着重要作用，为实现更全面、更准确的知识图谱提供基础和支持。

对于结构化数据，如关系型数据库，我们可以通过制定规则来提取其中的知识。比如可以将数据库的行表示为知识图谱中的实例，将列表示为属性，而单元则对应属性值，外键可以表示实体之间的指代关系。通过这样的方式，我们可以从结构化数据中抽取出一部分知识。

对于半结构化数据，如维基百科，我们可以制定解析规则，将页面上的字段映射为知识图谱中的实体（或属性）。维基百科页面中的 InfoBox 区域通常包含了大量可直接转化为知识图谱的信息。通过解析规则，我们可以将这些信息抽取出来并组织成知识图谱的形式。

大部分的知识存在于非结构化数据中，即纯文本数据。要从非结构化数据中抽取出目标知识图谱所需的实体和关系，可以借助自然语言处理技术。首先可以应用命名实体抽取等技术从文本中挖掘出目标实体，然后基于已知实体信息，识别出它们之间的关系，这对应着知识图谱中的谓词关系，需要使用关系抽取技术。此外，还需要抽取属性信息，这里需要使用属性补全技术。在更复杂的场景下，还需要对事件信息进行抽取，这可以看作一组三元组的联合抽取过程。

然而，由于自然语言的歧义性，如词语"苹果"在不同上下文中可能指代苹果公司或者水果，我们需要引入实体链接技术来消除不同文本中实体指称的一词多义问题。另外，在不同知识图谱中，相同实体可能有不同的实体指称，如"复旦大学"和"复旦"，这就需要引入实体对齐技术来解决本体或实例的异构问题。

4.3.4　当前技术融合与应用

知识图谱和自然语言处理的融合是当前人工智能领域的热点研究方向。它们相互促进，通过结合知识表示和语义理解的能力，提高了对语言和知识的处理能力。知识图谱和自然语言处理的融合，可以实现知识的更深层次理解和语义的更准确表达，为实现更智能、更人性化的人机交互提供重要基础。当前知识图谱和自然语言处理技术的融合已经在多个领域中得到广泛应用，包括智能问答、智能搜索和推荐、语义理解和信息抽取、智能对话系统、知识图谱的更新和维护，以及领域专家系统等领域。下面介绍知识图谱与自然语言处理融合技术的主要内容和应用。

（1）语义理解和实体识别

知识图谱中的实体和关系可以提供丰富的上下文信息，帮助自然语言处理系统更准确地理解句子中的实体，并进行实体识别和命名实体识别。知识图谱和自然语言处理技术相结合，可以实现更准确的语义理解和信息抽取，可以应用于文本分类、实体识别、关系抽取等任务，从大量的文本数据中提取有价值的信息和知识。智能对话系统就是知识图谱和自然语言处理技术融合的应用之一。知识图谱提供了丰富的背景知识和语义关系，结合自然语言处理技术，可以构建智能对话系统和虚拟助手。这些系统能够理解和生成自然语言，与用户进行自然而流畅的对话，并提供有针对性的帮助和服务。

（2）智能问答系统和推理

如前文所述，知识图谱提供了丰富的背景知识和语义关系，为智能问答系统和推理任务提供了重要的支持。结合自然语言处理技术，我们可以构建智能问答系统，根据用户的自然语言问题从知识图谱中提取答案并进行推理。智能问答系统利用知识图谱中的知识和关系，结合自然语言处理技术，进行语义解析和推理，从而使用户能够通过自然语言提出问题并获得更智能和更精确的答案。

（3）关系抽取和链接预测

自然语言处理技术可以从文本中抽取出关系和实体之间的语义关联。结合知识图谱，我们可以对抽取的关系进行验证和链接预测，从而扩充和更新知识图谱中的关系。这种融合可以提高关系抽取的准确性，并帮助知识图谱的构建和更新。

（4）文本生成和摘要

知识图谱中的知识和语义关系可以为自然语言生成任务提供重要的参考和约束。结合自然语言处理技术，我们可以利用知识图谱中的信息生成高质量的自然语言文本，如自动摘要、机器翻译和对话生成等，这种融合可以提升文本生成的质量和语义一致性。

（5）智能搜索和推荐

知识图谱中的结构化知识和语义关系可以用于提升智能搜索引擎和推荐系统的性能，结合自然语言处理技术，可以实现基于知识图谱的智能搜索和个性化推荐，为用户提供更准确和更有针对性的搜索结果和推荐内容。

此外，知识图谱的更新和维护也是一个重要的应用方向。结合自然语言处理技术，我们可以从大量的文本数据中自动抽取知识，并更新和维护知识图谱。这可以使知识图谱保持最新和全面，与快速变化的现实世界保持同步。同时，我们还可以结合特定领域的知识图谱和自然语言处理技术，构建领域专家系统。这些系统能够利用专业领域知识图谱中的知识和语义关系，结合自然语言处理技术，提供专业领域的智能支持和决策。

4.4 运筹优化技术

4.4.1 运筹学通识

运筹学又称"运作研究"，简单说就是进行决策的科学，进行决策的时候，就可以用到运筹学。"运筹"源于《史记》中"夫运筹帷幄之中，决胜于千里之外……"春秋战国时期齐国的田忌赛马、北宋丁谓主持皇官修复都是体现了古人运筹学智慧的经典案例。近代运筹学的兴起和快速发展源于解决战争中大量的决策优化问题，早在 1938 年，英国为解决空袭早期预警，波得塞雷达站的负责人罗伊就提出对整个防空作战系统的运行优化开展研究。

运筹学本质上是定量决策科学，利用数学、计算机科学及其他科学的新成就，研究各种系统，尤其是经济管理系统运行的数量化规律，合理使用与统筹安排人力、物力、财务等资源，为决策者提供有依据的最优方案，以实现最有效的管理，并获得令人满意的经济效益和社会效益。运筹学包含的主要技术有数学规划模型、仿真优化、决策分析模型、排队论、存储论、博弈论、决策论等。

现在运筹学已经在多个领域中广泛应用，包括制造业的排产排程、产销协同、物料管理，交通业的车辆调度排班、运输路线规划、自动化运价定价，仓储物流业的配送仓选址优化、AGV 路线优化、出入库任务调度，港口码头业的船舶调度、散货配比决策、港口集装箱堆场码垛优化，市政行业的供暖系统热负荷优化、供水调度等。数字工厂使用运筹学的方法，主要是面向生产线的排产排程、库存管理优化、AGV 的调度等生产和物流场景。

数学规划模型主要的研究目标是在给定的区域中寻找可以最小化或最大化某一函数的最优解，其中可分成许多不同的分支，如线性规划、非线性规划、动态规划、整数规划等。数学规划模型可以解决的典型问题场景包括定价优化、物流配送优化、车辆路线规划、供应链设计与优化、生产计划优化等。常见的商业软件包括 Gurobi、CPLEX 和中国杉数科技研发的数学规划求解器 COPT。三一重机大数据所自主研发的伽利略系统利用开源算法模型实现了对挖掘机混合产品生产线排序的快速寻优，以及中长期计划和日生产计划的自动化决策，在显著提升生产线效率和经济效益的同时，还大幅降低了计划人员的工作量。

仿真优化的目的是将优化技术嵌入仿真过程，在仿真环境中使输出响应不断得到改进，进而实现系统性能的优化。常用的方法有基于梯度的搜索方法、随机优化法、启发式方法等。仿真优化常见的应用场景有复杂生产系统仿真优化、码头集装箱调度、复杂物流网络仿真优化等。常见商业软件包括 Plant Simulation、Arena、Flexim 等。三一重机大数据所自主研发的阿波罗系统可针对工程机械工业制造场景进行过程仿真和优化，而且实现了软件的轻量化，便于在工艺人员中快速推广，在实际应用中为制造体系带来了非常好的降低成本和增加效益的成果。

决策分析模型是指从若干可能的方案中通过决策分析技术选择其一的决策过程的定量分析方法。常用方法有风险型决策法、层次分析法、多目标决策分析法等。决策分析模型的常见应用场景包括重大工程项目评估与决策、企业战略决策分析、最优投资决策分析等。常见工具有 Crystal Ball、Tree Plan 等。

排队论是研究系统随机聚散现象和随机服务系统工作过程的数学理论和方法，常见模型有 M/M/1 排队模型、M/M/n 排队模型等。排队论的典型应用场景包括车辆进出管理与预约调度、服务行业排队管理优化等。常见商业软件有 Qless、Matlab 等。

博弈论是研究多个个体或者团体之间在特定条件制约下的对局中，利用相关方的策略，而实施对应策略的学科。博弈模型主要可以分为合作博弈模型和非合作博弈模型。博弈论常见的应用场景包括供应链协调优化、合同定价优化等。博弈论的软件有 Gambit 等。

运筹学是一门覆盖面较大的学科，技术分支较多。本书针对制造业的常见应用场景，选取其中的线性规划、整数规划、排队论、存储论、决策论展开介绍。

4.4.2　线性规划

线性规划问题是研究在线性不等式或线性等式的线性约束条件下，使得某一个线性目标函数取得最大值（或最小值）的问题。更具体的概念定义是，求取一组变量 x_j（$j=1$，2，$\cdots$，n），使之既满足线性约束条件，又使线性目标函数取得极值的一类最优化问题被称为线性规划问题。

线性规划建模相对简单，有通用算法和计算机软件，是运筹学中应用最为广泛的一个分支。用线性规划求解的典型问题有运输问题、生产计划问题、下料问题、混合配料问题等。

4.4.3　整数规划

由于在实际问题中某些变量的取值只能为整数，如机器的台数、完成工作的人数等，因此在线性规划模型中有一部分变量或全变量要求是整数，这就构成了（线性）整数规划问题。在整数规划问题的解法当中，最具有代表性的是割平面法和分支限界法。这两类方法的共同特点是把一个整数规划问题的求解，转化为多次线性规划问题的求解。

下面列举一个典型的整数规划问题——旅行商问题（TSP）作为实例，帮助读者更好地理解什么是运筹学问题。TSP 是说一个商品推销员要去若干个城市推销商品，该推销员从一个城市出发，需要在经过所有城市后，回到出发地，且每个城市只经过一次，应如何选择行进路线，以使总行程最短，如图 4-39 所示。

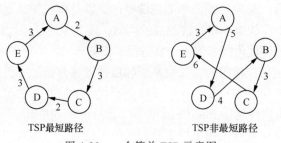

TSP最短路径　　　　　TSP非最短路径

图 4-39　一个简单 TSP 示意图

通过对 TSP 的描述，我们可以引出运筹学优化问题的建模三要素。

• 目标函数，目标函数代表运筹学建模的目的。在 TSP 中，目标函数就是总行程最短；

• 决策变量，决策变量映射了现实中人可以控制的、能对目标产生影响的变量。在 TSP 中，访问城市的先后顺序是决策变量；

• 约束条件，约束条件是运筹学模型需要满足的约束。根据前文，在 TSP 中有 3 个约束条件，即：①所有城市都需要被访问，②所有城市只能被访问一次，③最后推销员需要回到起点。

图 4-39 展示了只有 5 个城市的情况，是比较简单的 TSP，在这种复杂度下人可以先通过计算推理出最短的路径。但现实中随着城市数量的增加，TSP 的难度系数会呈现几何级数增长，正常情况下仅凭人的脑力无法求解。早期的研究者使用精确算法求解 TSP，常用的方法包括分支限界法、线性规划法、动态规划法、割平面法等。

1954 年，有学者用割平面法解决了美国 49 个城市的巡回问题，是该问题的一个重要突破。后来有学者进一步提出了用分支限界法来求解，分支限界法就是求出问题解的上、下界，通过当前得到的限界值排除一些次优解，为最终获得最优解提示方向，每次搜索下界最小的分支，可以减小计算量。

随着问题规模的增大，精确算法将变得无能为力，因此，在后来的研究中，国内外学者重点使用近似算法或启发式算法。有学者结合遗传算法（GA）、蚁群算法和模拟退火算法（SA）的思想，提出用混合粒子群算法来求解，还有学者给出了基于自组织图与神经网络的算法。

4.4.4　排队论

排队论是研究具有服务属性的随机系统的工作过程及服务对象聚散规律的数学理论和方法，又称为随机服务系统理论。排队现象在日常生活中屡见不鲜，如出现问题的机器等待修理、船舶等待货物的装卸、顾客等待服务。这些现象有一个共同的问题，那就是等待时间长了，会影响生产任务的完成，或者顾客会自动离去而影响经济效益。如果增加修理工、装卸码头和服务台，虽然能解决等待时间过长的题，但又要求接受修理工、码头和服务台空闲的损失。

排队论可用于统计服务对象的到达时间、等待时间、排队长度等规律，改进系统的规则和结构，从而既可以满足服务对象的需要，又可以提高系统的效益。如图 4-40 所示，在排队系统中通常用"顾客"指代服务对象,用"服务器"或者"服务台"指代提供服务的设备或人。开排队系统一般由顾客到达、排队等待服务、接受服务和离开系统等组成;在闭排队系统中则不存在顾客到达和离开系统。排队论的研究通常包含两个方面,一是某个排队过程的效益指标,如排队长度、服务器闲置率、吞吐量等进行度量;二是通过一些规则,例如排队规则、准入规则等来设计"最优"的系统。

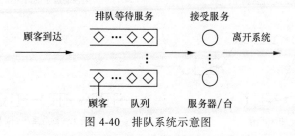

图 4-40 排队系统示意图

排队论最早于 1909 年由丹麦数学家埃尔朗在其发表的论文《概率论和电话通信理论》中提出,1928 年,弗勒在出版的《概率论及其工程应用》一书中,揭示并使用了目前被称为"生灭过程"的技术。到 20 世纪 50 年代,数学领域学者对随机过程等数学理论的研究,为排队论的发展作出了巨大贡献,更新定理、生灭过程、分支过程、波动理论及马尔可夫过程等成为排队论研究的强大工具。排队网络于 20 世纪 50 年代被用于研究生产制造系统,并在 20 世纪 70 年代因柔性制造系统的出现,发展更深入。20 世纪 90 年代,产品的订单交付时间开始被纳入企业竞争力提升的战略因素,如何缩短生产交付周期成为产业界关注的焦点。

随着计算机技术的进步及对数据流进行分析的需求增加,推动了排队论向网络模型方向的发展。开排队网络模型和闭排队网络模型,最早是为模拟工业生产过程而提出的,但很快便在计算机系统和计算机通信网络的研究中得到应用。舍尔在对兼容分时系统的研究中,首次将排队论中的机器维修模型成功应用到计算机系统的性能评估问题上。20 世纪 60 年代末,学者逐渐认识到可以通过共享计算机设备的一些特殊资源的方式来获得收益,相关的排队论应用研究由计算机程序向信息和数据包方向转变。

产品需求的随机性,使得生产制造系统是动态的,建立排队网络模型并进行系统性能分析,是排队论在生产制造业中的主要应用。因此,对生产制造系统中零部件加工效率的度量评估往往通过建立排队网络模型来进行。典型的生产制造系统包含了可用于加工各种产品的资源,当资源被占用时,到达的不同产品的资源就需要在队列中等待。在该系统中,不同的资源对应了不同的队列。由于一种产品需要多种资源进行加工,因此这些队列之间相互关联。

图 4-41 展示了车间作业系统、柔性制造系统、装配/拆卸网络及流水线制造系统等生产制造系统的排队网络模型。除上述通信、计算机及生产制造领域外,排队论在众多其他领域中也有广泛应用,包括交通流量规划、医院门诊预约、物流发运调度、银行及快餐店等服务设施选址规划等。随着面临的实际系统复杂性的提高,排队论的研究方法也日渐丰富,大致可划分为精确模型、近似求解、仿真模拟等。

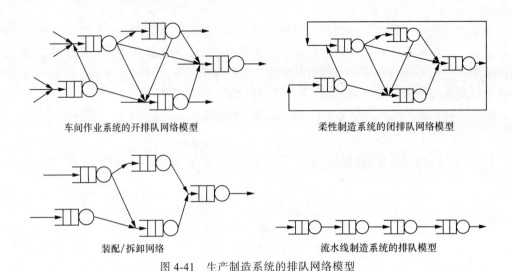

车间作业系统的开排队网络模型　　　　柔性制造系统的闭排队网络模型

装配/拆卸网络　　　　流水线制造系统的排队模型

图 4-41　生产制造系统的排队网络模型

4.4.5　存储论

存储论又叫库存管理理论。人们在生产和消费过程中，都必须储备一定数量的原材料、半成品或商品。存储量过少会因停工待料或失去销售机会而遭受损失，存储量过多了又会造成资金积压、原材料及商品的浪费。因此，如何确定合理的存储量、订货批量和订货周期至关重要，这便是存储论要解决的问题。存储论是指在经济合理或某些特定的前提条件下，如不允许缺货或降低服务水平等情况，建立库存数量的界限，即库存量、订货量、订货时间等数据界限。通俗来说，库存管理就是管理者决策何时补充订货、订多少货，以及针对库存系统的安全库存量、库存周转率、库存量上限等问题所采取的方法策略。

存储论的研究始于 1915 年，哈里斯提出了经济订货批量模型，成为存储论发展的基石。第二次世界大战后，库存管理在军事领域中的应用使得其相关理论和方法得到大量研究。1950 年，肯尼斯·约瑟夫·阿罗等学者发表了《最优库存策略》一文，建立了最优的最高库存量和再订货点与需求分布、订货成本及库存成本之间的函数关系，成为这一时期最具代表性的研究成果之一。阿罗认为库存模型大致可分为两类，一类是动态决策模型，通常可采用两库存法（又称双堆订货管理法或双箱策略），即固定最高库存量 S 和再订货点 s，当库存跌至 s 时，补货至最高库存量 S；另一类是静态随机模型，假设需求为随机变量，通过决策补货数量来平衡采购成本和缺货成本。大部分库存管理问题都涉及以下一个或多个方面。

- 库存产品的种类。多类产品库存决策彼此之间可能存在关联，如使用共同的预算或者库存空间，可以以产品组合的形式节省补货成本，不同产品类别彼此之间具有可替代性或互补性等。

- 规划时间。许多产品的销售具有时效性或季节性，如报纸、服装等，在这种情况下，通常可用滚动式规划来进行库存决策。

- 库存点数量和位置。一些企业对产品的存储可能采用多级库存的形式，如根据不同电商仓储模式通常分为中心仓、地级仓、前置仓等。多级仓储的设置可能涉及多级仓库或者平行仓库之间的货物转运与货物再分配的决策。

- 信息共享控制。需要考虑信息在不同仓库或者供应链上下游之间的共享方式和共享程度。
- 产品属性和需求过程类型。产品属性包括消耗性、易腐易逝性、可回收性、可修复性及是否为最终产品等，需求过程类型包括确定型、稳态分布、非平稳分布等。
- 补货成本结构。考虑补货规模、供应商折扣、物流运输等对补货成本结构的影响。
- 供货过程。考虑运输条件（是否为整车运输）、可供应时间及补货提前期等对库存决策的影响。
- 保质期。主要考虑易腐易逝产品的过期或变质对库存成本的影响。

广义来说，库存问题不仅存在于商业企业中，也存在于一些非营利机构中，如政府部门、医院等。库存的概念不仅包括货物，还包括可以支配的人力储备及备用设备等。受到购买不确定性的影响，库存问题普遍存在。对于营利性企业，一方面库存的积压增加了保管与仓储的压力、挤占企业或机构的有限资金，影响企业的正常运作；另一方面，库存的不足造成潜在客户流失、导致市场份额下降，降低了企业的经济效益。对于非营利性机构，库存问题也直接或间接地为其寻求更高的效用，如提升顾客满意度等带来困扰。

在库存管理中，除需求量（D）、订货量（Q）和订货间隔期（T）外，常用的术语还包括安全库存量（SS），用于防止不可预知的需求量造成的缺货损失；最高库存量（S）企业为控制库存量而设置的上限；再订货点（s），表示必须立即进行订货或采购的库存量。图 4-42 展示了按照再订货点 s 进行补货的基本库存模型。

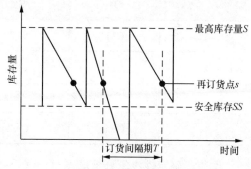

图 4-42　库存模型示意图

库存管理通常以成本最小化或利润最大化为优化目标，对于某些特定的库存问题，优化目标还包括股票投资收益率最高、应对未来不确定性的企业柔性的提升、管理者水平提升或企业的生存机会增加等。库存管理的成本主要由补货成本、持有成本（货物占用资金、仓库运营成本、保险、损坏成本等）、缺货成本及系统控制成本等组成。库存管理的决策还受到一些实际条件的约束，即供货商约束，包括最小订货量、最大订货量、供货时间等；市场营销约束，如客户的缺货容忍度等；库存内部约束，如库存容量、补货预算及仓储作业能力等。

4.4.6　决策论

决策问题是普遍存在的，"举棋不定"的事情最终都必须进行决策。人们之所以举棋不定，是因为人们在着手实现某个预期目标时，面前出现了多种情况，又有多种行动方案可供选择。决策者如何从中选择一个最优方案，才能达到他的预期目标，这是决策论要解决的问题。

决策分析有两种情形，一种是确定性决策，一种是不确定性决策。确定性决策面临的客观条件为自然状态是确定的，这时候的目标就是要找到能产生最大收益的决策，典型的应用场景包括生产组合问题、分销配送问题、人员排程问题等。不确定性决策又叫风险决策，面临的客观条件有自然状态不确定的特点，也就是说客观条件存在多种可能状态，典型的应用场景包括石油勘探、新产品开发、电影投资等。

在决策论的应用场景中，有以下几个关键要素。

- 决策者，是指一个决策，或一系列决策的负责人或团体。
- 备选方案，是可供决策者作出决策的选项。
- 自然状态，是影响决策结果的决策者无法控制的随机因素。
- 收益，是每一种决策的备选方案及自然状态的组合会导致某种结果，是衡量决策结果对决策者价值的量化指标。

将方案、自然状态和后果等要素归纳在一张表中，便可得到一张受益表，如表 4-5 所示，该表也被称为决策矩阵表。

表 4-5　决策矩阵表

方案	自然状态			
	S1	S2	...	Sn
A1	C11	C12	...	C1n
A2	C21	C22	...	C2n
⋮	⋮	⋮	⋮	⋮
Am	Cm1	Cm2	...	Cmn

面临不确定性决策分析场景时，有乐观准则（最大最大准则）、悲观准则（最大最小准则）、乐观系数准则（赫威兹准则）、等概率准则、最小机会损失准则这几种典型方法准则。

应用管理篇

第5章

数字工厂应用案例

5.1 空间建模技术应用案例

数字工厂不管是和传统业务驱动型信息系统集成，还是和新型应用信息系统集成，都有广阔的应用前景和巨大的潜在价值。传统业务驱动型信息系统，包括 ERP、MES、实时数据库系统、企业主数据系统、维修管理系统、安全环保系统、实验室管理系统等。新型应用信息系统包括大数据分析系统、数据挖掘系统、先进控制系统、在线实时优化系统、工业云平台等。以下通过一个成功的项目案例，从数字模型可视化应用和数字工厂与运维管理系统集成两个方面，分别进行数字工厂具体应用方法的展示。

5.1.1 项目背景

山东 T 公司（以下简称"T 公司"）是一家石油炼化公司，于 2012 年 4 月注册成立，占地面积约为 1×10^6 平方米，员工共有 1200 多人，位于黄河三角洲的经济开发区。公司 500 万吨/年炼化项目于 2013 年 9 月建成投产。公司率先引进了世界先进的丹麦托普索公司的柴油加氢技术、催化剂及法国阿克森斯公司的汽油加氢技术，所生产汽油、柴油已达国 Ⅴ 标准。公司在 2014—2016 年连续 3 年荣膺"中国石油和化工民营企业百强"称号。主要产品有汽油、柴油、液化气、丙烷、丙烯、石油焦、油浆、石脑油、硫酸、MTBE（甲基叔丁基醚）等，其中汽油、柴油质量可达国Ⅳ标准、国Ⅴ标准。

2018 年，T 公司启动了数字工厂项目，项目目标是结合工业物联网，和多维度、多属性、多应用的仿真模拟技术，分别从外在表现形式和内在驱动机制，全面实现工厂信息世界和真实物理世界之间的深度融合。本项目的目标包括：①实现人员、产品、设备、环境的互联，形成完整的信息物理融合系统；②对风险进行预警，并对工艺过程和环境进行数字孪生仿真和自动化决策；③覆盖生产指挥、生产执行、实时数据库、流程模拟、仿真培训、设备管理、能源管理和优化等核心业务。

T 公司初步规划其数字工厂组成要素包括工程和设备档案、激光扫描全息模型、工业物联网、生产和经营数据、工业大数据。其应用场景包括在线数字化模型建立、设备维护管理、健康安全环境管理、操作培训和应急演练。生产控制实时优化，构建了以企业资源计划、制造执行、能源、安全、环保等基础的业务驱动型信息系统为支撑，以数字工厂技术和大数据分析应用为提升手段的智能数字孪生工厂解决方案。

数字工厂基础平台包括对全厂物资和设备的数字化建模，以及基于数字化模型的经营管理应用。T 公司的数字工厂建模采用激光全息扫描技术，精度达到了 2 毫米，实现了数字工厂和实际工厂的精确一致。数字化模型，既整合了设备的设计图纸、材质、厚度、采购信息、备件、历史资料档案这些静态信息，也融合了当前的生产状态、实时数据等动态信息，包括现场摄像头拍摄的实时画面，构建了动态的、活化的模型，可以有效提升工厂的生产管控、运营维护、保障生产安全环保、人员培训等管理工作的水平。

5.1.2 项目规划和技术方案

当前，不管是离散制造业，还是流程制造业，在数字工厂项目建设的初期，用户在对项目意义的认识上普遍存在问题。制造业的很多从业人员对数字工厂的认知还停留在只对工厂和设备进行三维建模的层面上，所以基层人员和管理层有不少人认为，数字工厂就是BIM（建筑信息模型）。有较多的数字工厂的使用者，在真正投入数字工厂应用体系建设的工作之前，并不了解数字工厂体系一旦集成化、规模化、流程化、制度化可以为自身工作带来的帮助，以及为企业带来的巨大潜在效益。

为了帮助用户尽快突破认知上的局限性，项目组需要通过一些生动而务实的应用场景，提升他们对数字工厂的认知水平，提升他们参与项目的兴趣和意愿。因此项目组首先展开了业务讨论和分析，并基于 8 个典型的建模和应用场景，和业务部门共同讨论了数字工厂的建设要求，以及为企业全生命周期管理水平的提升带来的潜在价值。

① 在招标前对设计方案进行合理性验证，包括空间布局的碰撞干涉分析，对工序节拍、干线运输能力、缓冲区域容量的合理性评估，对安装和施工过程的评估和风险预测。

② 对施工过程进行全息扫描监控，对阶段性施工成果与设计蓝图的符合程度进行高精度的核准。

③ 对设计图纸等工程交付文档，或者已有的历史资料档案进行毫米级的高精度勘误。

④ 对 P&ID（管道和仪表图）等工艺流程图进行活化，构建模型和工艺点位间的对应关系，方便日后的工艺仿真模拟、制造执行系统和先进控制系统的应用，以及对工厂进行升级改造的二次设计。

⑤ 整合设计图纸、材质、厚度、采购信息、备件、历史资料档案等静态信息，并在线化发布，方便生产、技术、运维、安健环等部门高效率地在线查阅。

⑥ 对全厂物资和设备进行三维建模，可以模块化地查看单台设备属性，以及区域化地组合设备，便于在公开展示大屏等特定环境中合并，进行整体展示。

⑦ 将数字化模型融合生产状态、工控计量等实时数据，包括工厂维护系统的工单信息、在线探测系统的报警信息、SAP 系统的设备台账和备件信息，以及现场摄像头拍摄的实时画面，构建活化的立体模型，便于一体化在线管控。

⑧ 借助计算机，或 VR 等技术，通过在数字工厂模型上进行方案设计、仿真模拟、培

训演练、人员考核等应用，提升工厂的规划、升级改造、生产管控、运营维护、保障生产安全环保、人员培训等管理工作的水平。

通过业务走访和多轮用户需求研讨，项目组逐步聚焦了真正的业务痛点，明确了业务蓝图。在此基础上，项目组对技术解决方案进行了如下的规划。

① 项目采用鹰图公司的 Smart Plant Foundation（SPF）作为数字工厂基础平台，即 SPF 是数字工厂协同设计及业主信息管理解决方案的基础平台。该平台对数字工厂的各个应用模块或工具及录入的数据进行集成，包括设计、采购、施工、运营和维护的数据，并能够与工厂运行系统、维护系统等进行多方集成，构建完整的可视化数字工厂实时模型，实现真正意义上的贯穿全生命周期的工厂信息管理，使工厂信息成为用户的虚拟数字资产。

② 项目采用 Smart3D（S3D）作为三维工厂设计软件，S3D 是面向数据的、规则驱动的三维工厂设计软件。

对 T 公司工厂厂区内其他生产装置、公用设施和建筑物进行普通建模工作，主要方法为通过 3D MAX 软件，依据 T 公司工厂的图纸资料等历史资料，进行模型创建，生成三维数字模型，T 公司工厂粗粒度模型如图 5-1 所示。

图 5-1　T 公司工厂粗粒度模型

全厂模型合并、优化调整并最终发布。建模组的专业人员通过 SPIOP 软件将.dwg 或.dxf 文件转换成 S3D 能够接收的 Review 文件（VUE 文件），再将此 VUE 模型导入 S3D，与精细建模的两个装置模型进行全厂模型合并，对合并后的模型进行整体调整和局部参数优化，完成模型错误修正等工作。

系统管理员将所完成的工厂所有三维模型生成 VUE 文件，并最终发布到数字工厂基础平台 SPF 上。发布的方法通过产品自带的集成适配器 Adaptor 完成。

③ 项目设计了集成与碰撞检查功能。

④ 项目提出了与智能 P&ID 集成的功能要求，通过与 Smart Plant P&ID 完美集成，实现二维驱动三维建模，以及二三维比对功能，如图 5-2 所示。

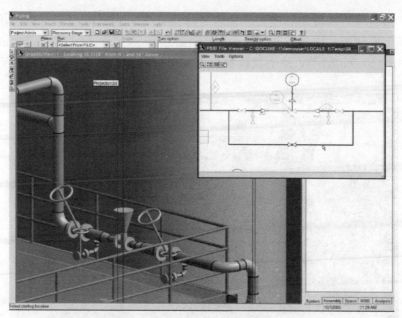

图 5-2　S3D 与 SmartPlant P&ID 的集成

⑤ 项目组决定采用点云模型的逆向建模功能，对现有的工厂和设备进行建模。使用激光扫描仪对在役工厂进行扫描后，进行点云的成像和拟合，可以用来改扩建、升级完善和维护，并在 S3D 中实现逆向建模，如图 5-3 所示。

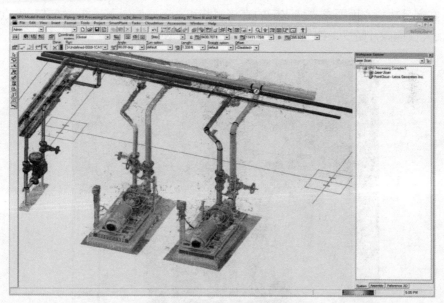

图 5-3　点云模型的逆向建模功能

对 T 公司进行数字化重构，其中焦化车间和常减压车间采用激光点云扫描技术进行三维精细化逆向建模，完成扫描 1065 站，共有 450 台精细化建模设备、1513 根管道。厂区内其余装置、建筑物和公用设施共 48 座，利用图纸和拍照进行普通建模。完成 10000 余张纸质蓝图整理，1567 张图纸扫描，对全厂 483 个 P&ID 文件进行智能化处理。

⑥为了提高项目的应用普及度，项目方案规划了可视化模型浏览软件功能，选用了两款可视化模型浏览软件，分别为 Universal Plant Viewer（UPV）和 Smart Plant Review（SPR）。其中 UPV 是一款轻量级可视化模型浏览软件，界面如图 5-4 所示。

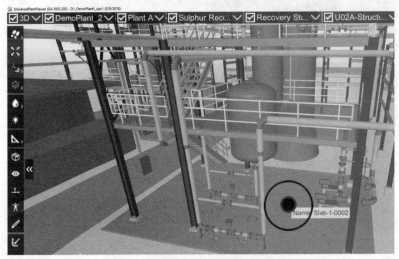

图 5-4　UPV 界面

⑦　在数字工厂的业务流程方面充分考虑用数据流模式发布模型，即模型可以存储在服务器上以数据流模式发布，支持大规模工厂的专业化模型。

⑧　在产品功能方面要求支持点云的直接浏览和高还原度嵌入功能，如在三维点云模型中可以加入扫描照片贴皮，使显示效果更逼真，如图 5-5 所示。

图 5-5　数字工厂基础平台查看点云模型

⑨ 与外部系统的链接，以及软件调用接口。项目组计划使用属性驱动的方式，从而实现方便地链接外部文件，如网页、PDF 文件、Excel 文件等，如图 5-6 所示。

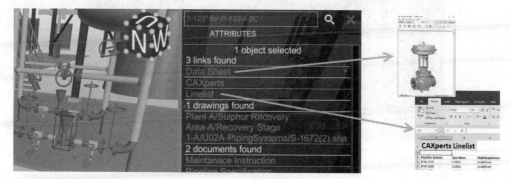

图 5-6　数字工厂模型链接外部文件

同时也把 UPV 作为程序调用的关键技术解决方案，UPV 可以通过超级链接的方式被其他软件调用，同时也提供 API，供其他软件集成，如图 5-7 所示。

为了实现将数字化模型与生产状态和各种实时数据信息融合，便于一体化在线管控数字工厂与运维管理系统集成的目标，项目组充分考虑了将数字工厂与运维管理系统集成的解决方案，对数字工厂与运维系统集成进行了妥善的技术架构设计。

T 公司基于以上数字工厂技术方案的落地实施、正向和逆向建模工作的开展，以及将数字工厂与运维管理系统的集成开发，最终达成了在三维模型查看、设备管理、检维修管理、工艺培训、仿真模拟、HSE 应急指挥等多个典型场景下的应用落地，实际效果得到了应用部门的一致好评，而且，和利用机器学习实现控制优化等其他几个模块联合形成的总项目包，在当年获评山东省工业和信息化厅智能制造试点示范项目。该项目具体实现的技术落地应用如后文所示。

图 5-7　数字工厂模型和其他程序的调用接口

5.1.3　三维模型查看

采用 UPV 原生 App 进行三维模型展示。通过在数字工厂移动端 App 中创建链接，单击链接可以导航到 UPV 移动端 App 中，通过 UPV 移动端 App 显示对应设备的三维模型，如图 5-8 所示。

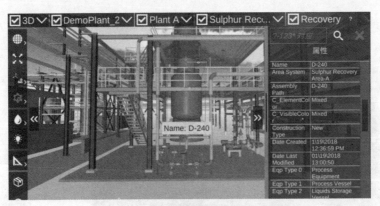

图 5-8　在 UPV 中查看数字工厂三维模型

5.1.4　设备管理

项目交付的数字工厂三维模型中实现了完善的自动预警、报警功能，当装置发生异常时，如压力、温度、流量超过预警值时，在三维模型中可进行可视化报警。

数字工厂基础平台的图形报告显示技术，可以用于支持数字工厂应用，支持在数字工厂基础平台中的二次开发，设置同步报警机制。例如通过与设备管理系统关联，当设备管理系统增加设备缺陷单时，数字工厂应用接口模块及时同步更新报警提醒，调取报警信息，并使用醒目的颜色在三维模型中标识报警、出现故障、存在缺陷的设备及管道。当设备缺陷单关闭时，能及时同步更新报警信息，并消除此报警，如图 5-9 所示。

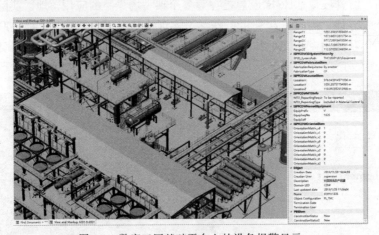

图 5-9　数字工厂基础平台上的设备报警显示

5.1.5　检维修管理

项目交付的数字工厂基础平台与 SAP 系统通过二次开发接口连接，能够在数字工厂基础平台的三维模型上聚焦和调阅特定设备的档案资料，实现集成管理，包括来源于数字工厂基础平台的静态设备设计资料、制造资料、采购信息。来源于 SAP 系统的动态运维信息、改造信息、更新报废信息、备品备件信息等全生命周期的数据，通过与 SAP 系统的连接，可以调用其历史数据统计分析和图形化展示功能模块，并直接嵌入数字工厂基础平台。

数字工厂基础平台通过位号编码建立与 SAP 系统之间的关联关系，通过集成 SAP 系统提供的 WebService 的方式，调用 SAP 系统相关数据，实现设备运营维护数据与静态数据的有效集成关联，通过浏览三维模型可以查询到运维期的设备基本信息，还可以了解到该设备的工程信息和随机资料，实现设备的可视化管理，如图 5-10 所示。

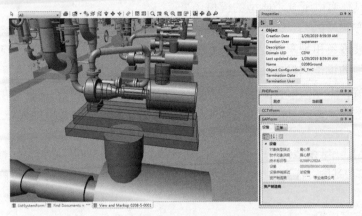

图 5-10　在数字工厂基础平台中查看设备档案资料

5.1.6　工艺培训

工厂运维人员可在项目交付的数字工厂基础平台中，通过智能工艺流程图学习装置工艺流程，通过智能工艺流程图与三维模型间的关联性，快速定位到所查找设备的三维模型，进一步了解该设备的空间位置、工程信息，查看与该设备的三维模型关联的设备图纸、随机资料，大幅提高培训效率和效果。用户可以三维模型为基础，利用数字工厂平台提供的模型数据，应用 3D PACT 软件实现三维模拟操作培训，训练工人进行各种模拟操作任务和作业，并评估效果，提高员工的安全意识和业务水平，如图 5-11 所示。

图 5-11　数字工厂基础平台中的三维模拟操作培训

5.1.7 仿真模拟

在项目交付的 3D PACT 软件中，以三维模型为基础，可以实现施工方案的模拟，使施工方案编制从传统的现场勘测、查看图纸的低效率工作模式中解放出来，对施工方案进行可视化审核。具体有以下 3 个典型的模拟场景。

（1）吊装方案模拟

选择待吊装设备和吊车类型，设置吊车位置，进行吊臂伸缩、升降、旋转等操作，查看吊装作业周围的设备、设施，并进行碰撞检查，对吊装方案的合理性进行验证，确定最佳吊装过程及需要拆除的设备、设施，并形成可视化效果。维修改造相关负责人可在系统中查看吊装方案的文字说明和可视化效果，并对吊装方案进行查看和审批。

（2）动土作业模拟

基于数字工厂三维模型，用户可以直观地查看地下设施的空间分布情况，查询其工程属性和管理单位，模拟基坑、管沟开挖等动土作业方案，防止动土作业破坏地下设施，确保作业安全高效开展。

（3）检修方案模拟

基于三维场景，进行施工方案模拟，使施工方案编制从传统的现场勘测、查看图纸的低效率工作模式中解放出来，并为施工方案的审核提供可视化的依据。

5.1.8 HSE 应急指挥

在项目交付的三维数字工厂中，用户能够开展爆炸事故、火灾事故、泄漏事故等的应急预案的模拟演练，同时，HSE 管理人员可以快速、直观地查询厂区应急资源分布及具体信息，便于在事故发生时快速、准确地进行决策，为指挥救援、控制现场及事故原因调查提供指导，提高灾害事故的现场处理水平，如图 5-12 所示。

图 5-12 数字工厂基础平台中的 HSE 应急指挥模拟软件

在三维数字工厂中，用户可以定义不同的危险场景，并根据现有的安全规定设置应急处置流程及应急逃生路线。在新员工入职后或施工单位进场前，可以在平台上进行相关安全知识培训，培训合格后方可进入生产区作业。

平台的安全事故应急预案可以不断更新，甚至可以定期对员工进行考核，考核通过后，员工方能持证上岗。

通过建立基于图形化的二维 HSE 综合信息可视化监控，实现关键装置、有毒有害场所、工业三废（废水、废气和固体废弃物）排放点的 HSE 综合信息的监控、展示和报警。

5.1.9 项目成果和收益

该项目完成了工厂基础资料校核及全生命周期的版本管理和检索，通过三维建模和与生产应用系统对接，实现了对生产工艺流程、物料信息、设备工况、巡检状况、生产异常情况、工业视频等的监控。通过对生产运行过程进行三维可视化动态展示、监控和管理，设备应用实现了设备维修工单管理、设备全生命周期管理、设备台账可视化、资产变更管理等管理功能，以及在三维空间中对各种设备进行定位、数据资料的互锁和备件信息动态查询。项目最终为公司带来了显著的效率提升和价值回报，具体体现在以下几个方面。

① 项目实施后，工厂技术档案信息查询效率提升 5 倍以上，员工工艺技术培训和安全考核培训效率提升 2 倍以上。

②通过实施实时数据库系统，用户可及时了解各运行装置的关键工艺指标偏差并及时处理偏差，各装置运行平稳率比使用前提升了 1.7%，对应经济价值为 500 万元/年。

③ 通过实时数据库系统获取罐区信息，用户可实时掌握每个储罐的温度、液位、压力、体积等参数，实时计算储罐的物料存量，及时了解每个储罐的实时情况，高精度指导生产及罐区管理，对问题的处置效率提升了 80%。

④ 通过可自定义的各装置监测点实现了对装置运行负荷的实时监视，用户可实时监控温度、压力、流量等参数，还有对偏差的红色醒目预警及关键指标预警短信推送等功能。用户可查看工艺规程及偏差记录录入，还可查看历史参数进行偏差分析，实现生产装置关键指标监控自动化。

⑤ 用户可通过数据库系统实时采集水、电、气、风能等能源介质的瞬时量及累计量，并可通过图像的形式展现能源介质的使用、构成情况，可进行同比、环比分析等，及时了解掌握能源的耗用情况。

⑥ 通过集成数据接口的运用，实现海量历史数据传递和信息共享，数据可供多类人员共享并从多角度分析使用，在减少对过往人员经验依赖的前提下，大幅提高装置运行效率，为整个企业运转效率的提高和成本的降低提供了可能。

⑦ 提升各操作环节协同作业水平，系统的建设将突出业务协同，促进各业务环节的信息共享及数据快速流转，优化协调决策，提高决策的合理性和对变化的快速反应能力。

⑧ 通过 HSE 项目，管理人员可实现对安全管理业务流程的规范管理，实现安全管理业务流程的标准化、数据规范化，以及安全管理信息的集中展示和共享。用户可通过对实施环境排放过程数据的综合监控和报警，基于企业原有环境在线监测系统和环境排放综合监控平台，实现对公司外排口、厂界排放、环保设施排放的环保综合监控日报和月报形成业务在线化，降低人工录入的工作量并提高 50% 的工作效率。

5.2　数字仿真优化物流库区案例

（1）项目背景

山东 T 公司位于东营港经济开发区，占地面积约为 1×10^6 平方米，建有常减压、催化裂化、焦化、汽柴油加氢等多套装置，主要产品有成品油、液化气、丙烷、丙烯、石油焦、硫酸、MTBE 等。公司每年的成品汽柴油总产量约为 300 万吨，下属成品油物流库区的销售运输主要形式为油罐车发运，如图 5-13 所示。因为单台油罐车等待作业的排队时间过长，极端情况下大车司机拉油要在路边排队几天几夜，导致司机普遍不愿意承担这个公司的运输任务，公司需要每吨油额外补贴运输费 50 元，该问题导致的每年额外费用支出达到了 1.5 亿元人民币。

图 5-13　T 公司的成品油物流库区

为了遏止以上问题导致的经济损失，公司需要对现有物流库区的作业流程进行分析，找到油罐车排队等待作业时间过长的原因，并设法解决。在对该物流库区进行优化改造之前，公司希望能用一种简洁快速的手段，有效地找到问题的主要症结，并据此提出有针对性的规划方案。公司的油库管理部门和数字技术部进行了业务沟通和需求讨论，最终明确了由数字技术部立项承接该课题，通过数字化手段帮助油库管理部门在规划决策问题上尽快破局。

（2）实施过程

数字技术部通过业务调研，基本明确了导致该问题的核心原因是油库的物流运转不畅通，油库管理部门有意通过对物流库区的技术改造提升运转效率，改善当前司机排长队的现状，而且油库管理部门也有了一些初步的技术改造思路，但是因为缺少有效的规划评估手段而迟迟难以进行决定。

因此数字技术部决定用过程仿真工具进行规划方案的可行性评估，帮助油库管理部门尽早完成方案的决策。仿真的方式是模拟每辆车进场后的业务环节，在连续运行一定周期后输出关键指标，包括单车等待耗费时间、整体平均节拍、个体的节拍和负荷情况等，并由此分析单车排队时间过长的原因。项目经理首先通过现场观察和蹲点，结合企业的工作指导文档，对油库现有的工作流程图进行了梳理，如图 5-14 所示。

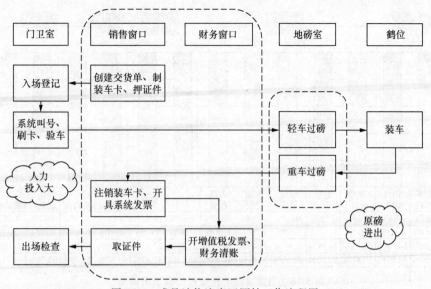

图 5-14　成品油物流库区原始工作流程图

接着项目经理和团队成员开始进行仿真建模的预备工作，在采集数据的时候他们使用了带定位和时间戳信息回传的 GPS 工具，要求每一位入园的司机随身携带。根据车辆和车辆驾驶员的移动轨迹和时间戳数据，计算得到用于仿真输入的数据。因为驾驶员实际要完成门岗登记、大厅交易、开具系统发票、过磅、输油、车辆驾驶等全部作业环节，所以仿真的输入工件对象可以映射为驾驶员，而不需要关注油罐车。通过 GPS 定位跟踪驾驶员行动轨迹和时间戳，根据其进入不同的划定片区进行触发，判定其当前进入的作业环节。

项目组采用了一款商业仿真工具，对当前现状进行了模拟和仿真输出，如图 5-15 和图 5-16 所示。

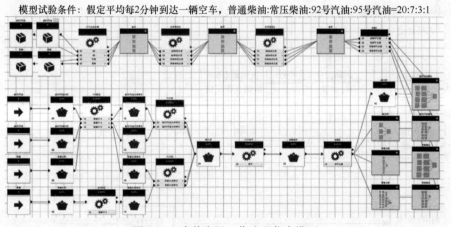

图 5-15　当前实际工作流程仿真模型

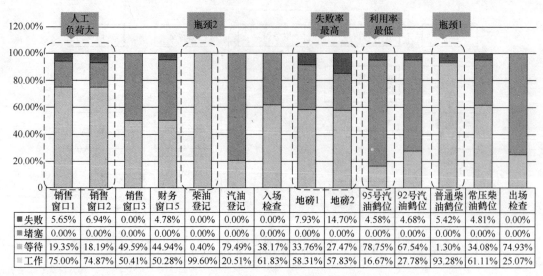

图 5-16 当前实际工作流程仿真输出结果

目前成品油库的管理部门有两个备选的优化方案，方案一是采用一卡通系统简化司机的入厂手续，缩短货车在大门口的阻塞时间。

方案二是将油罐车的成品油装车方式从鹤位上装改为鹤位下装，也就是说，之前成品油都是通过管道从油罐上方通过重力落入车载罐体的，就和自来水水龙头一样，而将来通过加压的方式，可从油罐车下部直接将成品油注入罐体，这样会极大地缩短管道对齐耗费的时间，从而提高成品油装车效率。图 5-17 展示了采用一卡通系统，以及将装车方式改为鹤位下装后的新的油库工作流程图。

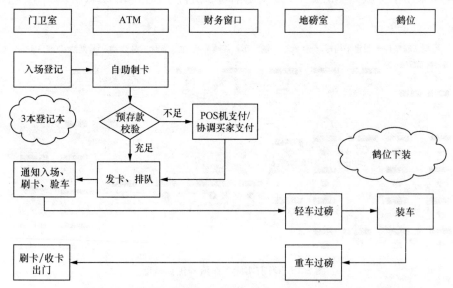

图 5-17 采用一卡通系统和将装车方式改为鹤位下装后的新的油库工作流程图

项目组先根据方案一更新了仿真模型，并输出了各个业务环节的效率指标。随后对方案二也进行了模拟，因为变化的内容不多，所以项目组可以复用之前的建模成果，只要在原来的模型基础上调整几个工位信息，就可以得到一个新的方案模型。图 5-18 展示了如果既采用一卡通系统，又将装车方式改为鹤位下装的情况，成品油物流库区新的流程仿真模型。

模型试验条件：假定平均每2分钟到达一辆空车，普通柴油:常压柴油:92号汽油:95号汽油=20:7:3:1

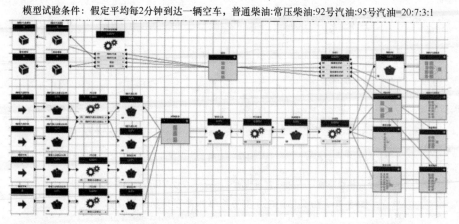

图 5-18　采用一卡通系统和将装车方式改为鹤位下装后新的流程仿真模型

（3）项目收益

项目组成员在第二个月提供了现场仿真报告，并在第 4 周和成品油物流库区的现场管理人员就仿真结论进行了讨论，并提出了两个改进点，针对其进行了进一步的仿真分析。仿真结果以多份数据图表的形式展现，包括当前现状分析、采用不同的方案带来的效率提升分析、采用不同方案带来的单车排队时长分析等，如图 5-19 和图 5-20 所示，图中不同颜色代表了不同类型成品油罐车。

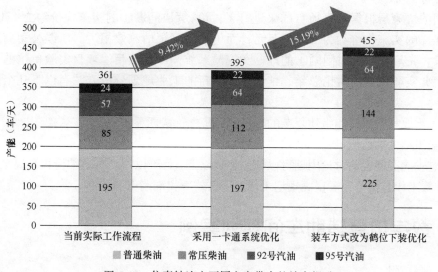

图 5-19　仿真结论之不同方案带来的效率提升

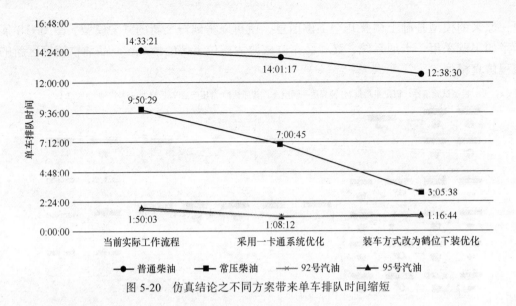

图 5-20　仿真结论之不同方案带来单车排队时间缩短

通过该项目发现的问题和得到的主要结论如下。

① 当前车辆排队等待时间过长的原因之一是地磅室和交易大厅之间没有实现信息化互通，以及并行工序的几个地磅之间没有联网，30%的无效等待时间因此产生。

② 当前车辆排队等待时间过长的原因之二是鹤位采用上装油的方式，效率过于低下，只要更改为下装油的方式即可明显提升平均节拍并缩短单车通过时间。

③ 针对以上提出的两个解决方案，进行仿真的量化分析。得出结论是解决问题①可以提升平均节拍 10%，缩短单车通过时间 15%，解决问题②可以提升平均节拍 15%，缩短单车通过时间 15%。

公司的决策层根据仿真项目成果进行了讨论，解决问题①的实施代价约为 150 万元，解决问题②的实施代价约为 2000 万元，而仿真显示预估收效相近。所以公司高层迅速进行决策，先启动了针对问题①的地磅和交易系统一卡通项目。项目实验单位的管理人员参与了此实验项目的讨论总结，结论是这种新的工业规划分析方法有以下几个关键优点。

① 不需要耗费巨资和组建复杂的团队，经济性优势明显。

② 输出结论的速度很快，时效性优势明显。

③ 过去同类问题的讨论周期可以长达半年以上，且难以得到有效结论和有说服力的数据，这种新工作方法可显著提高规划工作的评估效率和准确性。

5.3　数字仿真辅助车间规划案例

（1）项目背景

C 公司是一家生产发动机的工厂，在规划其子公司长春工厂的建设方案的过程中，负责发动机存货周转区的物流规划人员面临多场景的决策难题，因为成品的存货周转区场景比较复杂，需要考虑的细节很多。物流规划人员需要在短时间内尽快完成方案规划与决策，才能按工厂建设进度的整体时间控制要求完成商务招标工作和工程启动。但是承担此存货周转区规划任务的核心物流规划人员的存货场景经验不够丰富，所以虽然该人员花了大量的时间精心设计，但是对于发动机输送系统、上下料人工操作工位、地面包装区移载机系统、成品暂存及空托盘存储区这些关键场景的方案，该人员不确定是否考虑周全，能否有效满足未来生产要求。

物流规划人员向公司汇报工作情况后，决定求助某汽车行业数字化公司的仿真部门，该部门曾经用一些商业仿真软件，在仓储区的物流规划任务中有效地解决了一些问题，因此 C 公司希望借助该数字化公司的仿真能力，快速对长春工厂存货周转区的物流规划方案的合理性快速进行全面评估。

（2）实施过程

项目组启动此仿真项目后，首先明确了该项目包括 4 部分内容，分别是物料库房备货及配送上线过程，物料入库及存储过程，成品入库、存储及出库过程，发动机下线输送至包装区及暂存区存储过程，如图 5-21 所示。

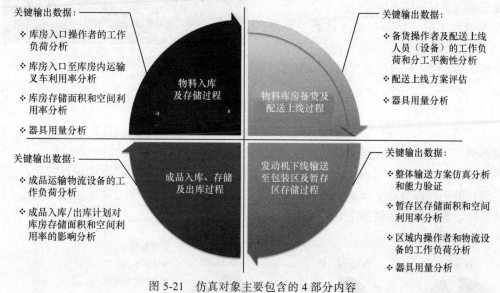

图 5-21　仿真对象主要包含的 4 部分内容

物料库房备货及配送上线过程的关键输出数据包括：备货操作人员及配送上线人员（设备）的工作负荷和分工平衡性分析、配送上线方案评估、器具用量分析。

物料入库及存储过程的关键输出数据包括：库房入口操作人员的工作负荷分析、库房入口至库房内运输叉车利用率分析、库房存储面积和空间利用率分析、器具用量分析。

成品入库、存储及出库过程的关键输出数据包括：成品运输物流设备的工作负荷分析、成品入库/出库计划对库房存储面积和空间利用率的影响分析。

发动机下线输送至包装区及暂存区存储过程的关键输出数据包括：整体输送方案仿真分析和能力验证、暂存区存储面积和空间利用率分析、区域内操作者和物流设备的工作负荷分析、器具用量分析。

项目组把仿真技术在该存货周转区物流规划项目中的应用分成 3 个阶段。第 1 阶段是完成仿真建模，输出关键数据，评估方案可行性，识别瓶颈等潜在问题；第 2 阶段是对建模发现的问题进行优化，提出针对待解决问题的优化建议方案，并对优化方案进行仿真，继续寻找问题并持续迭代到用户满意为止；第 3 阶段是锁定规划方案，根据最终优化结果输出最终方案仿真报告，提交可编辑的模型并保留未来调整方案的接口，一旦进行新的方案调整，可以让规划人员随时输入新参数进行仿真，第一时间评估新方案可行性。

项目组针对规划人员关心的问题，根据投资的重点区域和将来可能对生产可持续性产生较大影响的重点区域，对发动机输送系统、与输送系统连接的多个上下料人工操作工位、地面包装区移载机系统、成品暂存及空托盘存储区等进行了重点考察。图 5-22 展示了该项目局部仿真模型。

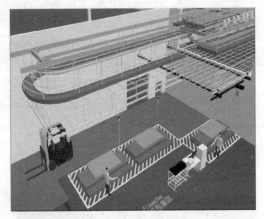

图 5-22　C 公司智能输送系统的局部仿真模型

（3）项目收益

这些仿真结果迅速回答了规划人员关心的问题，让他对整体规划方案有了信心，同时也洞察到了一些潜在的风险点。项目组通过仿真技术分析了关键场景的数据输出结果，帮助规划人员在 5 个工作日内确定了 C 公司长春工厂的主机存货周转区物流规划方案，按照工厂建设的里程碑节点要求，8 个工作日完成了项目招标工作，3 个月完成了建设工作。仿真验证阶段输出报告示例如图 5-23 所示。

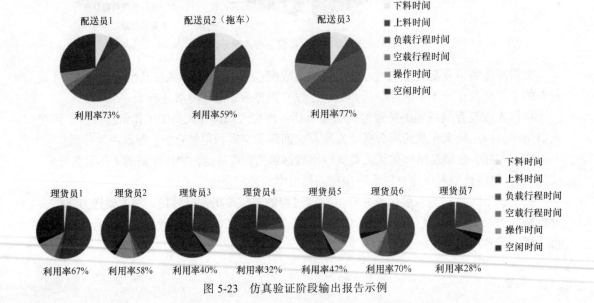

图 5-23　仿真验证阶段输出报告示例

在输送系统及包装系统的应用场景中，仿真主要结果包括对输送系统及包装系统方案的可行性验证，以及包装区人员和转运设备的工作负荷统计报告。

在暂存区工作场景中，仿真主要结果包括暂存区库存量动态模拟数据、存储空间利用情况模拟统计输出数据，以及暂存区转运设备的工作负荷统计输出数据。

在运输和配送场景中，仿真主要结果包括对运输时刻表方案的可行性验证，以及动态模拟和评估生产线资源利用状况。

在巡线要货作业场景中，仿真主要结果包括确定线边物料存储量、巡线人员作业循环最短时间，以及提出合理的作业任务分配方案。

在物料配送系统的应用场景中，仿真主要结果包括对配送路线及工作任务分配方案的可行性验证，以及配送人员的工作负荷统计报告。

在超市区场景中，仿真主要结果包括对暂存区库存量的动态模拟呈现、对存储空间利用情况的统计输出，以及对超市区工作负荷的模拟统计报告。

通过仿真，用户提前发现并解决了 2 个典型问题。

①在包装区，由 1 名操作人员负责 2 台直线排布移载机的下线包装工作时，会产生载具延迟，存货周转系统节拍时间为 93 秒，超出了生产下线的节拍时间（75 秒），经过仿真验证，规划人员决定更改方案为双排并行式排布移载机。

②提前发现了智能输送系统路线设计上的缺陷，会导致 EMS 运载工具在全天的生产周期中有18.7%的概率会出现阻塞，经仿真验证，规划人员决定更改智能输送系统的设计方案，对轨道路径进行优化修改。

之后长春工厂连续数年的稳定运行结果证明了该规划方案是合理的，仿真模型报告输出的结论帮助规划人员在有限时间里作出了正确的决策。

5.4 通过机器学习实现生产优化案例

（1）项目背景

M 工厂位于中国北方地区，成立于 2014 年，拥有产能为 600 万吨/年的常减压装置、产能为 200 万吨/年的联产芳烃催化裂化（MCC）装置、产能为 180 万吨/年的焦化装置和产能为 180 万吨/年的柴油加氢装置。M 工厂的主要产品有汽油、柴油、液化石油气、丙烷、丙烯、石油焦、油浆、石脑油和硫酸等，M 工厂的生产单元和流程如图 5-24 所示。

M 工厂的生产流程由控制大厅内部的操作人员控制。控制大厅共有 120 个操作位置，每个内部操作人员从生产线上观察数十个实时过程控制指标，他们的操作是对监控信息的回应，主要根据预定义的操作程序、指定的有限范围和个人经验来完成。

M 工厂当时面临市场需求和价格波动带来的挑战，这些挑战使 M 工厂迫切需要更具竞争力的生产控制，特别是在不同产品的组件产量方面。因此 M 工厂启动了一个智能制造项目，其目标是通过机器学习提高产量控制能力。该公司选择了催化裂化装置作为试点项目的目标装置，工厂操作人员通过基于机器学习的控制优化方法设定了提高轻油（汽油和柴油）产量的主要目标。

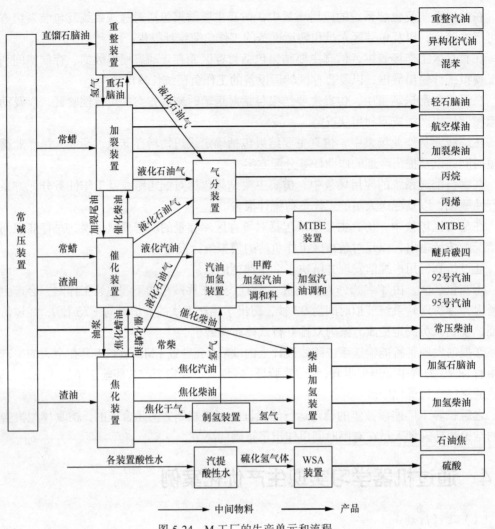

图 5-24　M 工厂的生产单元和流程

（2）技术方案

① 业务分析

催化裂化装置是石化生产线的重要组成部分。作为典型的反应再生系统，其生产流程可以简化为图 5-25 所示的流程。

图 5-25　催化裂化装置的主要生产流程

催化裂化装置的生产流程包括 5 个主要设施和 40 个控制点，如表 5-1 所示。该实例的优化控制目标是提升生产装置最终输出轻油的产量所占比例。

表 5-1 M 工厂催化裂化装置的控制点

序列	设施	控制点	代码	单位	控制阈值
1	反应	提升管出口温度	CCR001	℃	505～525
2		原油入口温度	CCR002	℃	≤300
3		预提升蒸汽流量	CCR003	t/h	≤2.3
4		沉降槽压力	CCR004	MPa	0.150～0.190
5		再生器压力	CCR005	MPa	0.180～0.220
6		双设备压差	CCR006	kPa	30～50
7		分离单元储存量	CCR007	T	25±10
8	热工	油气分离器液位	CCF001	%	10～30
9		油气分离器边界位置	CCF002	%	30～50
10		柴油分离塔液位	CCF003	%	40～60
11		底层分馏塔液位	CCF004	%	30～70
12		密封罐液位	CCF005	%	55～80
13		分馏器液温	CCF006	℃	≤365
14		分馏塔气相温度	CCF007	℃	370～400
15		分馏塔顶压	CCF008	MPa	0.12±0.02
16		分馏塔顶温	CCF009	℃	120±10
17		产品浆料到罐温	CCF010	℃	≤120
18		产品浆料焦化温度	CCF011	℃	90～150
19		柴油运输温度	CCF012	℃	≤65
20	稳定	V1302 液位	CCS001	%	30～50
21		V1302 边界位置	CCS002	%	30～50
22		V1303 液位	CCS003	%	20～50
23		吸收塔顶温	CCS004	℃	40±10
24		稳定塔底温	CCS005	℃	165～180
25		稳定塔顶温	CCS006	℃	50～65
26		重吸收塔顶压力	CCS007	MPa	0.80±0.20
27		V1303 压力	CCS008	MPa	≤1.0
28	热工	除氧器液位	CCT001	%	60～80
29		中压过热蒸汽温度	CCT002	℃	≥380
30		中压桶压	CCT003	MPa	3.80±0.30
31		中压桶液位	CCT004	%	30～60
32	机组	主风机润滑油压力	CCM001	MPa	0.26～0.38
33		主风扇润滑油温度	CCM002	℃	35±5
34		涡轮增压器润滑温度	CCM003	℃	40±5

序列	设施	控制点	代码	单位	控制阈值
35	机组	气压润滑温度	CCM004	℃	35±5
36		气动出口压力	CCM005	MPa	0.80～1.50
37		气动中间液位	CCM006	%	≤40
38		气动入口液位	CCM007	%	≤20
39		燃气轮机出口温度	CCM008	℃	510～540
40		主扇出口压力	CCM009	MPa	0.24±0.02

从生产线在线分析和计量仪器仪表，以及其他的在线系统一共能收集到 410 个可能影响控制目标的指标，表 5-1 中的 40 个控制点也属于这 410 指标，因此还有 370 个指标属于不可控制类型。本次机器学习构建工业数字孪生模型的目标是训练模型能够最准确地模拟实际工厂的物理环境。当模型训练完成后，用户将在线部署作为数字孪生模型的信息镜像部分，根据来自生产线的实时数据进行模拟，并不断地提供实时控制优化建议。

② 工业大数据处理

获取必要的历史数据后，需执行以下操作。

a. 将指标 CCR001 设置为数据采样频率基准，数据采集间隔为 $T_1=30s$，并统一其他指标的数据采样频率标准。

b. 创建时间对齐矩阵，将指标 CCR001 定义为时间轴基准，并解决时间滞后分布的问题。

c. 用相关性分析方法分析指标与选择特征之间的内在联系。

使用 PCC 作为分析高维数据相关显著性的方法，生成相关矩阵图，关注与最终产量目标密切相关的指标，并剔除相关性弱的指标及明显两两之间存在强相关性的冗余指标，从而控制数据维度，保留有效指标，进而达到提高模型训练效率的目的。最终，将数据维度从 410 减少到 100，以提高机器学习效率。

③ 数字孪生模型的训练和评估

本书采用的数据来自项目企业内部的实时数据库，包含了制造执行系统（MES）、化验室信息管理系统（LIMS）、计划优化建模系统（PIMS）的历史和实时数据。该系统分别以 2018 年 1 月 26 日、2 月 9 日、2 月 24 日这 3 个时间点为基准，取其前 7 个月的数据集作为训练集，取后 15 天的数据作为测试集，按秒对数据进行融合。

每个点的数据采集频度间隔为 15 秒，采集催化装置 309 个工艺点数据，每个点的数据从 2712959～6042241 条不等，数据量共计 $3×10^9$ 条。部分训练数据样本如表 5-2 所示，该数据集描述了在参数取不同值的情况下的汽油产量，自变量是质检和控制参数，即 TIC101（提升管出口温度）、TIC114（原油入口温度控制），因变量为汽油产量。

表 5-2 训练数据样本（开始时间为 2018 年 1 月 26 日）

时间	提升管出口温度（℃）	原油入口温度（℃）	预提升蒸汽流量（t/h）	汽提用蒸汽（中）流量（t/h）	汽提用蒸汽（上）流量控制（t/h）	回炼油入提升管流量（t/h）	一再二再顶压差（kPa）	一再顶压（Mpa）	汽油产量（t/h）
2018 年 1 月 26 日 12：59	521.17	206.51	0.7988	-0.8177	-1.0161221	16.0623	56.18	-1.6391	61.512494
2018 年 1 月 26 日 13：59	524.23	210.03	0.8010	2.2117	2.0090958	19.1927	59.23	1.3866	66.824902
2018 年 1 月 26 日 14：59	523.88	209.81	0.8018	1.8702	1.6725922	18.8464	58.93	1.0490	66.974401
2018 年 1 月 26 日 15：59	522.97	208.91	0.7987	0.9905	0.7925497	18.0592	58.03	0.1697	63.112930
2018 年 1 月 26 日 16：59	523.64	209.71	0.8003	1.6856	1.4850683	18.7020	58.72	0.8629	66.58881
2018 年 1 月 26 日 17：59	524.32	210.43	0.8026	2.4109	2.2085698	19.4285	59.43	1.5863	67.645630
......									
2018 年 1 月 26 日 21：59	524.18	207.96	0.8016	0.2591	0.0563416	17.6639	57.29	-0.5657	62.065384
2018 年 1 月 26 日 1：59	524.24	208.55	0.7992	1.0602	0.8570107	17.9034	58.10	0.2377	63.410809
2018 年 1 月 26 日 2：59	523.15	207.39	0.8013	0.1704	-0.0290244	16.7581	57.20	-0.6527	61.935318
2018 年 1 月 26 日 3：59	523.98	208.06	0.8030	1.0456	0.8414902	17.6004	58.06	0.2161	63.110603

为了训练仿真模型，项目组分别采纳了 4 种当前主流的先进算法，包括随机森林算法、AdaBoost 算法、XGBoost 算法和 LightGBM 算法，用同样的历史数据集进行了训练。在训练完成后，又采用同样的验证集对训练得到的模型进行验证，以横向比较不同算法训练得到的模型的准确性、理论优化提升率等性能指标。

为了保证控制算法比较实验的公平性，本实例进行了 3 个批次的对照组实验，随机选择工厂历史数据的 3 个时间点作为训练参考点，4 种算法在每个批次内均用同样的训练集和验证集数据，进行 3 次模型训练和性能比较，以充分比较算法之间的效果差异。考虑到在实例工厂中，生产环境和输入原料会周期性地持续发生变化，但在较短周期内，如两三个月的时间跨度内，设备状态和输入原料的性质一般相对比较稳定，所以每个批次采用两个月的历史数据组成训练组，紧接着之后的 15 天的历史数据组成验证组。每个批次采用的历史数据起点间隔是随机的，但要求至少间隔 20 天，以避免两批数据过于相似。

最终的结果表明 LightGBM 算法在预测效果方面优于其他算法，如图 5-26 所示。

为了全面评估模型质量，项目组选用 XGBoost 算法、AdaBoost 算法、随机森林算法、LightGBM 算法这 4 种算法进行对比实验，并选择了 4 个评估标准，即 MAR、RMSE（均方根误差）、VIR 和 PCC，分别计算了 4 种算法的模型准确性、有效性，并且还可通过验证集进一步推算在该模型的优化效果下，理论上的目标值增长率，表 5-3 所示为各项评估结果间的对比。

从表 5-3 中可以看到，使用 LightGBM 算法和 XGBoost 算法训练的模型准确率较高，且 LightGBM 算法的方差解释率较高，和 XGBoost 算法不相上下。从汽油的理论收率提升来看，2018 年 1 月 18 日作为开始时间，LightGBM 算法结果最优，汽油产量提升率达到 0.53%。开始时间为 2018 年 2 月 8 日时，LightGBM 算法和随机森林算法取得的结果较好。总体来说，LightGBM 算法和 XGBoost 算法结果较好，随机森林算法取得的结果次之，表

5-3 所示结果表明，LightGBM 算法训练的模型在预测精度和综合性能方面优于其他算法，因此选择 LightGBM 算法作为数字孪生模型的基本训练算法。

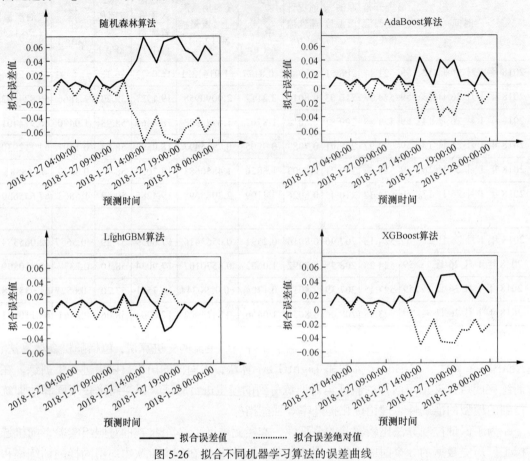

图 5-26 拟合不同机器学习算法的误差曲线

表 5-3 模型准确性、有效性、理论增长率对比（2018 年）

	随机森林算法结果			AdaBoost 算法结果		
开始时间点	1 月 18 日	2 月 8 日	3 月 1 日	1 月 18 日	2 月 8 日	3 月 1 日
MAR	97.15%	97.90%	98.55%	97.53%	97.94%	98.22%
RMSE	0.0180	0.0122	0.0087	0.0146	0.0123	0.0102
VIR	0.4403	0.4316	0.8703	0.6319	0.4219	0.8221
PCC	0.6387	0.7466	0.8323	0.5641	0.7486	0.7573
理论收率提升	0.0023	0.0048	0.0027	0.0031	0.0026	0.0015
	LightGBM 算法结果			XGBoost 算法结果		
开始时间点	1 月 18 日	2 月 8 日	3 月 1 日	1 月 18 日	2 月 8 日	3 月 1 日
MAR	98.11%	98.20%	98.65%	98.06%	98.18%	98.36%
RMSE	0.0111	0.0104	0.0077	0.0111	0.0108	0.0091
VIR	0.7872	0.5854	0.8975	0.7879	0.5546	0.8564
PCC	0.7737	0.7700	0.8497	0.7500	0.7660	0.7942
理论收率提升	0.0053	0.0046	0.0016	0.0006	0.0019	0.0008

（3）项目收益

出于对安全性和可操作性的考虑，机器学习模型通过与 MES 在线集成的方式部署。同时数字孪生模型只提供实时优化的建议控制信息，对生产系统的控制由操作人员查看实时优化建议后进行手动操作，而不是由数字孪生模型直接自动控制 DCS。为了给操作人员提供可操作的优化建议，本项目选择了 5 个最重要的优化控制指标。在采用 LightGBM 算法的情况下对数字孪生模型训练过程中指标的重要性进行打分和排序，得到 5 个最重要的控制变量，如表 5-4 所示。

表 5-4　M 工厂催化裂化装置的优先选择控制点

序列	指标	代码	I_α
1	提升管出口温度	CCR001	3873.97
2	分馏器液温	CCF006	3756.94
3	稳定塔底温	CCS005	322.59
4	沉降槽压力	CCR004	186.36
5	再生器压力	CCR005	104.77

为了验证数字孪生模型在线部署后的效果，本实例进行了 3 个批次的实验。每个批次的实验在周期内都尽可能保持原油类型和生产环境相对稳定，每次实验周期持续 4 周，前 2 周为对照组实验，后 2 周为验证组实验。对照组实验要求现场操控工艺人员根据其最佳实践经验，先使用传统的生产控制方法连续生产 2 周，验证组实验紧随对照组实验，要求现场操控工艺人员采纳来自数字孪生模型的优化建议，再连续生产 2 周，然后比较前后两组轻油的收率。

表 5-5 所示的实验结果表明，新方法可以有效地将轻油的产率提高 0.2% 和 0.5%。使用独立样本 t 来验证增长的显著性后，结果显示在实施新方法后这 3 种布料方式的轻油收率都有显著增加。图 5-27 显示了在相同生产环境设定下，当进料为精制蜡油时，工艺参数采用数字孪生模型的优化建议之前和采用优化建议之后的轻油收率间的比较。

表 5-5　轻油产率的实验结果（2018 年）

序列	进料	对照组实验	对照组实验收率	验证组实验	验证组实验收率	收率增加	t 值
1	精制蜡油	6 月 3 日—6 月 16 日	48.25%	6 月 17 日—6 月 30 日	48.77%	0.49%***	-9.152
2	精制蜡油+尾油	7 月 1 日—7 月 14 日	46.18%	7 月 15 日—7 月 28 日	46.36%	0.18%***	-4.692
3	精制蜡油+凝析油	8 月 4 日—8 月 17 日	46.81%	8 月 18 日—8 月 31 日	47.13%	0.32%***	-7.13

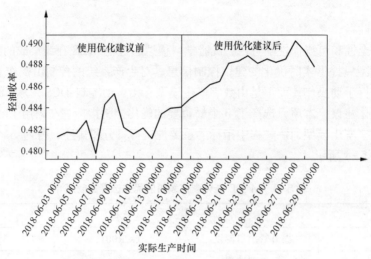

图 5-27　使用优化建议前后的轻油收率曲线图比较

通过在 M 工厂加工处理能力为 110 万吨/年的催化装置上进行验证核算，项目组发现如果汽油收率提升 0.5%，去掉低价值产品和能耗增加产生的损耗，M 工厂每年仍可产生 986 万元净效益。可以看出，很小的汽油收率提升即可为企业带来巨大的经济效益。通过数字孪生方法的应用，炼油厂高价值产品收率寻优能力有了显著提升，相对传统技术手段，数字孪生可以显著提高企业生产效益。

5.5　知识图谱赋能售后体系案例

（1）项目背景

S 公司是国际挖掘机制造龙头企业，目前分布在全国各地的挖掘机保有量有几十万，该公司每天会接到数百条售后服务召请工单。过去在设备出现异常时，客户通过手机 App 线上召请，线上工程师接收到请求后即进行判断，并安排合适的服务工程师赶往现场处置。现场服务结束后，服务工程师会在 CRM（客户关系管理）系统中记录故障现象、故障原因及处理结果等信息。

全国有数千位一线服务人员在四处奔波，而且随着挖掘机保有量的增加，负责处理在线信息的服务工程师工作越来越饱和。而过去产品故障诊断过程比较依赖线上服务工程师的个人经验，缺少统一化、规范化、标准化的故障处理流程。随着 S 公司的壮大，日后挖掘机的销量还会进一步上升，长此下去，工程师势必无法按质按量地为客户解决好问题。如果没有更好的信息化技术手段，客户反馈问题多、报修流程不规范与线上工程师资源短缺之间的矛盾，一定会越演越烈。

对于大量的同类故障，不同的客户和一线人员录入系统的信息不统一，随着 S 公司经营时间变长，服务器上累积了大量的历史服务记录，占用了非常多的存储空间，却很难挖掘出显著的数据价值。在业务持续增长的发展态势下，面对席卷国内外商场的数字化浪潮，S 公司希望能够以满足客户需求与为客户创造价值为出发点，推动大数据、人工智能和挖掘机客户端服务的深度融合。

S 公司售后服务部因此向大数据所的专家团队请求援助,希望通过大数据和自然语言处理技术,将历史沉淀的数据充分利用起来,挖掘数据的潜在价值,对故障描述进行标准化管理。S 公司售后服务部希望在此基础上,再结合知识图谱推理技术研发一套智能系统,辅助用户及服务工程师对故障进行诊断和信息录入标准化,并为售后服务提供自动化的故障诊断智能决策。

大数据所的产品经理和算法工程师对售后服务部的数据情况进行了评估,发现过去 10 年售后服务部累积了数量比较充足的故障处理全过程记录,有 120 万张工单,而且大部分工单用电子表格结构化地进行了存储,在数据储备上基本具备进行知识图谱构建的训练条件,于是同意和售后服务部合作开展自主研发,项目命名为“基于知识图谱的故障辅助诊断系统”。

(2)技术方案

知识图谱是一种用图模型来描述知识和建模实体之间关联关系的技术方法,其本质是描述实体之间关系的语义网络。知识图谱可以对复杂的语义知识进行直观表示,可以通过节点及各节点之间的关系,推理事件发生的潜在模式。通过前文所述的命名实体识别、关系抽取、实体对齐等方法,在得到发生故障的三元组后,项目组采用 Neo4j 图数据库,对获得的所有故障三元组进行存储,构建出设备故障网络图谱。在使用过程中,当用户描述故障现象时,通过对相似故障现象进行分析,利用贝叶斯网络推理,便可以得到可能性最高的故障发生原因和处理方法。图 5-28 是一个挖掘机行业的知识图谱推理示意图。

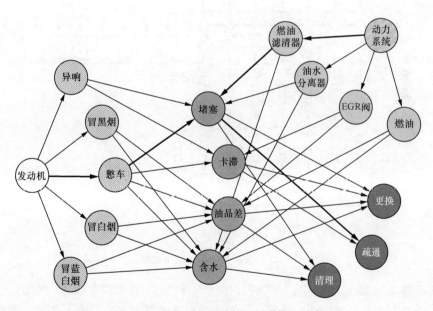

图 5-28　挖掘机行业的知识图谱推理示意

基于知识图谱的故障辅助诊断系统项目组通过 1 个月的业务调研和讨论,初步拟定了项目的整体目标。

① 构建基于故障描述、故障原因、处理方法的故障知识图谱,搭建故障辅助诊断系统

及配套软硬件基础设施，实现故障辅助诊断统一化、规范化、标准化。

② 完成故障辅助诊断系统一期软硬件体系的建设，以及营销公司服务支持部可用的系统化工具开发，完成故障辅助诊断系统和 CRM 系统录入信息自动补全功能的开发。

③ 故障辅助诊断系统要覆盖挖掘机、旋挖钻机，以及轮胎式装载机等装载机产品的常见故障，融合 CRM 平台数据，并与客户手机 App 等关联系统集成。

（3）实施过程

知识系统的构建需要合理建模，而建模的第一步便要掌握足够的数据并对数据进行良好处理。在数据处理部分，基于历史 CRM 数据，项目组在经过词汇整理、商讨、完善规则、标准培训、分批标注、质检核准与整理归档后，分别对挖掘机、旋挖钻机和装载机标注了 3 万条、1 万条和 0.7 万条故障数据，共获得了 4.7 万条标注故障数据，在现存的 110 万条故障数据中进行信息抽取后，覆盖了 4100 种故障类型。在建模工作上，项目组首先进行了命名实体识别，图 5-29 所示是命名实体识别技术的过程。命名实体识别指在文本中识别出特殊对象，这些对象的语义类别通常在识别前已被预定义好，预定义语义类别如设备故障件、故障描述、故障发生原因、处理方法等。

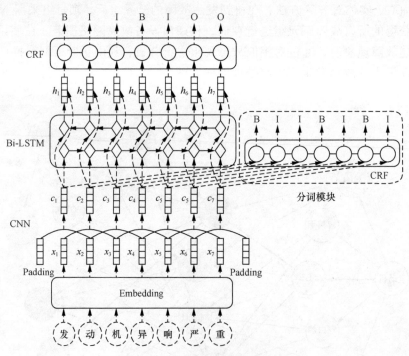

图 5-29　命名实体识别技术过程

本项目需要从 CRM 数据中，获得设备的故障件描述、故障现象描述、故障发生原因描述，以及处理方式和处理方法的描述。命名实体识别需要先将数据传入模型，对每个字进行 Embedding 编码，得到每个字的向量表示，然后将每个字的向量表示传入双向 LSTM（Bi-LSTM）中，通过计算上下文，得到每个字的标签输出表示，然后使用条件随机场（CRF）对输出进行解码，得到每个字的输出标签，最终对标签进行解码，获得 CRM 数据中所有的设备故障件描述、故障现象描述、故障发生原因描述和处理方法描述等实体。例如，当输入“客户反映破碎锤无力，破碎锤后缸体加不进去氮气”时，可以自动识别出故障件“破碎锤”“破碎锤后缸体”和故障现象“无力”“加不进去氮气”。图 5-30 所示是一个命名实体识别示例。

例句	客户反应破碎锤无力，破碎锤后缸体加不进去氮气	
故障件	破碎锤	破碎锤后缸体
故障现象	无力	加不进去氮气

图 5-30　命名实体识别示例

命名实体识别之后进行关系抽取，基于命名实体识别后得到的实体，对各种实体进行两两组合，然后采用深度学习方法，判断这两个实体间的给定的关系是否能够成立。在本项目中，即通过命名实体识别，获得 CRM 数据中所有的设备故障件描述、故障现象描述、故障发生原因描述和处理方法描述，然后对以上实体进行两两组合，判断两两实体之间的描述是否相关联。关系抽取的流程如下。首先将数据和获得的所有实体进行组合，对所有的字进行 Embedding 编码，得到字向量表示，然后构建与各个实体直接相关的相关性矩阵，并对相关性进行分类，最后得到满足条件的相关性组合中的两个实体，构建相对应的关系。例如，在前面提到的例句中，通过关系抽取，故障件“破碎锤”将对应故障现象“无力”，故障件“破碎锤后缸体”将对应故障现象“加不进去氮气”，构成两组关系。图 5-31 所示是一个关系抽取的示例。

例句	客户反应破碎锤无力，破碎锤后缸体加不进去氮气	
故障件	破碎锤	破碎锤后缸体
关系	↓	↓
故障现象	无力	加不进去氮气

图 5-31　关系抽取示例

关系抽取过后进行实体对齐，主要目的是判断两个或多个信息来源不同的实体，是否指向真实世界中的同一个对象。如果找到多个实体表征同一个对象，则需要在这些实体之间构建对齐关系，同时对实体包含的信息进行融合和聚集。在本项目中，对于同一个设备故障件等实体，每个用户的输入可能会有所不同，为了得到标准化的术语描述，需要使用实体对齐的方法对所有的术语描述进行标准化。具体为采用向量空间映射的方法，将每个实体的向量空间映射到标准高斯空间中，再在标准高斯空间中计算实体与标准实体之间的相似度，从而对实体进行归属。简而言之，为了标准化管理同一实体对象的多种不同表示，需要把自文本抽取中得到的实体链接到知识库中对应的正确实体对象上。例如，在前文的例句中，“无力”将被替换为“打击无力”，“加不进去氮气”将被替换为“加不进氮气”。图 5-32 所示是一个实体对齐示例。

例句	客户反应破碎锤无力，破碎锤后缸体加不进去氮气			
故障件	破碎锤	破碎锤	破碎锤后缸体	破碎锤后缸体
故障现象	无力	打击无力	加不进去氮气	加不进氮气

图 5-32　实体对齐示例

（4）交付成果

项目组在构建知识图谱的时候，考虑到了数据海量和数据质量参差不齐的数据现状。创新性地研发了一条小批量人工标注、大批量机器自动提取的技术路径，打破了传统数据和知识全部由人工整理的限制。通过组织 30 多个售后服务专家，沟通标注了 4.7 万条数据并互相进行了交叉检验，得到了准确度非常高的种子数据。然后利用种子数据提取的规则，在现存 110 万条故障数据中进行信息抽取和自学习，这种方式将效率提高了 10 倍，而且信息抽取准确率在 83% 以上。最终通过 6 个月的持续标注和迭代训练，构建的知识图谱包含近 7000 个节点、1.6 万个关系，覆盖 4100 种故障类型。

基于模型训练和算法研发的成果，项目组的软件工程团队搭建了一个基于知识图谱的故障辅助诊断系统（问答模式），该系统架构如图 5-33 所示。该系统可以凭借用户描述的设备故障现象，通过意图识别、行为判断等过程，返回故障发生原因和处理方法。

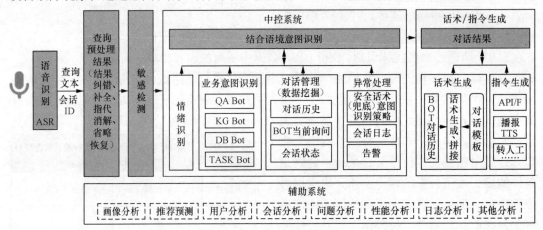

图 5-33　基于知识图谱的故障辅助诊断系统架构

该故障辅助诊断系统的建立，让售后服务部认识到了大数据和算法的巨大价值。通过构建这一套针对挖掘机故障的基于知识图谱的故障辅助诊断系统，历史积累的数据全部转化成了有效知识，并且 S 公司至此有了一套自动化程序机制，未来每一单的维修经验都会沉淀为公司的知识财富。此外，公司对服务工程师专业技能的要求也得以降低，即使是没有太多工作经验的工程师也能通过故障问答诊断快速找出故障发生原因，并根据提示进行故障维修，从而提升整体的售后服务质量。

为了提升服务工程师的办公效率，获得标准化的故障知识录取数据，项目组进一步拓展研发，实现了 CRM 录入信息自动补全功能。这个功能在将订单详情输入 CRM 的时候，可以根据已输入的故障现象、故障发生原因和处理结果 3 部分内容进行自动推荐，推荐选项是用户可能会继续输入的 5 条补齐信息，供用户自行点选。在 CRM 订单详情中，基于已输入的故障现象，系统会自动推荐 5 条可能的故障发生原因供用户选择，还会基于已输入的故障现象和故障发生原因，自动推荐 5 条可能的处理方法，供用户选择。

为了辅助用户及服务工程师对故障进行自主诊断，项目组还开发了名为"小蜜蜂"的 AI 助手，实现了在 S 公司的智能设备运维系统"易维讯"中通过聊天的方式进行故障诊断等相关功能。在"小蜜蜂"中，用户可以通过语音的方式或手动输入的方式描述故障现象，系统会自动识别语音，并返回可能的故障归属、故障发生原因和处理方案。

（5）项目收益

项目上线后的统计数据表明，该项目信息抽取及知识推理模型的准确率超过了 80%，其中故障现象抽取模型的准确率为 84.2%，故障发生原因抽取模型的准确率为 83%，故障处理方法抽取模型的准确率为 83%，关系一致性模型的准确率为 85%，故障件定位模型的准确率为 80%，实体对齐模型的准确率为 82.9%。基于故障现象推荐故障发生原因模型的准确率为 81.1%，响应速度为 0.6s。基于故障现象和故障发生原因联合推荐故障处理方法模型的准确率为 82.3%，响应速度为 0.9s。

基于知识图谱实现 CRM 故障信息录入的自动补全和故障辅助诊断系统，将整个售后服务体系的线上工作效率提高了 38%，平均每月有约 1.2 万个的服务订单从该系统的应用中受益，自动问答系统的好评率也在原系统的基础上提升了 10%。

5.6 运筹优化降低物流成本案例

（1）项目背景

K 公司是全球知名工程机械企业下属的核心制造基地，负责挖掘机的生产制造。公司采用代理制进行挖掘机销售，通过全国代理商将挖掘机销售到终端客户手中。各地的代理商会根据自身的销售情况和库存需求，滚动向工厂端发送挖掘机需求订单。工厂端确认同意交付代理商的订单之后，代理商便可以派卡车到物流园区提货了。

物流园区发货的主要流程如图 5-34 所示。挖掘机生产出来以后会被送到物流园区的场区存储，等待代理商委托的卡车司机过来提货。当提货的卡车司机到达物流园区后，如果发货月台空闲，便会被安排到月台停靠卡车并等待装车。物流园区有发运班组，其中一人负责按照卡车司机提供的提货单去场区找挖掘机，并把相应的挖掘机开到月台，由质检员进行质检，合格后再开到卡车上装车。

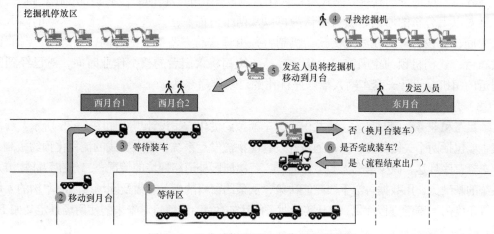

图 5-34　K 公司物流园区发货的主要流程

K 公司的物流园区面对的主要问题是挖掘机的整车发运效率一直比较低，而且长途货车司机的拉货体验非常差。在公司园区外，常年可见大量的货车停在周边的市政道路上等待进厂，有时可以绵延一两千米。到达 K 市的长途卡车司机，最糟糕的情况下需要在园区外等待两三天才能进厂拉货，期间生活起居均在市政道路旁边完成，除了司机本人不方便，也造成交通拥堵，并对公司形象产生负面影响。按照卡车运输行业的平均行情，一台车加上一位司机，即使在什么也不做的情况下，成本也达到 1750 元/天，所以司机在路边排队等待好几天，本身就是一种直接的社会成本浪费。

公司生产的挖掘机无法及时发运，对公司是一种资金占用，产生了存货积压的财务成本。此外，即使司机得到了入厂许可，园区内也经常因为放入车辆太多而发生拥堵。发运班组、公司物流门保安和长途货车司机之间，每天纠纷不断，公司高层和代理商也经常收到司机的投诉和抱怨。

（2）问题诊断

K公司邀请事业部的大数据团队进行问题诊断，并希望用信息化技术手段来显著提升物流园区的发运效率，改善司机体验。大数据团队的项目经理和算法专家首先进行了为期一周的现场蹲点观察，通过观察他们注意到，在销售旺季、挖掘机的产量和销售量都非常大，这时候K公司面临着主机流转效率低的物流压力，旺季的时候工厂端主库区的挖掘机堆积如山，需要将挖掘机库存尽快运走，才能腾出空间存放源源不断下线的新挖掘机。

而代理商派遣来的提货的卡车，每辆卡车通常不止运送一台挖掘机，如可以装1台中型挖掘机加上3台小型挖掘机。所以每台前来提货的卡车都需要发运班组去物流园区各个位置寻找挖掘机、质检、装车、捆扎，整个作业流程需要数小时。而司机到达工厂的时间是随机的，会无规律地出现忙闲不均的情况，而在旺季因为提货的卡车流量非常大，所以排队和拥堵的情况就极易发生。

项目组由此和业务部门梳理出物流园区运转不顺畅的几大原因。

① 目前缺乏管理司机的在线系统，司机来提货的时间分布是随机的，如果碰巧某个时间段司机扎堆出现，就会发生拥堵和长时间排队的情况。

② 目前安排司机入厂顺序是发运班组按个人经验决策，如果司机入厂的先后顺序不合理，就容易出现泊位的利用效率没有最大化，以及司机的等待时长没有最优化的情况。

针对以上分析的原因，项目组认为可以从两个方面着手改善，一是缩短司机的园区外排队时间，要设计一套在线发货预约机制，并由算法动态调整最优时间窗口规则，时间窗口发布后，让司机预约空闲窗口提货；二是缩短司机入园后的整个作业时间，对已经到园区附近的司机，设计一套车辆入场顺序优化的自动排序算法。

（3）方案设计

项目组和业务部门对目标达成共识后，车辆预约优化方案设计思路如图5-35所示。解决方案主要包括两个关键任务，一是通过开发智能物流发运系统，引入在线的流程化预约机制，引导车辆有序到达，减少卡车无效等待时长，解决园区外道路拥堵的情况；二是在智能物流发运系统的基础上，用数据科学手段赋能决策，从预约窗口的相关参数及现场排队时车辆的入场顺序等角度用运筹学进行优化，提升实际业务的运转效率。该项目对未来的使用场景定义如下。

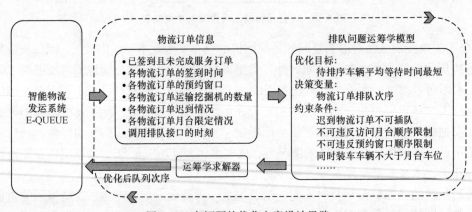

图 5-35　车辆预约优化方案设计思路

① 开发智能物流发运系统E-QUEUE，通过该系统开放时间窗口，将未来发运班组工作时间分割成若干段，每个时间段限定预约的货车数量，让代理商的司机在线预约，先到先得。

② 司机在决定提货前，先在手机智能物流发运系统里查询可用的时间窗口，然后在线抢占一个最适合自己的空闲时间窗口。

③ 考虑到长途司机在途中有各种变数，可能会早到或者晚到，所以司机可以在途中调整自己的预约计划，只要还没签到，就可以修改时间窗口，而原来占用的时间窗口会被释放出来给其他司机使用。

④ 司机到达园区附近后可用 GPS 定位打卡签到，签到时间和预约时间前后误差在半小时内都视为准时到达，算法会自动对签到的车辆进行入厂顺序的排序计算，如果司机是准时到达，算法会优先安排其入厂，如果早到或晚到则优先级会降低。

⑤ 算法会综合考虑车辆大小、托运挖掘机类型、泊位空闲情况，自动寻优和排定签到司机的入厂顺序，并通过户外电子大屏和手机端小程序推送，提醒司机当前的排队序号和准备入厂时间。

在以上业务场景设计的背后，有两个核心的运筹学算法支撑，一个是用排队论解决预约时间窗口的动态优化问题，另一个是用排队论解决车辆入厂顺序优化问题。

时间窗口的动态优化问题，是用排队论中的性能评估方法，去评价预约时间窗口的不同大小、各个时间窗口可预约的不同卡车数量的各种组合方案，并对每种组合带来的效果进行评估，根据评估指标，选择最优的时间窗口大小和卡车数量组合，然后滚动释放未来两周的时间窗口。而车辆入厂顺序优化问题，则是基于已经设置好的预约时间窗口和预约卡车数量，找到最优的卡车排序方案，使物流发运效率最大化。

算法优化的目标是让有提货任务的司机在最短时间内把挖掘机拖走。这个目标可以被分解为两部分，一是让司机预约的等待时间尽可能短，二是让司机到达园区后的等待时间尽可能短。司机预约的等待时间是自代理商下单成功以后，到提货的司机可以抢到时间窗口为止的这一段时间。缩短预约等待时间可以使自代理商下单后到发车提货的等待时间尽量短，这是代理商更关注的时间段。司机到达物流园区后的等待时间，是从司机到达物流园区附近并签到开始，到卡车装车结束离开物流园区的时间段，这是司机更关心的时间段。

只要合理地优化和缩短这两个时间段，不仅代理商会满意，卡车司机也会满意，而且工厂园区外排队卡车数量会大大减少，有利于减轻市政道路的压力，提高 K 公司的企业形象。

（4）实施过程

项目组首先收集了园区的销售数据和发货数据，包括订货时间、发货时间、每个订单的挖掘机型号及数量，利用这些数据研究往年全国代理商和司机的预约规律。项目组又仔细分析了过往的发运作业数据，包括发货人员寻找每个挖掘机的时间、质检时间、装车时间等。除了这些作业数据，项目组还收集了卡车签到、进大门、出大门时间节点数据，这样就可以估算卡车在园区内的停留时间与提货数量间的关系。

以上数据分析的结果都是构建运筹学优化模型重要的参考信息，同时这些数据作为参考基准，也是实施优化方案后，评价方案效果的重要依据。

智能物流发运系统实施后的工作流程如图 5-36 所示。智能物流发运系统的主体工作是软件工程研发，在技术上没有难度，本案例不详述。智能物流发运系统的作用是设定预约机制并将其在线化，有效改善了车辆无效等待、扎堆到达的现状。同时，为提升发运效率，系统也优化了很多工作流程，如内部流程线上化、通过车载 GPS 卫星精准定位目标挖掘机，从而加快找车速度，压缩装车时间。

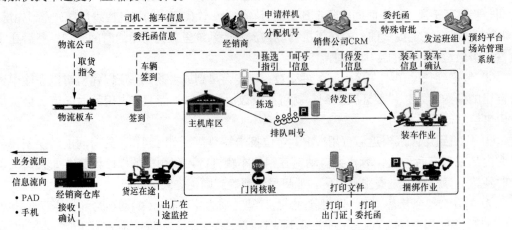

图 5-36　智能物流发运系统实施后的工作流程

优化模型以订单的平均完成时间和卡车的平均等待时间两项指标构建成本函数，以最小化预约周期内的平均等待成本为目标，研究预约时间窗大小与时间窗内可预约装车挖掘机总数量对目标函数的影响，建立物流发运预约优化模型。

运筹优化模型可通过评判订单加权时间履行率、卡车司机等待时长等指标对预约系统的实际预约效果进行评估。通过统计规划时间点前一段时间的卡车到达规律及挖掘机订单预测，实现对规划周期内预约时间窗数量和时间窗内可装车挖掘机总数量的优化。

预约优化模型的优化目标，是通过调整预约参数，最小化预约等待时间和现场排队等待时间的加权和，如式（5.1）所示。

$$\min_{N;x\in Z_+^N}\left[V(x)=cR(x)+wW(x)\right] \tag{5.1}$$

其中，x 为预约窗口相关参数组合（决策变量）；$R(x)$ 为预约等待时间（司机开始预约到预约成功的等待时间）；$W(x)$ 为司机现场排队等待时间（司机到达现场完成签到，至系统叫号进入厂区的时间）；c 为预约等待时间的单位时间成本；w 为司机现场等待时间的单位时间成本。

项目组算法团队首先研发了预约时间窗口优化模型，该运筹学模型整体采用遗传算法框架。遗传算法框架的基本思想是最初随机生成预约参数组合，每一个预约参数组合，都被视为种群中的一个个体，对应一个平均的订单完成时间（即该个体的适应度）。由于本场景下的个体适应度难以用公式进行计算，可通过仿真过程对个体适应度进行计算。通过遗传算法不断筛选适应度较高的个体，多轮迭代后得到优化后的预约参数组合。图 5-37 为预约时间窗口优化模型的整体框架。

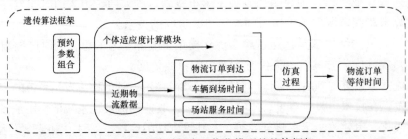

图 5-37　预约时间窗口优化模型的整体框架

搭建预约时间窗口优化模型的时候，决策变量要考虑以下 3 个要素。

① 预约时间窗口时长，μ

所要优化的每个时间窗口长度，$\mu \in M$，M 为时间窗口时长可选择的时间长度。

② 每个时间窗口进行预约的挖掘机数量

设定决策的预约时间窗口具有相同的挖掘机数量，对该参数进行优化。根据在时间窗口内可以装车的挖掘机总量来控制有预约需求的卡车数量，如果新到达的预约需求未超过当前时间窗口内未预订出去的挖掘机数量，则当前时间窗口可预约。

③ 预约时间窗口总数，N

决策变量，其与规划周期、规划周期内预约时间窗口时长的关系如式（5.2）所示。

$$N = \frac{T}{\mu} = \frac{n_{days} T_{day}}{\mu} \tag{5.2}$$

其中，n_{days} 为规划周期天数，T_{days} 为总单位时间数。

搭建预约时间窗口优化模型的同时要考虑以下 2 个关键时间的生成方法。

① 订单的平均完成时间 $R(x)$。可通过仿真手段对订单的平均完成时间进行估计，仿真的基本思路如下。

a. 对订单生成进行模拟，订单的到达时间间隔（以 $\frac{1}{\lambda}$ 为均值的泊松分布）；

b. 模拟提货时间窗预约机制，卡车以"最早可服务时间"为原则进行预约，即卡车预约最早的有空闲发运足够数量挖掘机数量的时间窗口；

c. 模拟卡车在厂区内的服务时长，包括过入厂闸机停靠月台-寻找挖掘机-质检拍照-挖掘机装车-驶出月台至出厂闸机。服务时长 t_{load} 受到该卡车对应订单中包含的挖掘机数量 o 影响。

订单的完成时间=订单对应卡车驶离出厂闸机的时间-订单生成时间。

② 卡车司机的期望等待时间 $W(x)$。通过仿真对卡车司机的期望等待时间进行估计，其基本思路如下。

a. 模拟卡车实际到达过程，到达时间服从以时间窗口 n 的开始时间 t_{start}^n 为均值，以 σ_{truck} 为标准差的正态分布。

b. 模拟卡车在厂区内的服务时长。注意，该步骤与订单的平均完成时间 $R(x)$ 的计算步骤 c 重合。

如果卡车到达时所分配的泊位被占用，则卡车司机的等待时间=卡车对应泊位前序作业完成时间-卡车通过入厂闸机时间，否则卡车等待时间为 0。

预约时间窗口模型研发完成后，项目组的算法团队又开始对现场排队模型进行研发。现场排队模型的优化目标是最小化卡车的总等待时间，基于此目标对在决策时间点完成签到的卡车进行排序。该模型可决策每辆卡车在需要作业的月台进行作业的顺序，以及卡车访问月台的次序。该模块从智能物流发运系统中获取物流订单相关信息，以车辆平均等待时间最短为优化目标构造运筹学模型，最后将求解器优化后的排队次序返回给智能物流发运系统，进行车辆进厂顺序的调度。图 5-38 所示为现场排队模型的系统框架。

为防止运筹学模型仅考虑发运效率最高可能导致的不公平问题，项目组引入了预排队环节，按照业务制定的相关规则，对迟到卡车进行惩罚，并兼顾已签到卡车的等待时长，对已签到卡车进行筛选，并将筛选后的车辆送至运筹学模型进行规划。现场排队模型的约束条件要考虑基础约束和中间变量约束。

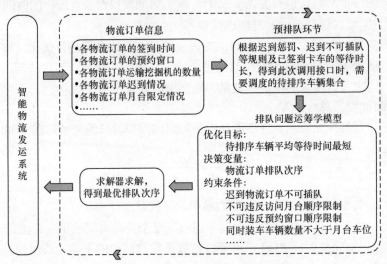

图 5-38　现场排队模型的系统框架

基础约束包括对以下业务因素的考虑和公式化的表达。

保证每个月台的每个排序位置只能有一辆卡车，如式（5.3）所示。

$$\sum_{i=1}^{N} x_{isj} = 1, \ \forall s, \ j \tag{5.3}$$

保证每个月台进行作业的卡车只能有一个作业次序，如式（5.4）所示。

$$\sum_{j=1}^{N} x_{isj} = 1, \ \forall i, \ s \tag{5.4}$$

保证每台卡车访问各个月台只有一个次序，如式（5.5）所示。

$$\sum_{n=1}^{S} y_{isn} = 1, \ \forall i, \ s \tag{5.5}$$

保证每台卡车访问月台的每一个次序只安排一个月台，如式（5.6）所示。

$$\sum_{s=1}^{S} y_{isn} = 1, \ \forall i, \ n \tag{5.6}$$

保证可以访问月台的卡车按其要求安排访问顺序，如式（5.7）所示。

$$y_{isn} = 1, \ if \ i \in 0, \ q_{is} = n \tag{5.7}$$

保证决策变量取值范围约束，如式（5.8）所示。

$$\begin{cases} x_{isj} = 0 \text{ 或 } 1 \\ y_{isn} = 0 \text{ 或 } 1 \end{cases} \tag{5.8}$$

其中，x_{isj} 表示第 i 辆卡车在月台 s 排在第 j 位进行作业；y_{isn} 表示第 i 辆卡车访问月台 s 的次序（若该卡车存在月台访问次序限制）。

中间变量约束包括对以下业务因素的考虑和公式化的表达。

保证在月台 s 排在第 1 位的卡车完成作业时间大于等于其作业时间；在月台 s 排在第 j 位的卡车的完成作业时间大于等于排在第 1 位的卡车的完成作业时间与该卡车作业时间之和，如式（5.9）所示。

$$\begin{cases} d_{1s} \geqslant \sum_{i=1}^{N} x_{is1} t_{is}, \quad \forall s \\ d_{js} \geqslant d_{j-1,s} \sum_{i=1}^{N} x_{isj} t_{is}, \quad \forall s, \ j \geqslant 2 \end{cases} \qquad (5.9)$$

其中，d_{js} 为排在第 j 位的卡车在月台 s 的完成作业时间。

保证当在月台 s 的第 j 位上有卡车进行作业（$\sum_{i=1}^{N} x_{isj} t_{is} > 0$，即作业时间大于 0）时，$e_{js} = 1$。此时如式（5.10）所示。

$$e_{js} \geqslant \frac{\sum_{i=1}^{N} x_{isj} t_{is}}{M}, \quad \forall s, \ n \qquad (5.10)$$

其中，e_{js} 为作业时间指示变量（0 或 1）；M 为一个足够大的值，需保证大于卡车的最大作业时间。

保证在月台 s 排在第一位的卡车的等待时间为 0；在月台 s 排在第 j 位的卡车的等待时间为该卡车的作业完成时间减去作业时间，即实际作业开始时间（假设所有卡车从时刻 0 开始等待）；如果在月台 s 排在第 j 位的卡车在当前月台没有挖掘机需要装载，那么该卡车在当前月台不存在等待时间，如式（5.11）所示。

$$\begin{cases} W_{1s} = 0 \\ W_{js} = d_{js} - \sum_{i=1}^{N} x_{isj} t_{is}, \ e_{js} = 1 \\ W_{js} = 0, \ e_{js} = 0 \end{cases} \qquad (5.11)$$

保证卡车对同一个月台没有访问的先后顺序，如式（5.12）所示。

$$h_{iss} = 0, \quad \forall s, n \qquad (5.12)$$

其中，h_{iss} 为卡车访问月台次序的指示变量 $0 < h_{iss} < 1$。

保证当第 i 辆卡车先访问月台 s' 后访问月台 i 时，$\frac{\sum_{n=1}^{S} n \times (y_{isn} - y_{is'n})}{S}$ 项的值大于 0 且小于 1，此时指示变量 $h_{iss'}$ 只能取 1，如式（5.13）所示。

$$h_{iss'} \geq \frac{\sum_{n=1}^{s} n \times (y_{isn} - y_{is'n})}{S}, \ \forall s, s', n \tag{5.13}$$

如果第 i 辆卡车在月台 s 排在第 j 位进行作业，该卡车在月台 s 的作业开始时间等于作业完成时间减去作业时间；如果第 i 辆卡车先访问月台 s' 后访问月台 s，该卡车在月台 s 的作业开始时间必须晚于在月台 s' 的作业开始时间加上作业时间，如式（5.14）所示。

$$a_{is} = d_{js} - t_{is}, \ x_{isj} = 1$$

$$a_{is} \geq a_{ts'} + t_{is}, \ if \ h_{iss'} = 1, \forall s, \ s' \in S/\{s\} \tag{5.14}$$

其中，a_{is} 为第 i 辆卡车在月台 s 的作业开始时间。

（5）应用效果

项目组的算法团队成功研发了预约时间窗口优化模型和现场排队模型后，将两个模型部署到了智能物流发运系统上。运筹学算法的寻优计算需要依赖求解器，第一年 K 公司采用了国外的商业求解器，大数据所的算法专家同步自主研发了基于开源算法包的求解器，并在第二年用开源求解器完全替换了国外的商业求解器，事实证明自主研发的开源求解器可以达到和国外的商业求解器完全相同的优化效果，并在计算时间上具有优势。预约时间窗口优化模型在 30 分钟内就能找到理想的寻优解，现场排队模型在 5 分钟内即可完成新优化队列的刷新计算。整体优化框架和求解器迭代收敛过程如图 5-39 所示。

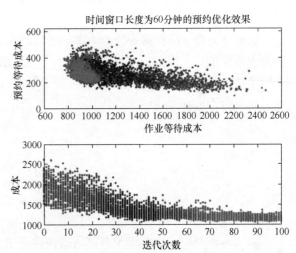

图 5-39　整体优化框架和求解器迭代收敛过程

系统上线并稳定运行数月后，根据在 CRM 系统和门岗出入电子系统中查询的统计数据显示，物流订单完成时间和在园时长均出现了大幅度的缩短。系统上线后，物流订单完成时间从 38 小时缩短到了 20 小时，下降了 47.4%，卡车司机在园区外的平均排队时间从 23 小时缩短到了 5 小时。卡车入园后停留总时长（在园时长）从 1.48 小时缩短到了 0.88 小时，下降了 40.5%，如图 5-40 所示。智能物流发运系统将 K 公司整个物流发运体系的运转效率提升了近 90%。

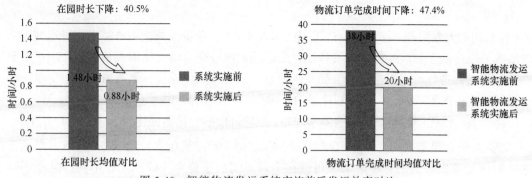

图 5-40　智能物流发运系统实施前后发运效率对比

因为智能物流发运系统将卡车司机在园区外的平均排队时间缩短了 18 小时,而一台卡车加上一位司机无论是否在途,成本都要 1750 元/天,按照每年旺季 K 公司的工厂要发运 9000 车次的挖掘机,该系统实施后每年预计可节约运输成本 1200 万元。

同时因为园区内发运工作效率的提升,K 公司的成品库存明显减少,存货周转率显著提升,经财务计算,这方面可以为公司带来每年 500 万元的间接财务收益。

随着智能物流发运系统在 K 公司的应用逐渐成熟,来自多部门的业务用户也给予了反馈和称赞。例如营销公司表示该系统大大缩短了提货周期,节约了物流成本,受到了代理商的广泛好评。发运班组表示该系统有效减少了高峰期卡车司机在园区外排长队现象的出现,而且可以帮助发运班组实时在线掌握卡车司机的在途和排队情况,信息一目了然。保安部门表示应用该系统后门岗的工作流程全部在线化,系统无缝衔接前后工序,卡车司机入场快速有序。

5.7　运筹优化提升生产效率案例

（1）问题背景

W 公司投资数十亿建立了一个全新的智能化微型挖掘机工厂,并投入几千万购买了一套国外知名厂商的制造管理软件,该国外软件的自动排产模块实际是按照固定规则排序的。固定规则排产在面临多品种混线生产时,且在产品组合和数量多变的每日不同场景中,无法根据生产计划灵活地决策出最合理的产品上线排序方案,而且有的时候软件输出的产品排序结果明显非常不合理,导致生产班组拒绝执行。所以该工厂的装配线在投产一年后,仍然依靠生产班组组长的传统经验在手动安排产品上线序列。

该生产线有 10 种产品型号,每天两三百台的产品生产数量,这样每天潜在的产品排序组合就达到了 10 万的数量级,远远超出人脑的计算能力,所以人工制定的产品排序方案不能确定是否为最理想的决策。实际工人则每天需要工作 15 小时以上才能完成当天的生产任务。

同时因为产品的上线序列不是由机器自动决策的,所以导致该工厂原信息化方案中设计的定序拉动、自动投料、自动报工等自动化系统流程也无法实现。工厂管理人员非常渴望尽早解决这些系统流程阻断问题,他们自己评价:"这是一个'四肢发达,头脑简单'的智慧工厂。"

（2）问题诊断

W公司的大数据产品经理和算法工程师深入研究后，分析系统流程与信息化进程被阻断的根本原因是缺乏有效的机器决策算法对生产线定序进行自动优化与决策。因此项目组明确破局的关键是针对微型挖掘机组装线研发定制化运筹优化算法，搭建自动决策引擎，输出最优的主机加工队列，实现计划决策的科学性，从而提升产线整体的生产效率。

生产线的排程问题是典型的运筹学问题，一般可以形式化地描述为 n 个产品（ $j_1, j_2, \cdots, j_n$ ）要在 m 台机器（ $M_1, M_2, \cdots, M_n$ ）上加工；每个产品均包含一道或多道工序；各道工序的顺序是预先确定的；每道工序可以在多台不同的机器上完成加工；不同产品在不同工序、不同机器上的加工时间有区别；要解决的问题是在满足当日生产计划的前提下，指定不同型号产品的混合上线顺序及机器任务分配；优化目标一般是生产线的效率最大或投入资源最少。

在运筹学领域中，生产排程问题有经典的建模与求解方法，运筹建模有两个核心任务，即建立一个正确的模型和找到有效的求解算法。好模型的标准是能简洁并且有效地映射现实问题，好的求解算法的重点在于求解效率高，尽可能在较短的时间内给出有效解。针对生产排程的运筹学问题，目前主流的求解算法有遗传算法、变邻域搜索算法、混合人工蜂群算法等。运筹学解决生产排程问题的方法框架如图5-41所示。

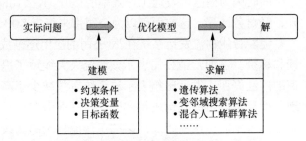

图 5-41　运筹学解决生产排程问题的方法框架

生产排程问题建模要考虑3个要素，即约束条件、决策变量、目标函数。

在本案例的情境中，决策变量定义为每道工序在选定机器上的开始加工时间。目标函数设定为使生产效率最高，也就是使所有产品完工时间最短。约束条件是对生产线各种真实环境的函数化映射，约束条件要按"一事一议"的原则开展调研，因为它会随着业务场景的不同而变化。只有算法人员深入一线，进行扎实的观察和研讨，切实吃透业务背后的逻辑，才能确保建立的模型充分考虑到了所有约束条件，并且能得到可落地执行的优化结果。

产品经理和算法工程师驻扎在生产车间认真调研两周后，在生产现场班组组长和工艺工程师的协助下，整理出来了一系列的约束条件，调研成果要输出形式化描述，少量示例如下。

① 同一台机器在某一时刻只能加工一个产品。

② 同一产品的同一道工序在同一时刻只能被一台机器加工。

③ 产品的数量、批次、工艺路线、节拍时间、优先级。

④ 机器的加工能力（单工序机、多工序机）。

⑤ 产品加工过程所需物料的种类、数量、到货情况。

⑥ 不同产品的模具类型、换模时间。

⑦ 产线缓存区容量、进出规则。

（3）方案设计

经过和业务部门深度讨论未来可能出现的应用场景，项目组最终定义了解决方案设计蓝图，并确定核心技术为排序运筹优化算法，由 W 公司的大数据所自主研发，在核心技术的基础上还要进行软件工程开发，方案应实现如下主要功能场景。

① 根据每天的生产订单及 WMS（仓库管理系统）关键物料的库存自动校验，查看物料齐套情况，形成可排产订单池。

② 将可排产订单每日定期提交给运筹算法自动寻优，输出最优主机加工队列，并将队列通过接口的方式推送给 MOM（制造运营管理）系统。

③ 监控生产过程的扰动因素，包括突发缺件、缺件到货、紧急插单、订单取消等，当有扰动发生，输入数据接口会触发运筹算法重新运算，生产新的最优队列。

项目组在进行方案架构设计的时候，考虑到目前该公司统一采用 MOM 系统，已经实现了生产订单的下发、指导物料拣配、推送队列信息给中控系统、指导主机上线、报工等功能，因此决定自主研发的算法应当依托该公司现有的生产指挥信息系统框架，对优化结果和 MOM 系统进行自动化的数据对接，并接收回传的报工信息，以实时评估生产进展，并根据扰动更新生产排程方案。算法和系统衔接的架构设计如图 5-42 所示。

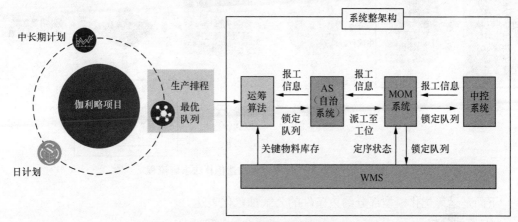

图 5-42　算法和系统衔接的架构设计

（4）实施过程

混合生产排程问题是一种典型的 NP-hard 问题（NP 困难问题），这类问题的特点就是解空间巨大，一般包含 $(n!)^m$ 种排列，将所有可能性都探索一遍的计算复杂度远远超出了当前计算机的计算能力。所以一般情况下，这类问题不承诺算法能找到所有可能性当中的最优解，而是把求解目标定义为找到"满意解"，如在有限的时间内，找到与人工计算结果和基于传统固定规则的计算结果相比，明显更优秀的排序方案。

项目组的算法人员很清楚，目前不存在一种对任何问题都有效的算法，每种算法都有各自的适用域。因此建立完模型之后，为了提升求解的质量和效率，项目组需要对不同的算法进行尝试和筛选。多种优化算法的有机结合，也是拓展算法适用域、提高算法性能的有效手段。在项目实践中，算法团队用 2 个月的时间进行了各种算法和算法组合方案的探索。

下面以遗传算法为例介绍算法求解的详细步骤。

① 根据产线基础数据和实际生产需要的限制条件，抽象建模的关键要素包括生产订单列表、产品对应工序字典、工序关联关系、设备加工能力、工序加工时间矩阵等。

② 按经验设置进化的初始参数，包括种群数量、迭代次数、交叉概率、变异概率等。

③ 利用人工经验与随机生成的方式结合，产生质量较好的初始种群。

④ 保证物料具备加工条件且在机器没有被占用的原则下，对种群的染色体进行解码，评价种群中每个染色体个体的适应度（目标值），如果达到迭代次数，则输出最优解或近似最优解，并结束整体运行，否则继续向下执行步骤⑤。

⑤ 执行锦标赛选择操作，选出下一代种群。

⑥ 对种群中满足交叉、变异概率的染色体个体按照交叉、变异策略进行操作，得到新一代种群并更新至原始种群中。

⑦ 返回步骤④，达到迭代次数输出优化结果。

用于生产排程优化的遗传算法求解流程见图5-43。

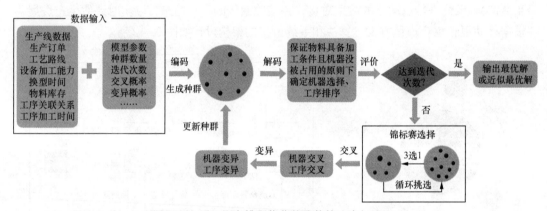

图 5-43　用于生产排程优化的遗传算法求解流程

下面是运筹优化模型部分约束条件的公式抽象化表达。

n：产品总数；

m：产品总数；

Ω：机器总数；

i, e：机器序号，$i, e = 1, 2, 3, \cdots, m$；

j, k：产品序号，$j, k = 1, 2, 3, \cdots, n$；

h_j：第 j 个产品的工序总数；

1：工序序号，$1 = 1, 2, 3, \cdots, h_i$；

Ω_{jh}：第 j 个产品的第 h 道工序的可选加工机器集；

m_{jh}：第 j 个产品的第 h 道工序的可选加工机器集；

P_{ijh}：第 j 个产品的第 h 道工序在机器 i 上的加工时间；

S_{jh}：第 j 个产品的第 h 道工序加工开始时间；

c_{jh}：第 j 个产品的第 h 道工序加工完成时间；

L：一个足够大的正数；

d_j：第 j 个产品的交货期；

c_j：第 j 个产品的完成时间；

C_{max}：最大完工时间；

$\boldsymbol{T_o}$： $\boldsymbol{T_o} = \sum\limits_{j=1}^{n} h_j$，所有产品工序总数；

$$x_{ijh} = \begin{cases} 1, & \text{如果工序} O_{jh} \text{选择机器} i \\ 0, & \text{否则} \end{cases}$$

$$y_{ijhkl} = \begin{cases} 1, & \text{如果} O_{ijh} \text{先于} O_{ikl} \text{加工} \\ 0, & \text{否则} \end{cases}$$

如果 $\Omega_{jh} = \Omega, \forall j \in [1, n], \ \forall h \in [1, \ h_j]$，则是 T–FJSP

如果 $\Omega_{jh} \subset \Omega, \exists j \in [1, n], \exists h \in [1, h_j]$，则是 P–FJSP

一般生产排程问题会受到一系列典型的条件约束，用公式表达如下。对下面 9 个公式进行如下说明，式（5.15）和式（5.16）表示每一个产品的工序先后顺序约束；式（5.17）表示产品的完工时间的约束，即每一个产品的完工时间不可能超过总的完工时间；式（5.18）、式（5.19）和式（5.20）表示同一时刻同一工序只能且仅能在一台机器上完成加工；式（5.21）和式（5.22）表示每一台机器均存在循环操作，即存在同一个产品的多道工序可以在同一台机器上进行加工；式（5.23）表示各个参数变量必须是正数。

$$s_{jh} + x_{ijh} \times p_{ijh} \leqslant c_{jh} \tag{5.15}$$

式中： $i = 1, 2, 3, \cdots, m; j = 1, 2, 3, \cdots, n; h = 1, 2, 3, \cdots, h_j$

$$c_{jh} \leqslant s_{j(h+1)} \tag{5.16}$$

式中： $j = 1, 2, 3, \cdots, n; h = 1, 2, 3, \cdots, h_j - 1$

$$c_{jh_j} \leqslant c_{\max} \tag{5.17}$$

式中： $j = 1, 2, 3, \cdots, n$

$$s_{jh} + p_{ijh} \leqslant s_{kl} + L(1 - y_{ijhkl}) \tag{5.18}$$

式中： $j = 0, 1, 2, 3, \cdots, n; k = 1, 2, 3, \cdots, n; h = 1, 2, 3, \cdots, h_j; l = 1, 2, 3, \cdots, h_k; i = 1, 2, 3, \cdots, m$

$$c_{jh} \leqslant s_{j(h+1)} + L(1 - y_{iklj(h+1)}) \tag{5.19}$$

式中： $j = 1, 2, 3, \cdots, n; k = 0, 1, 2, 3, \cdots, n; h = 1, 2, 3, \cdots, h_j - 1; l = 1, 2, 3, \cdots, h_k; i = 1, 2, 3, \cdots, m$

$$\sum\nolimits_{i=1}^{m_{jh}} x_{ijh} = 1 \tag{5.20}$$

式中：$h = 1, 2, 3, \cdots, h_j; j = 1, 2, 3, \cdots, n$

$$\sum_{j=1}^{n} \sum_{h=1}^{h_j} y_{ijhkl} = x_{ikl} \qquad (5.21)$$

式中：$i = 1, 2, 3, \cdots, m; k = 1, 2, 3, \cdots, n; l = 1, 2, 3, \cdots, h_k$

$$\sum_{k=1}^{n} \sum_{l=1}^{h_k} y_{ijhkl} = x_{ijh} \qquad (5.22)$$

式中：$i = 1, 2, 3, \cdots, m; j = 1, 2, 3, \cdots, n; l = 1, 2, 3, \cdots, h_k$

$$s_{jh} \geqslant 0, c_{jh} \geqslant 0 \qquad (5.23)$$

式中：$j = 0, 1, 2, \cdots, n; h = 1, 2, 3, \cdots, h_j$

在运筹算法研发的基础上，项目组还开发了一个可视化的模拟器，可以对每一版生产排程的结果进行实际生产全程模拟，从而使业务部门能提前观察到，生产当天各个工位的生产队列按照生产排程方案在时间轴上的工作模拟情况，以评估序列的合理性。可视化模拟器输出的效果如图 5-44 所示，其中不同颜色的进度条代表了不同的产品类型。

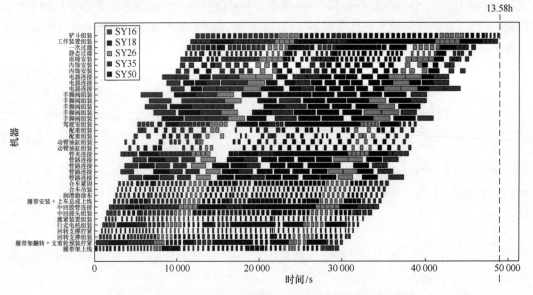

图 5-44　用于展示生产排程结果的可视化模拟器输出的效果

（5）应用效果

项目组用 2 个月的时间完成了算法开发，之后用 1 个月的时间完成了与 MOM 系统的联调并成功上线，通过项目组自主研发的模拟器，用户可以快速地计算和输出每一版生产排程方案对生产的影响，并绘制出曲线观察算法随着运算时间变长能达到的最佳效果。不同算法进化寻优效果的收敛曲线如图 5-45 所示，图中的横坐标是算法持续进化寻优的时间，也可以理解为计算机的运算时长，纵坐标是算法到目前找到的最佳生产排程结果，即工人在多少小时内可完成当日的工作。

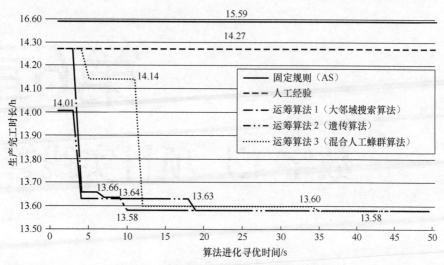

图 5-45　不同算法进行寻优效果的收敛曲线

图 5-45 展示的是某一天的实例,从图中首先可以看到最上面两条静态的横线,这是国外软件厂商的固定规则生产排程和人工经验生产排程随着时间变化给出的最优生产排程结果。这两条线是没有变化的横线,因为这两种方法基于没有进化能力的静态规则,不管计算机运行多久得到的最好结果都是一个固定值。观察这两条横线也能解释为什么生产班组会拒绝国外软件的生产排程方案,因为国外软件的固定规则比人的经验规则表现差,会导致工人花更长时间才能完成当天生产任务。

而图 5-45 下面 3 条曲线是 3 种运筹优化算法在同一天生产排程任务中的表现情况,可以看到随着运算的进行,算法会不断迭代,可以找到更好的生产排程方案来提高生产效率。2 号遗传算法一开始的表现很抢眼,比其他算法更快找到了较好的结果,但 1 号大领域搜索算法后来居上,并最早找到了(可能的)最佳结果。根据传统的固定规则决策,生产时间需要 15.59 小时,根据人工经验规则需要 14.27 小时,而运筹优化算法通过寻优将当天生产时间缩短到了 13.58 小时。也就是说在工作任务不变的情况下,利用算法进行生产排程比国外软件排产模块提升了 14.8% 的生产效率,比人工经验生产排程提升了 5.1% 的生产效率。图 5-45 虽然只是一天的示例,实际项目组大量的样本测试表明,不管模拟哪一天的生产情况,5 条曲线的相对情况都和图中一致。

在项目初期,得到比较理想的结果需要 30 多分钟的运算。接着项目组的算法团队用 2 个月的时间,通过不断对新的算法进行探索和对模型的迭代改进,最终使算法寻优速度有了大幅提升。如图 5-45 所示的 3 种算法用了大约 35 秒的时间,这种计算效率当前在业内可以算非常出色的成绩,将寻优时间缩短到一分钟内,意味着算法可以在生产面临扰动的情况下,随时开始重调度计算,这样运筹优化模型就具备了对抗扰动的能力。

最终项目组决定选择遗传算法,软件工程团队很快将该算法模型工程化地部署到了排产服务器上,而且实现了和生产管理系统的对接。系统实施后该公司的生产部、工艺部和财务部进行了 2 个月的持续观察比对,并和算法应用前的人均产出水平进行了比较,最终各部门确认优化算法实现了该生产线效率 5% 以上的提升,每个月的产能提升了 100 多台,年化净收益超过 2000 万元。

第6章

数字工厂项目实践管理

本章主要介绍数字工厂项目的主要实施内容、实施过程和注意事项，可供读者在数字工厂项目策划阶段参考使用。由于工厂的建设内容和项目的软硬件应用环境存在差异，并且没有一个适用于所有项目的最优方法，故在数字工厂的实际建设中，每个项目团队必须根据项目的实际需求，有针对性地制定项目实施规划。

6.1 数字工厂项目实施规划

6.1.1 项目目标

数字工厂的建设目标，主要是基于智能工艺流程图和三维可视化技术，构建数字档案信息资源管理平台，整合工厂设备资料、生产信息和工艺数据，打破"信息孤岛"，切实解决企业当前运维知识散落凌乱的现实问题。同时将 EPC 竣工交付的工程信息模型静态数据和实时采集的工厂动态数据有机结合，对物理工厂进行数字镜像，形成数字工厂。进而对企业技术改造和档案资料管理流程进行梳理，构建数字化工作流程，建立完整的数字工厂管理体系，推动企业健康可持续发展，实现卓越运营。

利用智能工艺流程图和三维可视化技术建立三维数字工厂，结合企业实际运营生产的业务需求，可与第三方生产管理系统实现无缝连接，如集成设备信息管理系统、实时数据库系统、SAP、HSE 和视频监控系统等系统，使生产运营数字化、可视化，实现虚拟工厂和现实工厂的动态联动。将工业化和信息化深度融合，提高企业信息化管理水平，打造属于企业的智能制造协同平台。

6.1.2 实施内容

围绕数字工厂项目的建设目标，可分步实施构建数字工厂体系，主要实施内容包括以下几点。
① 对数字工厂的架构进行总体规划，设计符合企业自身发展特点、信息化发展趋势和

企业要求的数字化体系和建设方案。

② 依托市场成熟的数字工厂基础平台产品，选择并搭建企业的数字工厂基础平台、移动 App 和配套的工具软件或模块。

③ 针对新建工厂，工厂建设承包方按照区分智能数据（结构化信息）和非智能数据（非结构化信息）的方式对信息进行处理，移交工程信息模型，包括智能工艺流程图和三维模型及其他工程成果。

④ 针对在役工厂的数据重构，主要内容包括以下两点。

a. 对工厂的基础数据进行有效收集和结构化梳理，对非结构化文档（历史图纸档案的数据）进行整理。

b. 采用业界技术水平行业领先和成熟的智能工艺流程图工具，对工艺流程图纸进行智能化转换，对设备设施进行激光扫描和逆向建模。

⑤ 数据加载和集成，将智能工艺流程图和三维工厂模型及收集整理好的各种文档资料，加载到数字工厂基础平台上，如 SmartPlant Foundation。在数字工厂基础平台中，将智能工艺流程图和三维工厂模型集成在一起，并通过位号将工程文档关联起来，验证和完善数据标准和数据结构，形成数字工厂的静态数据模型。

⑥ 对接数字工厂基础平台和其他应用系统，在业务应用层面将数字工厂的静态数据模型与其他运维监控和管理系统数据（动态数据）进行深入的系统集成。

⑦ 逐步形成和完善企业的数字工厂数据标准体系，形成与物理工厂数字孪生的数字工厂。

6.1.3　协作过程

数字工厂项目团队应该制定适合自身特点的任务协作策略。任务协作策略包括沟通方法、协作过程文档的传递和记录存储管理办法。具体的协作任务如下。

① 确定协作任务的工作内容。如数据重构，包括传统 P&ID 智能化、利用三维激光扫描技术、历史资料整理等。

② 将工作内容合理分解和分配。数字工厂的建设，需要协调和调动各个部门的力量，取长补短，各尽所能。例如软件供应商，应该侧重系统配置和管理、软件操作培训、软件生产规范、软件实施工作流程定义、软件输入输出种子模板定制和数字化工程及数字化交付规范定义方面的工作。而工厂管理方，则应该侧重数字工厂及应用场景的定义等业务要求方面的工作。信息部门负责方案设计和项目实施管理。

③ 确定协作的时间节点和频率。如项目准备、项目规划、项目实施等各阶段内及阶段间的协作安排。

④ 确定协作会议地点和议程，以及必要的组织者和参与者。项目团队应建立支持协作过程的 IT 环境，如视频会议系统。在整个项目设计周期内，支持必要的协作、沟通和模型评审过程，提高工作效率。

6.1.4　质量控制

质量管理主要是通过各种方式保证项目质量，达到项目建设目标和客户要求。在数字工厂项目中，质量管理目标主要有两个，一是对项目计划、成果进行质量管理，二是通过各阶段的阶段性成果审查。

基于以上质量管理目标，相关人员应从项目实施质量控制方案、方案形成过程质量控制、项目交付品检查、系统功能和性能测试 4 方面入手，开展项目质量管理工作。

（1）制定完整的项目实施质量控制方案

首先建立项目实施质量全程跟踪记录体系，对项目实施质量进行跟踪记录。其次在项目交付品形成过程中充分论证，安排互查工作（对阶段性成果进行审查和测试）。最后对系统功能和性能进行充分测试。

（2）方案形成过程质量控制

在业务方案、技术方案的设计过程中，安排相关人员进行充分的沟通和讨论，尤其在重点解决方案的设计过程中，需要组织相关业务部门、信息技术部门参与和决策，力求在最大程度上达成共识，指导后续系统功能的实现。

（3）项目交付品检查

在业务需求分析、业务流程设计、系统技术方案设计等项目交付品成稿发布前，项目组需安排项目组员、项目经理对这些项目交付品相互进行检查，确保项目交付品从形式到内容都满足项目质量控制的要求。

对正式提交的项目交付成果进行严格管理，在项目实施计划中设置质量关键检查点，即里程碑。在每个关键完成节点，包括项目规划设计完成、基础数据平台搭建完成、数据重构完成等节点，分别对客户项目小组和专家进行阶段性审查汇报。项目组内部的质量专家及相关专家顾问对项目各阶段成果和汇报材料进行质量审核。在项目实施过程中跟踪其他交付成果从产生、审批、修改到发布的全过程，并进行过程管理。

（4）系统功能和性能测试

在测试阶段，系统功能测试需要安排单软件功能测试、集成测试等多轮测试，全面检查系统功能是否符合设计要求。针对在测试过程中发现的问题，按照项目问题管理方法进行统一管理。

6.1.5 项目交付

在数字工厂项目的实施过程中，会产生大量过程文件和最终交付物，根据项目开展需要，可分阶段将成果提交审查，交付成果清单具体可参考表 6-1。

表 6-1 交付成果清单

序号	阶段	交付成果
1	准备阶段	项目计划、组织架构、项目章程
2	规划阶段	现状分析报告、需求规格说明书、蓝图设计报告、项目实施方案
3	实施阶段	软件产品、系统设计说明书、系统开发文档、EPC 成品文件
4	收尾阶段	测试报告、用户使用手册、系统上线计划、系统上线应急预案、系统试运行报告、运维服务方案、技术和业务运维操作指导手册、智能工艺流程图、三维竣工模型、采购记录、供应商资料库、施工检验报告、完工报告、竣工图纸、点云数据模型、项目二次开发部分的源代码、工具类软件的二次开发手册、基础平台的二次开发手册、移动终端的二次开发手册
5	运维阶段	上线工作报告、系统优化方案、问题统计报表、运维总结

6.2　新建工厂项目数字化建模

新建工厂从数字工厂的角度来说，就是建设期数字工厂建立的过程。为降低后续运维期构建数字工厂的工作难度，实现从工厂建设期到运维期数字工厂的"自然"建立，在工厂建设过程中，必须采用数字化手段，对设计、采购、施工和调试阶段产生的工程信息进行定义、采集、汇总、梳理和清洗，形成数字化工程信息模型，并通过数字化交付启动数字工厂建设工作。

6.2.1　第 1 阶段：基础准备

（1）信息标准

信息标准是智能数字化资产管理和数字工厂建设的基础，是指在工厂设计、采购、施工、调试、交付过程中，为保证最终形成建设期数字工厂的目标，其所涉及的信息应遵循的标准和原则，是每个阶段间信息传递的基础，也是建立数字工厂乃至智慧化工厂的必要保证。

信息标准和模板应作为新建工厂对分包商的要求进行下发，并根据项目特点，责成相应的总设计院进行修订和完善，作为整个工厂建设期所有参建公司的信息标准并严格执行。实施过程列表描述，如表 6-2 所示。

表 6-2　实施过程

分项	实施范围和内容
信息标准及模板准备	工程对象命名规则
	标准参考库
	数据属性和模板
提交	提交信息标准文件供审批
修订	根据意见对文件进行修订

信息标准需遵循的规范和参考文件如下。

① 数字化工程信息模型交付规范，包括定义、范围和深度。

② 工程对象命名规则，包括工厂结构划分、工厂材料编码、工程位号编码和工程文档编码等定义。工程对象命名规则的定义在特定工程中应保持唯一性，并具有可辨识性和可扩展性。

③ 种子模板库，包括工程位号、工程文档的分类和属性定义。

④ 智能工具软件如 SP P&ID、Smart 3D 的输入输出模板、图形符号库和标准支吊架库等基础数据库。

（2）平台的安装和配置

数字工厂基础平台应能够实现工厂全生命周期管理、信息数字化管理和业务辅助管理等功能。本文以 SmartPlant Foundation 为例进行平台的安装和配置介绍。

在工厂建设期，数字工厂平台应根据项目的需要由业主方或总体院进行委托管理，业务项目组具有相应的使用和维护权限。

在项目结束后，应把数字工厂平台整个（包括完整的数据库和相关文件）移交给业主运维方，以实现运维期业务的数字化应用。

平台的安装和配置过程，如表 6-3 所示。

表 6-3　平台的安装和配置过程

分项	描述
安装环境准备	系统硬件到位
	硬件、网络和系统架构的安装
	在所需环境里安装操作系统、数据库软件、服务器工具等
	设置域控制器、SSL（安全套接字层）和 SFTP
	防火墙和防病毒软件的配置
	如果需要，设置备份和灾备环境
测试系统安装	在系统开发/测试/培训环境中标准安装数字工厂基础平台及其他相关软件
测试系统配置	完成系统界面语言定制
	根据批准的功能和技术规格文档的要求完成软件的配置（包括信息内容、信息架构、信息可视化、界面等）
测试系统接口配置	该阶段主要根据批准的技术规格文档和信息标准完成基础信息模型所需接口的配置
实际工作环境配置	测试通过后，完成实际工作环境的安装和配置

（3）信息准备

数字工厂的建立需要基础信息模型的支持，在工厂建设期，基础信息模型来自工厂建设承包方的信息移交。

为保证工厂建设承包方信息移交的及时性和准确性，工厂建设承包方必须基于工厂建设前所发布的信息标准的要求，创建、审查、交付其所承担的建设内容涉及的数字化成果。对工厂建设承包方在工程实施过程中所产生的工程信息的要求，以及对其所使用的软件的应用建议，可参考表 6-4。

表 6-4　工厂建设承包方数字工厂相关要求

分项	规范要求和建议
设计	智能工艺流程图： 必须使用智能化工具，完成智能工艺流程图的绘制
	智能三维模型： 必须使用智能化工具，完成智能三维模型的搭建； 智能三维模型应包含全部专业的布置设计内容； 所完成的智能三维模型，必须包括完整的工厂细节描述
	其他专业尽量采用智能化设计工具，完成设计过程
	其他相关专业工程成果： 数据表必须使用 Excel 表格的方式进行呈现； 工程图纸必须用 DWG 文件的方式进行呈现

续表

分项	规范要求和建议
采购	建议采用智能工程材料管理系统，对工程材料的定义、请购、询价、评标、采购、催交、运输、接收和发放等进行全过程数字化管理； 工程材料管理过程，必须使用统一信息标准规定的材料编码； 在工程采购文件中，应标识出其对应的工程设备、设施编号； 采购文件中涉及的厂家资料，应标识出其对应的工程设备、设施编号
施工	建议采用智能可视化施工管理系统，对工程施工进行跟踪管理； 施工过程的数字化管理； 工程施工成果，应标识出主要对应的工程设备、设施编号
完工试运行	建议采用智能完工系统，对调试完工阶段进行跟踪管理； 完工试运行过程的数字化管理； 完工试运行成果，应标识出主要对应的系统、工程设备、设施编号

信息准备所需遵循的规范和参考文件如下。

① 智能工艺流程图

• 使用智能工艺流程图设计软件，完成智能工艺流程图的绘制和维护。

• 智能工艺流程图的绘制，按照"系统管理→图纸绘制→图纸校核→数据处理→图纸发布→反馈修改→图纸二次发布"的顺序执行。

② 智能三维模型

• 所有产生的智能三维模型必须符合统一的规则和规范，以保证数字工厂所需三维工厂模型的一致性表达。

③ 模型转换

• 通过模型转换软件把其他软件模型转换成三维设计软件能够接收的格式，在三维设计软件中实现模型的合并和输出。典型 EPC 数字工厂部署信息流如图 6-1 所示。

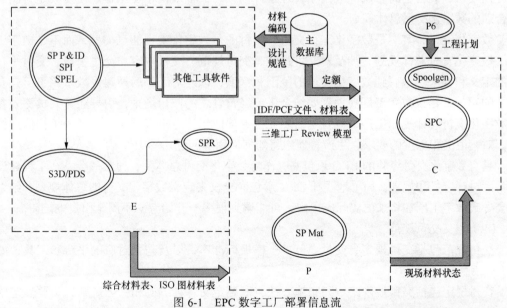

图 6-1　EPC 数字工厂部署信息流

所有工程信息经过过滤筛分后加载到 SmartPlant Foundation 平台上，SmartPlant

Foundation既是工程设计集成平台，又是数字化交付平台，也是数字工厂基础管理平台，一个系统可以完成三大任务。

6.2.2 第2阶段：信息获取、集成和交付

数字化交付的构成要素，在整个工程项目的路线图上包括数字化交付总体规划、定义交付规范、EPC承包商实施、数字化交付、数字化接收、数字化信息集成和可视化6个主要的环节，如图6-2所示。

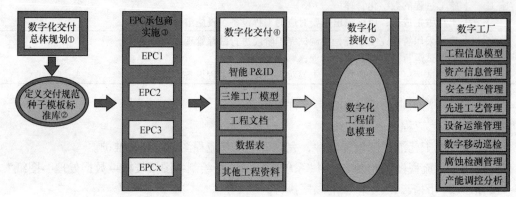

图 6-2 数字化交付构成要素

（1）数字化交付总体规划

建设数字工厂的基础之一是拿到工厂竣工的工程信息模型。工程信息模型，总体上包括建设期的5方面内容，即智能工艺流程图、三维工厂数字模型、文档、位号、属性和关联关系。而数字化交付的工程信息模型是否规范、准确和完整，能否支撑数字工厂的建设和应用要求，能否在将来实际应用于管理生产场景中，都取决于在工程建设初期是否制定了合理的数字化交付总体规划。

数字化交付，其实是数字化工程交付，交付的是数字化工程信息模型，而不是数字工厂。数字化交付总体规划，涉及对交付路线、交付规范、交付内容、交付手段、交付平台等的定义和要求。考虑到数字化交付的范围和深度，以及对工厂后期建设数字化工厂具有重要的影响，建议数字工厂规划者要结合工厂经营管理的应用场景，引导业务人员深入参与数字化交付总体规划工作，也就是需要让业务部门想清楚未来需要什么样的工程信息模型，对其范围和深度的要求、生产管理中将如何应用等问题。

具有数字化交付经验的EPC承包商，作为数字化交付总体院，通常只会站在工程建设的角度进行定义和规划。简单地委托EPC承包商全权去定义数字化交付的总体规划，结果就会导致数字工厂在将来的实际应用中，可能遇到很多一开始考虑不周全引发的陷阱。

（2）定义交付规范

交付规范包括交付规定、交付规范种子模板标准库，以及与之对应的平台和工具，如图6-3所示。

交付规定包括交付技术路线和实施方法，既要定义各种编码和命名规则，又要规定软件、交付成品清单和实施要求。

交付规范种子模板标准库主要指设计阶段各专业标准的输入和输出模板，以及符号库

等内容。

平台和工具是在数字化交付的过程中所需要的、用于承载内容的数据平台，以及保证数据的正确性、完整性和关联性的基本工具。

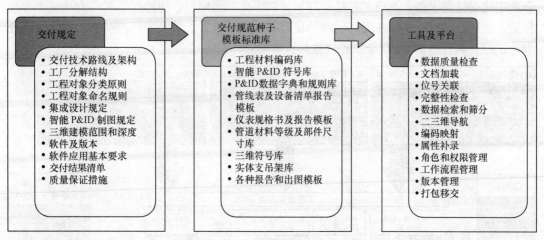

交付规定	交付规范种子模板标准库	工具及平台
• 交付技术路线及架构 • 工厂分解结构 • 工程对象分类原则 • 工程对象命名规则 • 集成设计规定 • 智能 P&ID 制图规定 • 三维建模范围和深度 • 软件及版本 • 软件应用基本要求 • 交付结果清单 • 质量保证措施	• 工程材料编码库 • 智能 P&ID 符号库 • P&ID 数据字典和规则库 • 管线表及设备清单报告模板 • 仪表规格书及报告模板 • 管道材料等级及部件尺寸库 • 三维符号库 • 实体支吊架库 • 各种报告和出图模板	• 数据质量检查 • 文档加载 • 位号关联 • 完整性检查 • 数据检索和筛分 • 二三维导航 • 编码映射 • 属性补录 • 角色和权限管理 • 工作流程管理 • 版本管理 • 打包移交

图 6-3　数字化交付规范的构成要素

（3）EPC 承包商实施

EPC 承包商作为数字化交付的具体实施者，需要采用先进的数字化手段，按照既定标准和计划进度要求，完成数字化工程和数字化交付。集成设计和 EPCCO 全业务链数据流转是这个环节的两个重要概念。

集成设计是提高设计质量的一个重要手段，其重要性和竞争性价值被越来越多的工程公司广泛认可和接受。数字化交付虽然一般不强制要求在工程设计阶段采用集成设计，但从执行效果上来看，集成设计可以有效保证和提升数字化交付的数据质量和完整性。目前业内比较典型和成熟的集成设计方法主要围绕工艺专业和仪表专业，以及三维布置等专业开展工作。以 SPF、SP P&ID 和 S3D 等软件构建的体系为例，典型的集成设计数据流如图 6-4 所示。

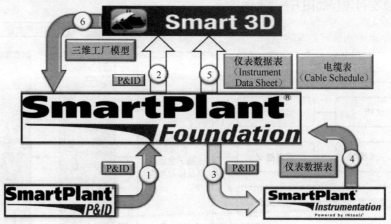

图 6-4　典型的集成设计数据流

EPCCO 是设计（Engineering）、采购（Procurement）、施工（Construction）、调试（Completion）和业主运维（Owner Operator）的缩写。EPCCO 全业务链数据流转，对提

高工程数据质量，降低设计变更对采购、施工和调试阶段的影响有显著帮助。借助以数据为核心、由规则驱动的智能工具软件和管理系统，设计人员可以实现跨业务数据的唯一源管理和版本管理，从而保证数据在 EPCCO 各业务之间无缝流转，且可审核、可追溯。将符合数字化交付要求的、准确和完整的高质量数字化工程模型，通过数字工厂的基础平台交付给业主单位，有助于其在工厂后期的建设和运维环节，将数字工厂的基础工程信息作为参考依据。典型的 EPCCO 全业务链数据流转模式，如图 6-5 所示。

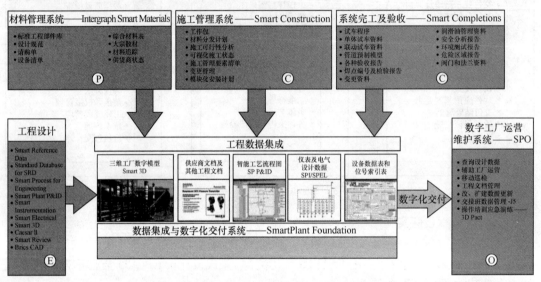

图 6-5　典型的 EPCCO 全业务链数据流转模式

（4）数字化交付/接收

信息获取和处理包括数字化交付/接收平台、信息获取的方式和需要遵循的标准。在工厂建设过程中，工厂建设承包商应在满足信息准备要求的前提下，根据业主的要求搭建相应的数字化交付平台。通过数字化交付平台，实现工程建设期信息的分阶段、渐进式交付。数字工厂信息交付流程如图 6-6 所示。

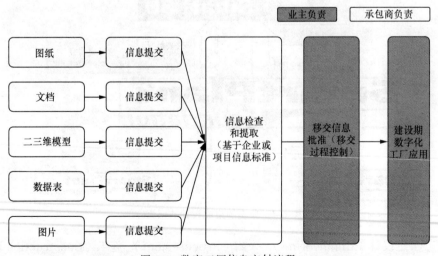

图 6-6　数字工厂信息交付流程

信息的获取和处理必须遵守相应的信息规范。其获取方式和需遵循的标准如表 6-5 所列。

表 6-5　信息标准

分项	实施范围和内容
信息标准	基于数字工厂信息模型需求的数字化信息标准； 根据项目实际需要，可由总体院进行丰富和完善，并要求所有工程建设参与方执行
内容准备	基于信息标准的工程建设期数字化信息的创建和工程成果的生成
内容交付	按照项目规定的分阶段、渐进式交付： 一般按照工程进度的 30%、60%、90%、100%这 4 个阶段进行阶段性批量交付； 根据项目实际需要，也可根据项目紧急要求，进行特殊节点交付； 在交付过程中，工厂建设承包方应负责保证所交付信息的及时性和准确性，业主或业主项目组应及时对工厂建设承包方交付的内容进行审查和批复

数字化交付平台按照智能数据（结构化信息）和非智能数据（非结构化信息）对信息进行区分处理。

结构化信息，是通过数据库方式创建和生成的信息，在数字工厂中主要是指采用智能工艺流程图、智能三维模型等的设计系统产生的模型和数据，以及其他智能设计系统产生的数据、模型和文档。非结构化信息，是一般通用软件产生的工程成果，主要是工程图纸和工程文档。

在开发或选择数字化交付和接收平台的时候，需要考虑以下几方面的功能要求。

• 平台应该是一个数据仓库，需要具备承载 EPCC 阶段的模型、数据和成果文件的功能。

• 可以无缝加载智能工艺流程图和三维工厂数字模型，能完全继承智能工艺流程图和三维工厂数字模型的数据和关联关系，而不是后期通过热点等人工处理手段，来添加位号和属性数据。

• 可以根据文档类型和业务需要，为工程文档添加属性，方便使用者根据业务场景找到需要的文档。

• 具有识别和创建关联关系的能力，关联关系是数字化交付和传统交付间的本质区别。

• 具有根据规则检查数据质量和数据完整性的功能。

• 具有属性过滤和补录功能。由于工程公司和业主在建设期和运维期对工程对象关注的视角和维度不一样，属性过滤可以帮助业主屏蔽不关注的信息，提高查阅效率。而属性补录又可以帮助使用者增加关注的数据。

• 具有打包交付的能力，可以以中性格式导出工程信息模型，支持第三方平台接收和应用。

以鹰图公司研发的数字化交付和接收平台 EDHS（工程数据移交系统）为例，该平台通过六大模块，实现了数字化工程信息模型交付和接收过程中的信息质量控制，如图 6-7 所示。

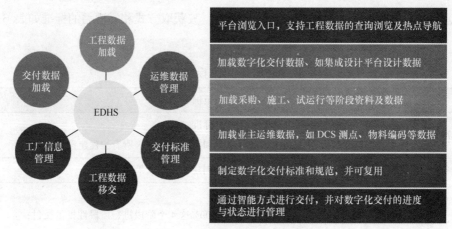

图 6-7　数字化交付和接收平台 EDHS

（5）数字化信息集成和可视化

如前所述，EPC承包商交付的数字化工程信息模型是建设数字工厂的基础，但其并不是数字工厂。EPC承包商交付的是数字工厂的静态数据部分，而数字工厂还需要包括更重要的动态数据，静态数据和动态数据的结合才有可能形成与物理工厂数据孪生的数字工厂。图6-8展示了数字工厂需要将数字化工程信息模型与安全生产、运维管理等业务系统有机地融合在一起。通过数字化交付平台，设计人员可以实现信息在交付过程中的集成关联和可视化管理。

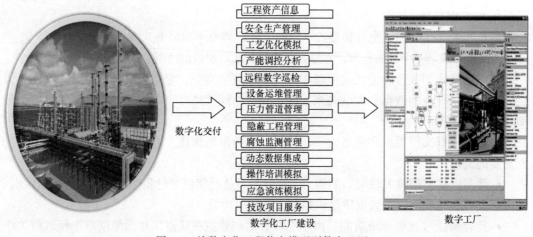

图 6-8　从数字化工程信息模型到数字工厂

实现信息集成关联和可视化管理需要注意如下内容。

① 信息结构

根据业务需求，对集成管理的信息，按照业务需求进行不同的信息分类管理。

② 平台信息可视化

二三维模型及其他工程成果的可视化方式和可视化文件格式要求。

③ 模型轻量化浏览

如果需要对三维模型进行漫游浏览和制作关键帧动画，可以采用SmartPlant Review等软件完成。

6.2.3　第 3 阶段：信息应用

以数字化交付平台为基础，实现工程建设期的业务数字化应用，主要包括如下内容。

（1）设计可视化管理动态报告，实现对设计交付内容的跟踪管理。

（2）材料采购可视化管理动态报告，实现对材料采购交付内容的跟踪管理。

（3）施工可视化管理动态报告。

① 实现对施工交付内容的跟踪管理；

② 拓展应用，如可视化施工过程 4D 管理。

（4）完工试运行可视化管理动态报告。

6.3　在役工厂项目数字化建模

在役工厂，通常建设时间较为久远，在工厂运行过程中经历过诸多变更或改造，且工厂在建立和运维过程中，未能对二三维模型等信息的交付制定详细的规定。故在数字工厂建设中，需要采用逆向建模的方式，实现基础信息的创建和整理（主要是针对二三维模型）。

6.3.1　第 1 阶段：基础准备

（1）信息标准

信息标准是智能数字化资产管理和数字工厂建设的基础，是指在役工厂逆向建模及因运维所需产生新信息的过程中，为保证和维护数字工厂的建设目标，其所涉及的信息应遵循的标准和原则。信息标准是数字工厂信息传递和集成管理的基础，也是建立数字工厂乃至智慧化工厂的必要保证。

其实施过程参考 6.2.1 节。

（2）平台的安装和配置

平台的安装和配置过程参考 6.2.1 节。

（3）信息准备

数字工厂的建立需要基础信息模型的支持，即必须以工厂实际情况完成基础信息模型的搭建和整理（在役工厂），并以此为基础逐步形成数字工厂。

数字工厂的信息来源多种多样，这些信息的准备也采用不同的方法。根据重要性原则，按照如表 6-6 所示的过程提供相应的平台功能和创建、维护方式。

表 6-6　信息准备实施过程

分项	实施范围和内容
基础信息模型内容	根据原有工程信息，使用专门的工具完成所需的基础信息准备，主要包括工程图纸、一般工程文件（设计、采购、施工、调试）、工程对象数据表单
智能三维模型内容	智能三维模型逆向建模准备，逆向智能工艺流程图图纸绘制
	采用激光扫描技术完成对现场实际情况的扫描和勘测，创建点云模型；利用智能三维设计系统结合点云模型，实现逆向建模；利用智能三维设计系统结合原有图纸，进行逆向建模
	对完成的二三维模型进行检查和修订
	完成的智能三维模型的转换和合并

信息准备所需遵循的规范和参考文件如下。

① 智能工艺流程图

• 数字工厂平台中，可使用 SmartPlant P&ID 等软件，完成逆向智能工艺流程图的绘制和维护。

• 智能工艺流程图的绘制，按照"系统管理→图纸绘制→图纸校核→数据处理→图纸发布→反馈修改→图纸二次发布"的顺序执行。

② 智能三维模型

所有产生的逆向智能三维模型，必须符合统一的规则和规范，以保证数字工厂所需三维数字工厂模型的一致性表达。

③ 激光扫描和逆向建模

• 使用现场激光扫描技术，可利用 Cyclone 等软件处理为点云模型，通过 CloudWorx for Smart 3D 接口，实现在三维模型设计软件中的逆向建模。

• 使用 Autodesk 建筑设计套件和离散设计套件，依据历史图纸资料完成工厂其他相关模型的创建。

④ 模型转换

通过模型转换软件把使用其他软件生成的模型转换成三维模型设计软件能够接收的格式，在三维模型设计软件中实现模型的合并和输出。

在役工厂所需的工程信息都是来自对已有工程信息的收集和整理。在逆向建模的过程中，必须按照上述规则和规范，进行严格的实施和检查，以保证逆向建模信息和其他所需信息的完整性、准确性。

6.3.2 第 2 阶段：信息获取、集成和交付

（1）信息的获取和处理

信息的获取和处理，必须遵守相应的信息规范。其获取方式和需遵循的信息标准描述如表 6-7 所示。

表 6-7　信息的获取和处理信息标准

分项	实施范围和内容
信息标准	基于数字工厂信息模型需求的数字化信息标准
内容准备	基于信息标准对信息进行收集和整理
内容处理	通过数字工厂基础平台，实现信息的数字化处理，提取相关的数字化信息

为保证信息获取的质量和过程控制，需要遵循一定的规范和参考文件。

数字工厂对信息的处理过程按照智能数据（结构化信息）处理和非智能数据（非结构化信息）处理这两种方式区分进行。

① 智能数据（结构化信息）处理

通过数据库的形式创建和生成的信息，在数字工厂中主要指采用智能工艺流程图、智能三维模型等设计系统产生的模型和数据，以及其他智能设计系统产生的数据、模型和文档。

② 非智能数据（非结构化信息）处理

一般通用软件产生的工程成果，主要是工程图纸和工程文档。

（2）信息的集成和可视化

通过数字工厂基础平台，可以实现信息的集成关联和可视化管理，实施过程如表6-8所示。

表6-8　信息的集成关联和可视化实施过程

分项	实施范围和内容
信息导入	对处理完成的信息，在平台实现导入
集成	信息结构的定义
	信息集成管理
	信息关联的自动化建立
可视化	平台可视化测试

① 信息结构

根据客户业务需求，按照业务需求对集成管理的信息进行不同的分类展示。

② 平台信息可视化

对平台信息进行可视化操作并测试。

③ 模型轻量化浏览

- 可视化模型浏览，可使用 UniversalPlantViewer 等软件完成。
- 模型漫游和动画的定义，可使用 SmartPlant Review 等软件完成。

6.3.3　第3阶段：信息应用

（1）业务数字化应用

基于数字工厂基础平台，通过与运维专业系统的集成，逐步拓展运维业务数字化应用范围。

① 与设备信息管理系统接口应用

在数字工厂基础平台中，相关人员可以实现读取设备信息管理系统中的设备基本信息。数字工厂基础平台通过位号编码，建立与设备信息管理系统之间的关联关系定义；通过与设备信息管理系统提供的 WebService 进行集成的方式，调用设备信息管理系统相关数据，实现设备运营维护数据与静态数据间的有效集成关联；通过浏览三维模型，可以查询到运维期的设备基本信息，还可以了解到该设备的工程信息，为运营维护提供更有力的数据支撑服务。

② 与设备实时监控系统接口应用

数字工厂应用，要求轻量化模型在服务器后台通过资产编码和位置信息，实现与DCS/SCADA/工业视频监控装置等实时数据采集装置的连接，能够在三维模型上展示关键控制点的实时数据。

③ 与视频监控系统接口应用

数字工厂基础平台应用中，需要实现在浏览三维模型时，可调取查看现场对应位置的实时监控画面。数字工厂基础平台应用允许用户便捷地管理重要设备周边的监控摄像头信息，通过定义视频监控系统的读取参数，使用程序调取现场实时监控画面，实现现场监控与三维模型浏览相结合。

④ 与 HSE 管理系统接口应用

数字工厂应用要求实现完善的自动预警、报警功能，当装置发生异常情况，如压力、温度、流量超过预警值时，在工厂地图、三维模型中应进行可视化报警。

⑤ 数字工厂移动支持

通过移动终端 App，在数字工厂基础平台系统支持的标准功能的基础上，实现基于移动终端 App 的信息检索和查询。

（2）轻量级仿真：三维模拟培训

可使用 3D PACT 等软件，基于数字工厂基础平台，实现三维模拟培训场景的搭建。

6.4　数字工厂模型应用系统接口

6.4.1　整体架构设计

数字工厂基础平台承载了全厂工程信息，可实现三维场景全覆盖。同时与实时数据库系统、设备运营管理系统、HSE 系统及视频监控系统等动态运维管理系统交互集成，形成与物理工厂数字孪生的数字工厂，如图 6-9 所示。

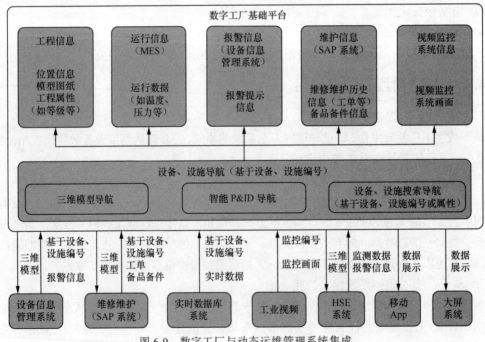

图 6-9　数字工厂与动态运维管理系统集成

6.4.2　平台接口定义

专业的数字工厂基础平台应具备高度的开放性，并能够提供标准化的接口和嵌入式开发程序，将各数字工厂应用嵌入专业生产系统，以及提供数据服务给专业系统调用。同时可支撑建立面向生产设备的实现生产数字化、可视化的实时视频监控系统，提高生产设备的运行效率，减小事故发生率。

数字工厂基础平台需提供全面的标准化 API 资源库，供第三方集成调用。数字工厂应用（双向）接口实现的技术基础包括应用系统接口和数据服务接口。

（1）数字工厂基础平台集成应用系统接口方案

数字工厂基础平台，集成第三方系统时，其接口二次开发技术支持通过 HTTP/HTTPS 接收或发送数据。此外，在目标系统已经确定，且可以为数字工厂基础平台，提供可接入的接口（可引用的 DLL、WebService 等）和方法时，数字工厂基础平台可以与第三方系统推送或接收数据。

（2）数字工厂基础平台数据服务接口方案

数字工厂基础平台一般具有成熟的对外 WebService 交互，外部应用系统可以通过 WebService，调用模型浏览服务、数据查询和显示服务等，也可跨平台、跨系统实现面向服务（SOA）的数据集成，使数字工厂基础平台形成业主可延续应用的应用系统数据源。

数字工厂基础平台支持 WebService 交互方案——RESTful WebService，利用 Web 组件能够提供对外的数据推送服务，外部应用系统可以通过调用服务，实现模型浏览、模型应用、数据查询，支撑业主单位的各种应用的功能扩展。

6.4.3 实时数据集成和生产监控

实时数据库系统属于工厂综合自动化系统，结构上是一个介于过程自动化系统和信息管理系统之间的中间层系统。一方面自动采集下层控制系统（DCS、SCADA 等）的生产过程数据，实现状态监测、性能优化、经济调度等应用功能，另一方面将生产过程数据和经济指标提供给生产调度系统等上层应用系统。

数字工厂模型在服务器后台，通过资产编码和位置信息与实时数据库系统集成，能够在三维模型上展示关键控制点的实时数据，如图 6-10 所示。

图 6-10　数字工厂模型与实时数据库系统的集成

数字工厂平台储存了大量的基础工程数据，通过与实时数据库系统的集成，可实现基础静态数据与生产动态数据的联动查询和关联，查看设备在实时数据库中的运行工况、实时参数，并且能调用、查询管道流量、温度、压力等通过现场测点得到的实时数据，综合分析设备运行状态和运行参数变化趋势，确保设备安全运行。

6.4.4 视频监控系统集成

数字工厂基础平台可与视频监控系统集成，通过定义视频监控系统的读取参数，实现在浏览三维模型时查看重要设备周边的实时监控画面，监控装置现场运行状况，如图 6-11 所示。

图 6-11 数字工厂基础平台与视频监控系统的集成

通过与 HSE 系统接口对接，数字工厂可获取环保监测点的位置，实时监测数据和报警信息，实现在三维数字工厂中清晰直观地查看危险源的空间分布，与视频监控系统集成，便捷高效地对危险源进行可视化管理，如图 6-12 所示。

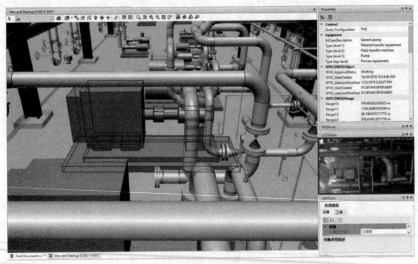

图 6-12 数字工厂对危险源进行可视化管理

6.4.5　设备管理系统集成

通过与设备管理系统集成，数字工厂能够实现完善的报警信息可视化展示功能，当装置发生异常情况（如压力、温度、流量超过预警值）时，能够在三维模型中进行可视化报警。

当设备管理系统增加设备缺陷单时，数字工厂应用接口模块可及时同步更新报警提醒，调取报警信息，并使用醒目的颜色在三维模型中标识报警、出现故障、存在缺陷的设备及管道模型。当其他系统的报警、故障状态恢复或者缺陷单关闭时，数字工厂能及时同步更新报警信息，并消除此报警，如图 6-13 所示。

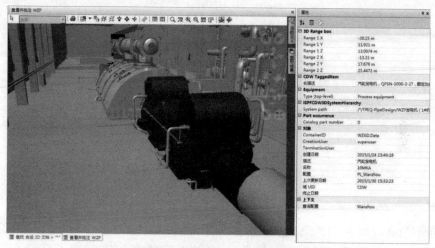

图 6-13　数字工厂模型中设备的实时报警显示

6.4.6　SAP 系统集成

数字工厂基础平台 SPF 与 SAP 系统二次开发接口连接，能够在数字工厂基础平台的三维模型上聚焦和调阅特定设备的档案信息，实现集成管理，包括来源于数字工厂基础平台的静态设备设计资料、制造资料、采购信息。来源于 SAP 系统的动态运维信息、改造信息、更新报废信息、备品备件信息等全生命周期的数据，可以调用其历史数据统计分析功能进行图形化展示，并通过与 SAP 系统的接口，直接嵌入数字工厂基础平台，进行呈现。

数字工厂基础平台通过位号编码建立与 SAP 系统之间的关联关系定义，通过与 SAP 系统提供的 WebService 进行集成的方式，调用 SAP 系统相关数据，实现设备运营维护动态数据与静态数据间的有效集成关联，通过浏览三维模型可以查询到处于运维期的设备的基本信息，还可以了解到该设备的工程信息和随机资料，实现设备的可视化信息管理。

6.4.7　移动办公系统集成

数字工厂移动端 App 结合数字工厂基础平台，提供基于移动设备的数字工厂数据管理功能，主要构成内容为采用 HTML5、JavaScript 等非原生技术开发的手机端 App。

数字工厂移动端 App 可实现以下功能。

① 从数字工厂基础平台系统中获取关键设备列表和图纸列表，支持查阅工厂内物件的

关联文件，支持查看设备信息、备品备件信息，以及工单信息。用户输入关键字即可查询数字工厂基础平台系统中的设备列表，如图 6-14 所示。

图 6-14　设备查询

移动端 App 与数字工厂平台系统进行连接，选择"工程数据"可进入工程数据详细信息展示页面，选择"查看图纸"可进入设备相关的工程图纸详细信息展示页面，显示 PDF 格式的工艺流程图纸，支持放大和缩小图纸进行查看，如图 6-15 所示。

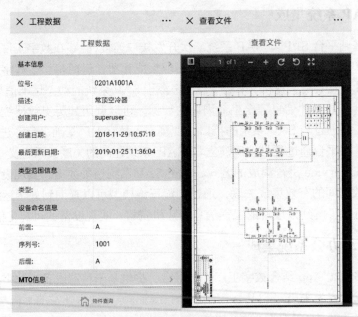

图 6-15　工程数据与工程图纸查看

② 与 SAP 系统进行连接，查询并显示与设备关联的工单信息，也可以查询并显示与设备关联的备品备件信息。

③ 与实时数据库系统进行连接，从实时数据库系统获取关键设备实时信息，以清晰直观的方式动态显示生产装置的实时数据。

④ 与设备信息管理系统连接，接收生产装置报警信息，当生产装置或设备发生异常时，能够在移动端 App 中以列表形式显示出相应报警信息。

移动端 App 具有可扩展性，未来能够通过少量的二次开发实现查看集团内其他工厂的数字化信息的功能。

移动端 App 后台管理提供权限管理功能，支持针对用户和角色的浏览、下载等权限定义。

移动端 App 在 iOS 系统和安卓系统中都可以使用，且兼容最新版的操作系统，可以适应大屏幕的分辨率，适配主流手机和 PAD，模型发布模式如图 6-16 所示。

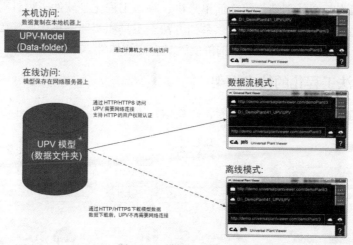

图 6-16　模型发布模式

6.4.8　三维模型查看接口

采用 UPV 原生 App 进行三维模型展示。通过在数字工厂移动端 App 中创建链接，单击链接可以导航到 UPV 移动端 App 中，通过 UPV 移动端 App 显示对应设备的三维模型，如图 6-17 所示。

图 6-17　UPV 查看三维模型

6.5 算法工程化的研发与应用

数据科学算法在 21 世纪的进步日新月异、成果斐然。但算法模型得到的仅仅是数据分析结果，是只有数据科学工作人员能看得懂的"语言"。算法之于其他软件模块，就像汽车制造中的发动机之于其他零部件，前者是关键且重要的技术核心，但再先进的技术也需要后者系统化的配合才能发挥功效。要想让企业用户在日常工作中能够从算法中受益，还需要对其进行工程化，变成可以"看得见、摸得着"的软件。

算法和软件有各自独立的研发和运维流程，二者通过特定的接口形式实现信息交互，并最终组装部署成为智能软件产品。高德纳（Gartner）这样定义人工智能算法的工程化：使用数据处理、预训练模型、机器学习流水线等开发人工智能软件的技术统称，帮助企业更加高效地利用人工智能创造价值。简单来讲，算法工程化是软件工程针对算法开发特点进行适配与优化的特殊表现形式，是一系列方法、工具和实践的集合，能确保人工智能软件可信、可解释并持续高效交付、创造价值，具有高鲁棒性。

6.5.1 算法工程化的技术框架

算法封装实践中包括 3 个关键要素，即数据，算法和软件，如图 6-18 所示。

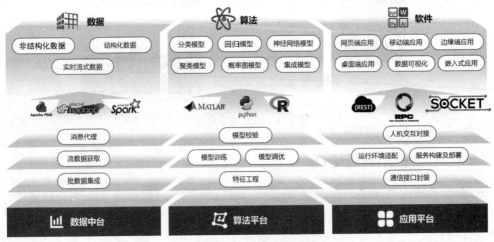

图 6-18 算法工程化的关键要素

企业中统筹数据管理的平台是数据中台，通过各种大数据处理软件，如 hadoop、Apache Flink 等进行远程抽取，根据需要对获取到的数据进行再加工或存储，形成算法需要的本地数据。

企业中集中开展算法研发的平台是算法平台，算法工程师拿到预处理的数据后，还需要在算法平台上进行特征提取、模型训练、评估调优、模型验证等一系列工作，形成适应特定业务情境的算法模型，这个过程主要使用 Python、MATLAB、R 等数据建模工具。

企业中最终实现算法软件化交付的是应用平台，在各种应用系统中算法模型根据约定的接口形式，被封装成各种后端服务或者代码模块，被转移到适当的运行环境中进行构建、配置和部署，形成可以进行交互操作的软件。

算法工程化的网络模型架构，可以参考国际标准化组织（ISO）制定的计算机或通信系统间互联标准体系七层模型，称为 OSI 参考模型或开放系统互连参考模型，如图 6-19 所示。

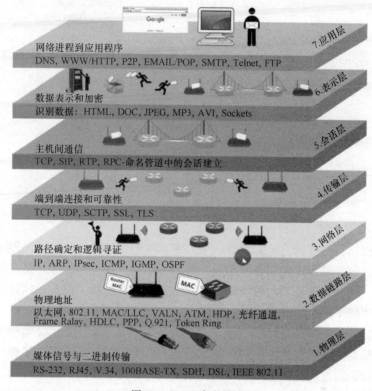

图 6-19　OSI 参考模型

6.5.2　算法工程化主流技术分析

算法工程化无论在哪个环节都脱离不了代码编写与信息交换，算法最终形成可以使用的软件，在本质上面临的主要问题也体现在跨语言代码之间的信息交换和跨平台硬件中的进程通信这两个方面。

（1）跨语言代码之间的信息交换

一种软件编程语言对应一种技术栈，目前软件工程领域的技术栈种类非常多。从控制研发成本和简化管理的角度，企业当然希望能统一编程语言，让所有工程师都使用相同的编程语言来工作，如果不能这样，至少在一个公司内部团队中应当具有完全统一的技术栈。但遗憾的是，以上两个愿望在今天的企业算法工程化实践中仍很难做到，强行统一一会带来各种资源浪费和性能损失问题。事实上，根据应用场景、硬件平台的不同，工业软件需要选择的技术栈也不相同，没有哪一种编程语言在任何场景下都是最佳选择。

TIOBE 开发语言排行榜每月更新一次，其数据由世界范围内的资深软件工程师和第三方供应商提供，其结果是判断当前业内程序开发语言使用流行程度的有效指标。本书编写时，最新的 TIOBE 开发语言排行榜显示，排名前 10 的开发语言在市场中都占有一定的份额，而且份额所占比例比较分散，如图 6-20 所示。

Jul 2023	Jul 2022	Change		Programming Language	Ratings	Change
1	1			Python	13.42%	-0.01%
2	2			C	11.56%	-1.57%
3	4	^		C++	10.80%	+0.79%
4	3	v		Java	10.50%	-1.09%
5	5			C#	6.87%	+1.21%
6	7	^		JavaScript	3.11%	+1.34%
7	6	v		Visual Basic	2.90%	-2.07%
8	9	^		SQL	1.48%	-0.16%
9	11	^		PHP	1.41%	+0.21%
10	20	^		MATLAB	1.26%	+0.53%

图 6-20   2023 年 7 月 TIOBE 开发语言排行榜前 10 位

这个排行榜给软件行业的从业人员一个启示，即在今天的软件工程世界里统一技术栈已经不太现实。每种编程语言在各自的细分领域中均具有独特的优势，是其他编程语言无法轻易替代的。结合笔者带领的数据科学团队的实际项目经验，在大数据算法工程化应用的实践中主要使用 4 种编程语言，即 Python、Java、JavaScript 和 C/C++。

Python 适用于科学计算和数据分析、机器学习和人工智能、Linux 运维、爬虫及自动化测试。其简单易上手的特性，让各个领域的专业人士可以在不必深入了解计算机知识的情况下，写出符合自己需要的计算机程序，也正因为如此，使用这种编程语言编写的程序形成了在全世界范围内最广泛的开源代码复用库，奠定了其在当今人工智能领域当之无愧的"霸主"地位。但它的缺点也十分明显，作为解释型编程语言，其运行效率较低，硬件资源消耗严重，在移动端和嵌入式设备中鲜有应用，其动态特性意味需要更多的测试才能确保足够稳定。

Java 适用于开发 Web 应用后端服务、移动端 App、大数据处理程序。Java 今日之成就得益于本世纪初互联网技术的高速发展及 Google 基于 Java 提供的安卓开发平台，过去 20 年中国电商产业高速发展的历程也造就了庞大的 Java 程序员群体，Java 是中国软件领域的主力军。这种语言是一种半编译半解释型语言，所谓的跨平台特性依赖于一个需要在宿主平台上运行的 JRE（Java 运行环境），具备内存安全、完全面向对象的优势，但同时也有启动速度慢、运行消耗内存大、操作系统底层控制力弱的缺点。

JavaScript（JS）适用于 Web 应用前端交互、移动端 App、数据可视化。JS 采用 DOM（文档对象模型）提供了大量预先编制的对象代码，具备良好的网页显示组件特性和扩展特性，今天，大部分 Web 编程框架（VUE、React、Angular JS）都是基于 JS 衍生出来的，JS 在 Web 显示的细分领域中具有绝对的话语权。它的缺点主要表现在安全性差、多线程处理能力不足，以及弱类型导致的诊断困难。

C/C++适用于大型软件（游戏、数据库、图像处理）开发、操作系统和驱动程序、嵌入式程序。这个系列的编程语言具备最高的运行效率和最低的硬件资源消耗，是各种对软件性能要求较高的场景下的首要选择，由于今天大部分操作系统都是基于这种编程语言开发的，所以这种编程语言具备最优秀的可移植性，几乎不需要安装任何依赖，就可以在任意硬件平台上运行。与其高速运行效率相比，它的缺点也十分明显，即学习曲线陡峭、开发效率较低、容易出现内存异常，在选择这种编程语言时常常需要在运行效率和开发效率之间进行取舍。

如何在不同的项目背景、需求和场景下，选择掌握不同技术栈的团队成员，并形成相互配合良好的有效组织，最终协同作战实现算法软件的研发，是算法工程化面临的主要问题。各种编程语言的不同适用场景，使得工业领域的数据科学研发团队不得不选择多兵种协同作战，以笔者带领的大数据所团队为例，在要尝试各种最先进的 AI 算法时，最优选择是 Python；在要处理数据中台中的海量数据以提供相应的后端数据服务时，最优选择是 Java；在要将数据处理结果展示出来并支持一定程度的人机交互时，最优选择是 JS；在要为终端产品提供智能控制信号或者研发 CAD、CAE、CAM 相关软件插件时，最优选择是 C/C++。

（2）跨硬件平台中的进程通信

各种硬件平台都有自己独特的操作系统，AI 算法的真正落地，常常面临各种不同软件组件或模块间的相互配合，这种配合表现在硬件上就是各种硬件平台的网络通信技术，表现在软件上就是各种不同层级的通信协议在不同编程语言中的解析与处理。

以现在工业大数据领域最常用的 BS 架构为例，在服务器端通常使用 Linux 平台及操作系统，而在浏览器端通常使用 Windows 平台及操作系统。目前的浏览器技术帮开发人员屏蔽了很多关于 Windows 平台网络通信的技术细节，VUE、React 等常用的前端框架也把 Web 通信能力作为框架基础能力提供了出来，而在服务器端，Java 语言也有常规的 Linux 网络通信库及相应的 HTTP 解析的相关库可以直接使用。

相比之下，在开发桌面端、移动端、边缘端的 AI 软件时，通信就没有那么容易做到了。

常见的个人桌面端程序都是基于 Windows 平台开发的。在开发工业大数据应用软件时，大部分情况下网页程序已经可以满足需求，基本不需要开发桌面应用程序，但总有一些需求是浏览器无法满足而需要开发桌面应用程序的情况。典型的需求是对用户个人计算机或个人云桌面的本地文件进行编辑或自动化处理。由于浏览器是一个沙箱环境，具有很高的安全性和完善的隔离策略，为了保证用户的信息安全和隐私数据安全，浏览器软件在诞生之初就被限制了对本地文件系统的访问行为。以软件自动化机器人为例，如果通过网页获得了一份机械设计稿中的所有零部件参数，基于网页内容需要形成一个标准化的报告，需要做两件事，一是对本地其他软件进行控制，二是对其他软件形成的文件进行访问并传回服务器。解决办法之一就是在用户个人计算机上开发一个提供文件处理功能的服务，而这个服务和浏览器明显是两个不同的进程，Windows 平台的进程间通信就是一个必须解决的问题。

在移动端开发应用程序要考虑的又是另一种情况，如今的移动端应用程序市场主要是基于安卓平台和 iOs 平台。出于对开源及安全性的考虑，笔者领导的团队优先选择安卓平台。比如一种挖掘机故障诊断程序就是提供安卓平台解决方案，然后将这个产品作为工程机械附加软件服务提供给用户。一个令人欣喜的现状是，目前广泛发展的 HTML5 技术和各种 uni-app、微信小程序、支付宝小程序等软件开发平台帮今天的软件程序员屏蔽了硬件平台间的差异，但这些技术也仅仅适用于解决简单的信息交互场景，典型的应用场景是电商、社交、管理、预约等。

如果项目涉及对硬件底层进行控制，被封装好的通用技术的局限性就会暴露出来，需要软件研发人员开动脑筋另辟蹊径去解决。笔者曾经遇到一个典型的情形是承接的在安卓平台上开发一款挖掘机故障诊断程序，既要通过 Wi-Fi 局域网与工程机械控制器进行 CAN 信号交换，又要通过 5G 蜂窝移动网络与云端服务进行信息交换。而用过手机和平板电脑的人都知道，当手机接入 Wi-Fi 信号时，是不会使用 5G 信号的，而工程机械提供的 Wi-Fi 信号根本没有接入互联网，那么如何同时实现两种信息交换呢？最终大数据所团队的专家设计了一种巧妙的解决思路，通过 Java 程序对安卓平台硬件通信信道进行控制，在极短的时间内进行用户无感知的信道切换，对于用户而言，好像同时实现了两种通信，这与 CPU 的时分处理技术有异曲同工之妙。

边缘端的情况更为复杂，一个基本的限制就是要求将使用 Python 开发的 AI 算法转换成在 ARM 平台上可以运行的程序，并且与已有的机器控制程序实现控制信息交互，而基本的要求就是算法代码及其解释器要尽可能被裁剪为最小体积，被裁剪的解释器可能缺失了通信依赖的各种组件库，想要在嵌入式系统中完整找到所有依赖并正确安装并不容易，那么，如何基于 ARM 平台实现算法进程与控制进程之间的信息交换呢？典型的解决方案是基于嵌入式系统实现 Socket 或 ROS 通信。

6.5.3　算法工程化的实践路线

为了解决跨语言、跨平台的进程间通信问题，笔者在过去的算法工程化实践中尝试了 3 种不同的技术路线，这 3 种技术路线都是可行的，而且在不同的场景中各有优缺点和不同程度的适用性。它们分别是基于 TCP/IP 的 Socket 基本通信技术，基于 HTTP 的 RESTful 规范，基于各种流行的 RPC 框架。

在以上 3 种技术路线中，第 1 种技术路线使用的 Socket 技术是最基本，也是最高效的分发。它是基于 TCP 提供的一种网络编程接口，使得各种编程语言可以通过编码对 TCP 报文进行标准化的封装，而不必关心传输层报文中底层的消息格式、字段含义，就像今天的程序员对所有软件的基本认识一样——越底层，代码越复杂、灵活性越强、效率越高；越上层，抽象封装得越好、代码越简单、效率越差。Socket 技术相对于程序员可以接触到的其他网络编程技术而言，属于一种相对底层的技术，相应地，这种技术适用于嵌入式终端或者部分 Linux 系统的通信编程。

第 2 种技术路线基于 HTTP 应用层协议，今天用户能看到的所有浏览器、移动手机与云端服务器之间的通信大部分基于这种技术，它是万维网（WWW）的基础。RESTful 规范是 HTTP 技术在应用时的一种规范（以下简称"REST 规范"），这种技术的优点十分明显，就是应用广泛。编写过网络通信程序的程序员都熟悉这种技术的使用方法，在各种语言技术栈中均得到了广泛的支持。基于这种技术的信息交换过程基本分为建立连接、发送请求、响应请求、断开连接。这种方法的缺点也比较明显，报文过重、请求频繁，只适用于个人计算机与服务器这种硬件性能较好、网络带宽影响完全可以忽略不计的场景。

第 3 种技术路线使用的 RPC 技术是一种通过网络从远程计算机上请求服务，而不需要了解底层网络技术的协议。最初的 RPC 技术是基于 TCP/UDP 的，最近随着 HTTP 2.0 的发展，也有基于 HTTP 2.0 开发的技术框架。典型的 RPC 框架包括 Google 的 gRPC、Facebook 的 Thrift 和阿里集团的 Dubbo。RPC 技术的一个典型特点是可以让各种不同的编程语言，调用彼此的处理过程。RPC 技术在 C/S 架构的软件当中应用非常广泛，具有较高的开发效率，在网络带宽和运行性能方面，大致介于基于 HTTP 开发的程序和基于 Socket 技术开发的程序之间。

此外跨硬件平台的进程间通信技术，还包括现在在机器人控制领域中应用广泛的开源通信框架 ROS，但是目前暂时只支持 C/C++和 Python，且只适用于 Linux 平台，所以本书不展开讨论。

图 6-21 描述了在算法工程化实践中使用的一些算法封装方法，下面从左往右对该图进行说明，首先解读算法工程化的各种技术要素。

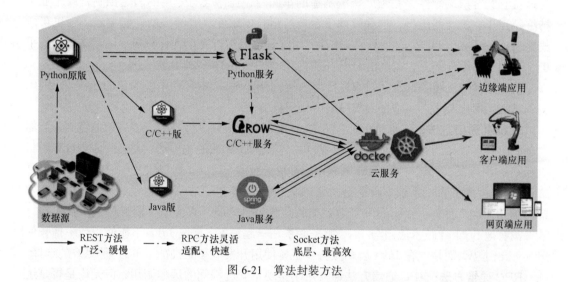

图 6-21　算法封装方法

数据源： 在 AI 工程化过程中获得的数据来自各种各样的设备终端，常见的来源是人们通过计算机、笔记本电脑、手机、平板电脑等手工录入，也有各种工业数据采集设备自动收集到的 IoT 数据，这些源源不断的"大数据"中隐藏着各种各样的规律，等待着 AI 算法去发掘，进而形成有效决策。

算法模型： 在 AI 软件中算法是关键要素，所以当前主流是以 Python 为基础的 AI 算法，其提供的决策信息如何让使用不同语言开发的终端能够解析、展示和应用，是整个算法工程化的关键所在。但也可能需要改写为 C/C++版算法或 Java 版算法，进而在 Python 不擅长的领域中（ARM 架构的边缘端、C/S 架构的客户端、B/S 架构的云端等）实现相同的效果。

算法服务： 有了算法模型，下一步是将它们变成可以供其他软件随时使用的服务，主要包括以下几点。①Python 服务，尽管 Python 不如 Java 在 B/S 架构领域中有优势，但直接使用 Flask 框架提供的后端服务可以与 Python 原版算法无缝对接，省去了改写算法的工作，也不必去考虑不同编程语言的进程间通信问题。②C++服务，在有些场景中笔者不得不采用 C/C++服务，这时候直接封装改写后的 C/C++版算法，或者承接并封装来自其他服务的信息都是一种有效的选择。③Java服务，在大部分场景中，笔者会采用Java服务来封装算法模型，主要原因是其丰富的云服务技术支持和较高的开发效率。

云服务：在物理机或虚拟机中直接部署服务虽然可以实现软件功能，但与今天功能易扩展、硬件可伸缩的发展要求格格不入，因此为了让开发和运维变得更容易，让软件在其生命周期内具备更加灵活的响应用户反馈能力，在大部分情况下，企业需要有一个统一的云服务平台，来提供和管理各种算法实现的功能，这方面，Docker和Kubernetes，以及由它们衍生出来的各种技术是比较常见的选择。

终端应用：应用软件的表现形式多种多样，但在工程机械领域大体可以分为3类。①边缘端软件，挖掘机等机械设备中的工控机（工业控制计算机）、ECU（电子控制单元）、显示器都具备一定计算能力，可以成为AI算法运行载体，在无人化、智能化项目中占有重要地位。②客户端软件，在工厂智能制造的车间内，通常会有专用的固定控制台或工业手持终端用于监控产线运行，这些硬件平台对所运行的软件具有较高的性能要求，但也可以成为AI算法的运行载体。③网页端软件，浏览器可以运行在个人计算机、笔记本电脑、手机、平板电脑等设备上，浏览由B/S架构应用软件提供的各种功能。

接下来讨论上述要素之间的信息传递过程，即图6-21中各种不同颜色的连线，它们代表着算法工程化跨语言、跨平台程序的变化历程。

Socket通信方法：正如前面所介绍的，Socket方法具有最基础、最高效的特点，当然也是编码中最复杂的方法。在嵌入式系统中，应用AI算法的主要形式是基于Python语言或者C++语言，如在嵌入式ARM系统中，有裁剪版的Python解释器及相应的包管理工具Miniconda。而嵌入式系统本身就是由C/C++语言写成的，在通信上可以无缝对接，ROS架构更是为这两种编程语言提供了最完美的开源代码支持，省去不少消息格式转换工作。笔者没有把Socket技术应用与Java服务联系在一起，并不是说Java不能使用或不擅长使用Socket技术，而是说在Java后端服务中直接使用开发效率更高的HTTP是更好的选择。

RPC通信方法：RPC通信方法通常用于实现不同进程间的远程调用，但无论是否是远程的，使用某种特定的描述语言，将同一个消息结构转换成可以直接使用的代码文件，然后通过RPC提供的通信框架实现通信是这种方法的基本原理，这种方法在ROS架构和C/S架构等控制类软件中常被用到。但对于需要与云端服务通信的软件来说，无论是边缘端软件、客户端软件，还是网页端软件，通常都不会继续采用RPC通信方法，而是采用更简单易用的HTTP的相关通信方法。

REST通信方法：基于HTTP的REST规范，在今天被广泛应用于各种网页或应用程序中，其不仅具有最完善的技术文档支持，也在中国具有最广泛的使用群体，但是同样地，Python原版算法需要先通过Python网络通信框架（如Flask）封装为网络服务，然后才能通过REST规范提供给其他服务或者软件模块，而只要有相应的通信硬件模块支持，REST规范在本书列举的3种终端软件中都可以被方便地使用。

以上是笔者在算法封装实践中对几种技术路线的经验总结。随着软件技术的发展和融合，强行将Python算法改版成另一种语言已不是最佳实践，更常用也更好用的方法是基于Socket和REST规范的技术路线。

技术的探索没有止境，希望以上算法工程化的研发经验能给读者带来一些启发。

第7章

数字工厂管理规范

7.1 概述

数字工厂的建立，必然带来企业管理的变革，只有科学的管理制度和规范，才能指导企业走向可持续的数字化道路。为促进数字化技术在工厂规划、建设、维护等各个环节中的应用，加强计算进程与物理进程的融合，需要为数字工厂的建设制定科学的管理规范。

离散制造业和流程制造业的数字工厂管理规范具有通用性。本章展示了数字工厂从信息采集、建立，到平台维护、管理等一系列标准规范，涵盖了数字工厂管理职责分工、信息安全管理、人员组织管理等具体要求。石化工业是流程制造工业中的典型代表，本章内容将基于石化行业的一个数字工厂建设案例，但是在本章中提到的管理规范框架和思想在离散制造业中也适用。

本章提出的管理规范，其原型是为一个拥有 500 万吨炼化能力的石化工厂的数字化平台建设项目编写的全套管理规范，其中采用的标准规范和管理规定，都源自项目的实践过程。由于流程制造业的数字化标准体系和管理规范的形成，是一个逐渐递进和动态发展的过程，在数字工厂的实践中，企业还需要根据自身所处的实际应用环境，有针对性地制定并实施相应的管理规范，确保数字工厂健康、有序地运行。

7.2 信息采集规范

1. 数据和文件

数字工厂所管理的数据主要有智能数据和非智能数据。

（1）智能数据

智能数据也被称为结构化信息，是通过数据库的形式创建和生成的信息。在数字工厂中，智能数据主要是指采用智能工艺流程图、智能三维模型等系统产生的模型和数据，以及其他智能系统产生的数据、模型和文档。

（2）非智能数据

非智能数据也被称为非结构化信息，一般是指通用软件产生的工程成果，主要是工程图纸和工程文档。在数字工厂中，非智能数据是指由 Adobe PDF、Microsoft Word、Microsoft Excel、SmartSketch 等软件创建的数据。这些应用程序不是以数据为核心的，其所创建的文档、图形都不是智能的。对于非智能数据，承包商须通过数据模板录入的方式，将数据加载到数字工厂基础平台系统当中。

通过使用数字工厂基础平台作为集成环境数据仓库，承包商要通过智能软件将相关文件和数据信息发布至数字工厂基础平台中，并保证位号信息能自动关联。承包商必须确保所有从工程工具发布的文件和图纸，在数字工厂基础平台中具有关联图框和标题块，并确保所有的属性数据和文档都正确地发布至数字工厂基础平台中，确保在数字工厂基础平台中能正确地从工程对象位号跳转到相应图纸和模型处，或从图纸和模型跳转到工程对象位号处。项目工程对象属性必须包括但不限于工程对象位号、描述和对象类型，以及工程对象之间的相互关联关系。

2. 智能数据

各智能工具软件发布的主要位号信息，如设备、管线和仪表等的位号命名，必须保持一致，以确保在数字工厂基础平台中各专业发布的同一位号信息能进行自动关联。

（1）数据

数据类型和属性已定义在种子文件中。发布的数据必须包含必填的属性，并发布尽可能多的属性，以满足完整性要求；属性的值要输入正确，如单位、类型等信息。不同工具软件发布的属性值要保持一致，交付时需要提交不一致性报告，表 7-1 为容器类设备属性示例。

表 7-1 容器类设备属性示例

属性名称	显示名称	中文名称	输入值
Item Tag	Item Tag	设备位号	
Description	Description	设备名称	TEST1
TagPrefix	TagPrefix	设备前缀	T
Tag Sequence No	Tag Sequence No	位号顺序号	122
Tag Suffix	Tag Suffix	位号后缀	A
ProcessDesign.Max.Pressure	Design.Max.Press	最大设计压力	9MPa
ProcessDesign.Min.Pressure	Design.Min.Presse	最小设计压力	6MPa
ProcessDesign.Max.Temperature	Design.Max.Temp	最大设计温度	99℃
ProcessDesign.Min.Temperature	Design.Min.Temp	最小设计温度	79℃
RequiredNo	RequiredNo	数量	5

（2）工艺流程图内容

工艺流程图发布内容需要包含但不限于以下信息，即设备信息、管线信息、阀门信息、仪表信息、符号连接信息。

（3）智能三维模型内容

智能三维模型内容需要包含但不限于以下信息，即 3D Review 模型、管道轴测图、管道布置图、管道综合材料表。

3．非智能数据

非智能数据信息由承包商经过数据整理和校验后统一加载到数字工厂基础平台中进行交付。非智能数据可采用数据模板录入的形式。

（1）位号属性

将数据上载到数字工厂基础平台中，需要提供位号需要的属性信息或关联信息，表 7-2 所示为结构类对象属性示例。

表 7-2　结构类对象属性示例

英文名称	中文名称	描述
Tag Number	位号	工程对象位号，具有唯一性
Description	描述	工程对象的用途或描述
ETClass1	位号层级 1	
ETClass2	位号层级 2	
ETClass3	位号层级 3	
Structure Code	类别代码	如"WO"

（2）文档属性

将文档上载到数字工厂基础平台中，需要提供文档需要的属性信息或关联信息，表 7-3 所示为属性示例。

表 7-3　属性示例

编号	名称	说明
1	文档编号	
2	文档标题	文档的标题
3	项目号	
4	装置号	文档所属的装置
5	主项/单元号	文档所属的区域/单元
6	专业代码	文档所属的专业
7	工程对象位号	工程对象位号，去掉"-""/"等字符
8	页码顺序号	
9	文档类型	文档的类型
10	文档规格	文档输出的纸张规格
11	大版本	文档的版本标识
12	小版本	
13	状态	
14	发布日期	文档发布的日期

续表

编号	名称	说明
15	设计	
16	校核	
17	审核	
18	来源单位	文档创建人的单位
19	来源类别	设计（E）、采购（P）、施工（C）

（3）设计信息

设计有关文档信息也需要上载到系统当中，包括但不限于以下成品文件，即说明、索引表、图纸、规格书、计算书、材料表。

（4）采购信息

EPC 承包商应该交付但不限于以下成品，即全项目 各专业 BOM 表、承包商文档、工程材料管理全过程寻源文件。

（5）施工信息

EPC 承包商应该交付但不限于以下成品，即工作包计划、偏离施工计划的变更管理文档、健康和安全防护体系文件、施工作业流程、质量验收文件。

（6）关联关系

非智能信息关联关系，是指非智能的文件/图纸和其中包含的位号（设备、仪表、管道等的位号）之间的关联关系，以及非智能文件/图纸和其他信息间的关联关系，具体的例子如表 7-4 所示。

表 7-4　关联关系示例

序号	专业	文档类型\位号分类	容器	热交换器	机械设备	其他设备
1		文件目录				
2		工艺设计基础				
3		工艺说明				
4		工艺设备表	√	√	√	√
5		工艺设备数据表	√	√	√	√
6		安全阀、爆破片数据一览表				
7	工艺设计类	安全阀、爆破片数据表或规格书				
8		界区条件表				
9		管道命名表				
10		工艺流程图（PFD）	√	√	√	√
11		公用物料流程图（UFD）	√		√	√
12		工艺管道及仪表流程图（PD）	√	√	√	√
13		公用工程管道及仪表流程图（UID）	√	√	√	√

7.3 信息管理和维护

为了规范数字工厂的运行维护管理工作，确保平台的安全可靠运行，切实提高生产效率和服务质量，使数字工厂基础平台更好地服务于生产运营和管理，我们需要制定信息管理与维护规定。

1. 数字信息管理业务概述

（1）信息管理划分

数字工厂基础平台需要依据工厂涉及的工程信息和运维信息形成数字工厂的基础信息模型。

按照数字信息模型的管理需求，以业务部门为区分，一般划分几个主要的数字工厂信息管理规程。以石化行业数字工厂为例，各部门职能划分如表 7-5 所示。

表 7-5 石化行业数字工厂各部门职能划分示例

部门	数字工厂信息管理相关分项	信息管理划分
生产制造部	本部门各项生产管理制度和安全操作规程	标准和制度
生产机动部	负责建立、健全本部门各项设备操作、点检、大修等工作的安全操作规程	标准和制度
生产机动部	组织编制和落实设备管理制度，完善设备管理体系，持续提升设备管理水平	标准和制度
	审批和管理设备检修、维护及设备更新计划等工作	设备维护和保养
生产技术部	负责公司生产技术管理制度体系的建立，关键技术管理标准和执行考核规定的制定	标准和制度
	组织协调年度工艺技术改造计划和方案	维修技术改造
	负责项目前期和施工阶段对工艺包、基础设计包的方案制定和优化把关，确保项目的工艺设计的综合优化	基建管理
	负责组织制定对生产操作员工的年度技术培训方案	标准和制度
HSE 部门	负责公司各项环境保护、健康和安全制度的制定、实施和监管，组织和实施各类安全、消防和事故应急反应培训	标准和制度
经营管理部	组织制定并审核年度综合计划管理制度、管理办法及实施细则，组织落实并监督执行	标准和制度
基建工程事业部	基建项目收尾：验收管理、文档管理	基建管理
	基建信息执行标准	标准和制度
	维修技术改造项目文档管理	维修技术改造

（2）信息管理原则

数字工厂基础平台信息标准和工作流程管理规范的原则如下。

- 通过标准化信息工作流，基于数字工厂基础平台提供的功能，标准化、规范化数字工厂信息模型相关信息的管理和变更操作。
- 通过标准化流程明确部门间的接口和界面。
- 信息管理流程不涉及部门内部的业务流转过程。
- 新建和变更信息的规范化和准确性由各部门参照本规范执行并负责。
- 数字工厂基础平台所管理的部门提交的信息为当前部门提交的终版信息。
- 数字工厂基础平台所管理的原有旧版信息保留。

2. 标准和制度文档信息管理

（1）数字工厂标准与制度文档信息工作流程

数字工厂基础平台能够对各部门的运行、维护标准和制度进行集中化的管理，并提供相应的管理功能，实现标准和制度的更新和维护（见图7-1）。

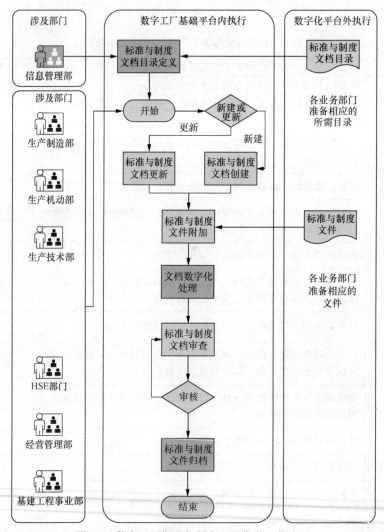

图 7-1 数字工厂标准与制度文档信息工作流程

（2）数字工厂标准与制度文档信息工作职责描述

数字工厂标准与制度文档信息工作职责描述如表 7-6 所示，相关流程、步骤和各部门职责，可根据各业务部门的需求进行调整和更改。详细的操作步骤应当在流程确定后，使用专门的文件进行描述。

表 7-6　数字工厂标准与制度文档信息工作职责描述

序号	主要步骤	主要工作	执行部门
1	标准与制度文档目录	根据部门需要，提出标准与制定文档管理所需的文档目录	生产制造部、生产机动部、生产技术部、HSE 部门、经营管理部、基建工程事业部
2	数字工厂基础平台文档结构创建	根据部门提供的文档目录，在系统中完成数字化文档目录的创建	信息管理部
3	标准与制度文件准备	各业务部门根据业务划分准备相关的标准与制度文件	生产制造部、生产机动部、生产技术部、HSE 部门、经营管理部、基建工程事业部、信息管理部
4	文档的创建和更新	在数字工厂基础平台中实现标准与制度文档的创建和更新操作，含文件附加操作	生产制造部、生产机动部、生产技术部、HSE 部门、经营管理部、基建工程事业部
5	文档数字化处理	根据需要，完成所需文件的数字化处理，以方便信息关联和可视化管理	信息管理部
6	文档审查和批准	各部门主管领导及信息管理部门对提交的文档进行审查和批准	生产制造部、生产机动部、生产技术部、HSE 部门、经营管理部、基建工程事业部、信息管理部
7	文档归档	通过工作流定义，在数字工厂基础平台中实现标准与制度相关文档的集中管理	生产技术部

3. 数字工厂新建工厂信息管理

（1）数字工厂新建工厂业务工作流程

新建工厂一般采用项目方式实现从项目前期（项目立项、可行性分析、项目审批等）、项目招标和授予到项目实施的全过程的控制管理。在项目全生命周期中，各阶段工作流程和各职能部门职责描述如图 7-2 所示。

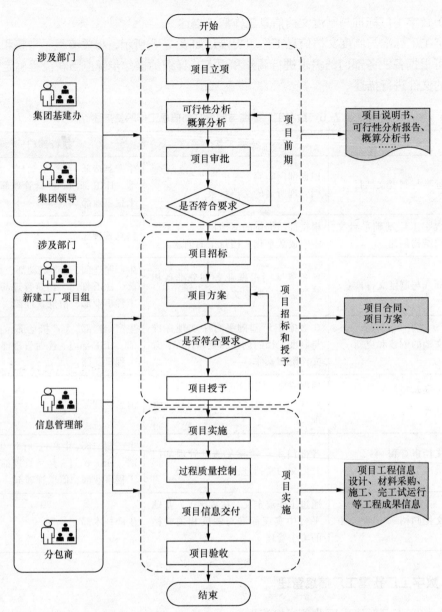

图 7-2　数字工厂新建工厂各阶段工作流程和各职能部门职责描述

（2）数字工厂新建工厂信息工作职责描述

数字工厂新建工厂信息工作职责描述如表 7-7 所示。

表 7-7　数字工厂新建工厂信息工作职责描述

序号	主要步骤	主要工作	执行部门	项目阶段
1	项目立项	根据项目需求，在数字工厂基础平台内完成项目创建管理	信息管理部	准备阶段
2	项目文档目录	根据部门需要，提出项目文档管理所需的文档目录	新建工厂项目组	
3	数字工厂基础平台文档创建	根据部门提供的文档目录，在系统中完成数字工厂基础文档目录的创建	信息管理部	
4	项目初期、项目招标和授予相关文件准备	完成项目初期、项目招标和授予过程产生的终版文件	新建工厂项目组	项目前期、项目招标和授予
5	文档的创建和更新	在数字工厂基础平台中实现项目文档的创建和更新操作，含文件附加操作	新建工厂项目组	
6	文档数字化处理	根据需要，协助所需文件的数字化处理，以方便信息关联和可视化管理	新建工厂项目组	
7	文档归档	通过工作流定义，在数字工厂基础平台中实现项目信息的集中管理	新建工厂项目组	
8	数字工厂基础平台文档结构创建	根据项目实施实际需要，在系统中完成数字化文档目录的创建	分包商	项目实施
9	项目实施文件准备	项目实施过程中产生的工程成果（项目工程信息设计、材料采购、施工、完工试运等）的准备	分包商	
10	文档的创建和更新	在数字工厂基础平台中实现项目文档的创建和更新操作，含文件附加操作	分包商	
11	文档数字化处理	根据需要，完成所需文件的数字化处理，以方便信息关联和可视化管理	分包商	
12	文档提交	在数字工厂基础平台实现文档（信息的载体）的提交	分包商	
13	信息审查	对分包商提交的信息进行审查，其提交的内容必须符合项目信息规范的要求	新建工厂项目组、信息管理部	
14	文档归档	通过工作流定义，在数字工厂基础平台实现项目信息的集中管理	新建工厂项目组	

（3）数字工厂新建工厂信息工作流程

从信息管理的角度，为保证新建项目符合数字工厂（建设期和运维期）的需要，在项目实施全过程中，通过数字工厂基础平台实现如下的信息管理过程，如图 7-3 所示。

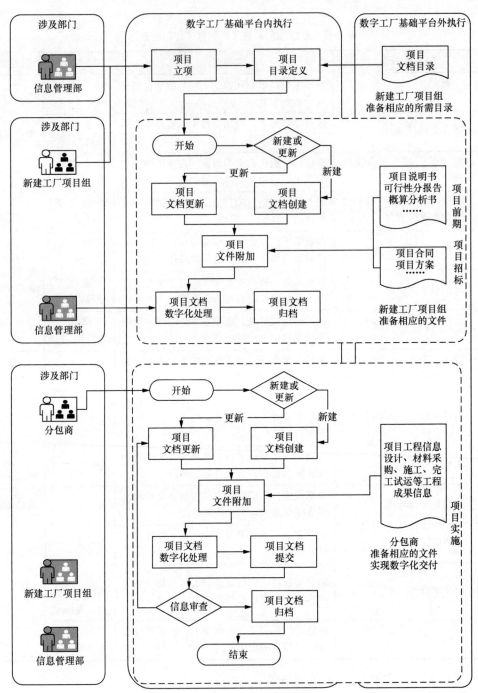

图 7-3 数字工厂新建工厂信息工作流程

4. 数字工厂基建工程信息管理

（1）数字工厂基建工程业务工作流程

基建工作主要由基建工程事业部负责，完成大型基建项目、大型技术改造项目的执行管理工作，数字工厂基建工程业务工作流程如图 7-4 所示。

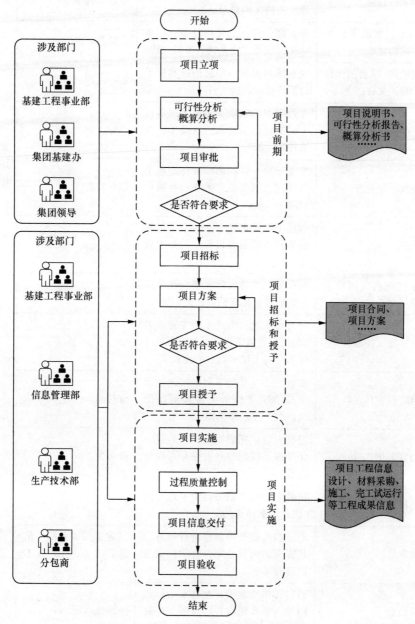

图 7-4　数字工厂基建工程业务工作流程

（2）数字工厂基建工程信息工作职责描述

数字工厂基建工程信息工作职责描述如表 7-8 所示。

表7-8 数字工厂基建工程信息工作职责描述

序号	主要步骤	主要工作	执行部门	项目阶段
1	项目立项	根据项目需求，在数字工厂基础平台内完成项目创建管理	基建工程事业部、信息管理部	准备阶段
2	项目文档目录	根据部门需要，提出项目文档管理所需的文档目录	基建工程事业部	
3	数字工厂基础平台文档结构创建	根据部门提供的文档目录，在系统中完成数字化文档目录的创建	信息管理部	
4	项目前期、项目招标和授予相关文件准备	完成项目前期、项目招标和授予过程产生的终版文件	基建工程事业部	项目前期、项目招标和授予
5	文档的创建和更新	在数字工厂基础平台中实现项目方案文档的创建和更新操作，含文件附加操作	基建工程事业部	
6	文档数字化处理	根据需要，协助所需文件的数字化处理，以便信息关联和可视化管理	信息管理部	
7	文档归档	通过工作流定义，在数字工厂基础平台中实现项目信息的集中管理	信息管理部、基建工程事业部	
8	数字化平台文档目录创建	根据项目实施实际需要，在系统中完成数字化文档目录的创建	分包商	项目实施
9	项目实施文件准备	项目实施过程中产生的工程成果（项目工程信息设计、材料采购、施工、完工试运等）的准备	分包商	
10	文档的创建和更新	在数字工厂基础平台中实现项目实施方案文档的创建和更新操作，含文件附加操作	分包商	
11	文档数字化处理	根据需要，完成所需文件的数字化处理，以便信息关联和可视化管理	分包商	
12	文档提交	在数字工厂基础平台中实现文档（信息的载体）的提交	分包商	
13	信息审查	对分包商提交的信息进行审查，其提交的内容必须符合项目信息规范的要求	基建工程事业部、信息管理部、生产技术部	
14	文档归档	通过工作流定义，在数字工厂基础平台中实现项目信息的集中管理	生产技术部	

（3）数字工厂基建工程信息工作流程

从数字工厂的角度来说，基建工作过程中产生的工程信息是数字工厂信息模型的基础，因此必须对这些信息进行数字化交付管理，减少未来数字工厂应用信息的准备时间，提高信息模型的质量，数字工厂基建工程信息工作流程如图 7-5 所示。

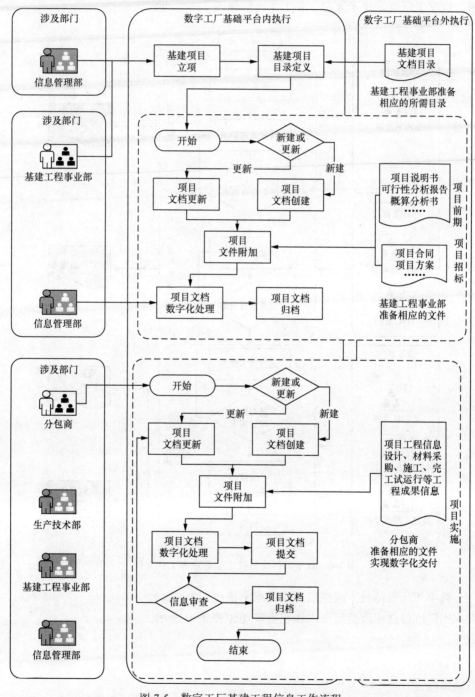

图 7-5　数字工厂基建工程信息工作流程

5. 数字工厂维修技术改造信息管理

（1）数字工厂维修技术改造业务工作流程

维修技术改造工作涉及多个部门，需要部门间配合完成维修技术改造项目的实施和过程管理，数字工厂维修技术改造业务工作流程如图 7-6 所示。

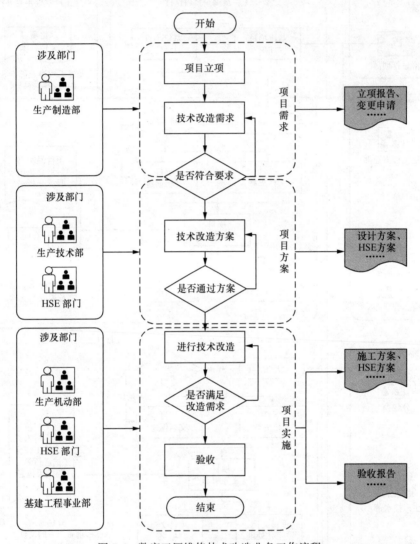

图 7-6　数字工厂维修技术改造业务工作流程

（2）数字工厂维修技术改造信息工作职责描述

数字工厂维修技术改造信息工作职责描述如表 7-9 所示。

表 7-9 数字工厂维修技术改造信息工作职责描述

序号	主要步骤	主要工作	执行部门	项目阶段
1	项目立项	根据项目需求,在数字工厂基础平台内完成项目创建管理	生产制造部、信息管理部	准备阶段
2	项目文档目录	根据部门管理需要,提出项目文档管理所需的文档目录	基建工程事业部	
3	数字工厂基础平台文档目录创建	根据部门提供的文档目录,在系统中完成数字化文档目录的创建	信息管理部	
4	项目需求相关文件准备	完成维修技术改造所需的需求文件(立项报告、变更申请等)的终版文件准备	生产制造部	项目需求
5	文档的创建和更新	在数字工厂基础平台中实现维修技术改造需求文档的创建和更新操作,含文件附加操作	生产制造部	
6	文档数字化处理	根据需要,协助所需文件的数字化处理,以便信息关联和可视化管理	信息管理部	
7	文档归档	通过工作流定义,在数字工厂基础平台中实现项目信息的集中管理	生产制造部	
8	项目方案文件准备	依据项目需求,准备和编制项目方案文件(设计方案、HSE 方案等)的终版文件	生产技术部、HSE 部门	项目方案
9	文档的创建和更新	在数字工厂基础平台中实现项目方案文档的创建和更新操作,含文件附加操作	生产技术部、HSE 部门	
10	文档数字化处理	根据需要,完成所需文件的数字化处理,以便信息关联和可视化管理	信息管理部	
11	文档归档	通过工作流定义,在数字化平台实现项目方案信息的集中管理	生产技术部、HSE 部门	
12	项目实施文件准备	依据项目需求,准备和编制项目实施文件(施工方案、HSE 方案、验收报告等)的终版文件	生产机动部、HSE 部门、基建工程事业部	项目实施
13	文档的创建和更新	在数字工厂基础平台中实现项目实施方案文档的创建和更新操作,含文件附加操作	生产机动部、HSE 部门、基建工程事业部	
14	文档数字化处理	根据需要,完成所需文件的数字化处理,以便信息关联和可视化管理	信息管理部	
15	文档归档	通过工作流定义,在数字工厂基础平台中实现项目方案信息的集中管理	生产技术部	

（3）数字工厂维修技术改造信息工作流程

在维修技术改造项目实施过程中,数字工厂信息模型可能因此发生调整和变化。数字工厂基础平台必须对这些变更的信息进行跟踪管理,以保证因维修技术改造项目实施所发生的变化在数字工厂信息模型中得以体现,保持与物理工厂的同步变更管理。数字工厂维修技术改造信息工作流程如图 7-7 所示。

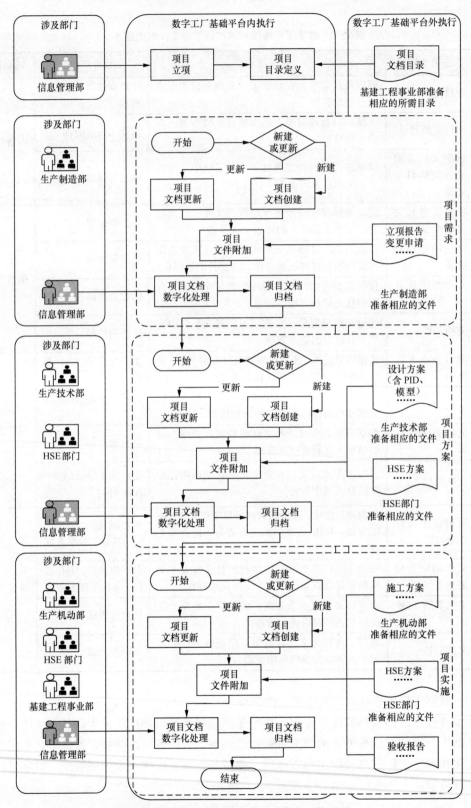

图 7-7　数字工厂维修技术改造信息工作流程

6. 数字工厂设备维护和保养信息管理

工厂运维期需要对设备定期进行保养和维护，在此过程中主要涉及生产制造部、生产机动部、生产技术部的联合工作。

（1）数字工厂设备维护和保养业务工作流程

数字工厂设备维护与保养业务工作流程如图 7-8 所示。

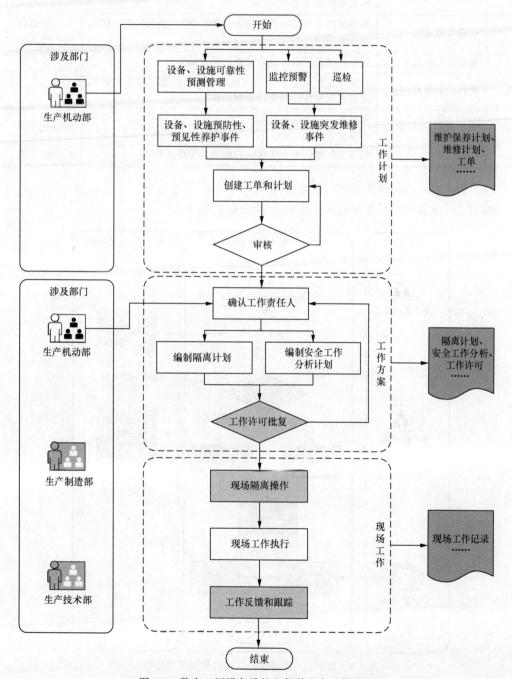

图 7-8　数字工厂设备维护和保养业务工作流程

（2）数字工厂设备维护与保养信息工作职责描述

数字工厂设备维护与保养信息工作职责描述如表 7-10 所示。

表 7-10　数字工厂设备维护与保养信息工作职责描述

序号	主要步骤	主要工作	执行部门
1	现场工作记录	在数字工厂设备维护和保养过程中，记录设备、设施是否涉及更换和变更	生产制造部
2	信息变更通知	根据生产制造部提供的设备、设施变更，在系统中创建信息变更记录	生产制造部 生产技术部
3	变更资料准备	收集和整理设备、设施变更所涉及的信息	生产技术部
4	文档的创建和更新	在数字工厂基础平台中实现维修技术改造需求文档的创建和更新操作，含文件附加操作	生产技术部
5	文档数字化处理	根据需要，协助所需文件的数字化处理，以便信息关联和可视化管理	信息管理部
6	文档归档	数字工厂基础平台实现项目信息的集中管理	生产技术部

（3）数字工厂设备维护与保养信息工作流程

数字工厂设备维护与保养信息工作流程如图 7-9 所示。

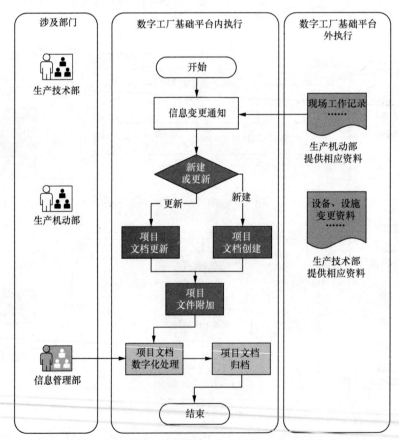

图 7-9　数字工厂设备维护与保养信息工作流程

7.4 数字化信息的移交规范

在数字工厂建设过程中，数字化信息的移交必须符合一定规范，而最常见的交付物为智能工艺流程图和三维模型。本节以智能工艺流程图设计软件 SP P&ID 和三维模型设计软件 Smart 3D 为例进行介绍。

1. 智能工艺流程图

（1）SP P&ID 交付物要求

P&ID 交付物要求如表 7-11 所示。

表 7-11 P&ID 交付物要求

文档类型	交付物格式
SP P&ID	Site 和 Plant 的数据库备份，包括 SP 工艺流程图文件、SP P&ID 参考数据（图例库、模板库、报告模板库、规则等）
质量检查报告	PDF 格式文件

（2）交付要求

- 采用自主技术的承包商应基于业主提供的种子文件进行 P&ID 设计。
- SP P&ID 中的位号应具有唯一性和一致性。
- 图面上的管线属性值不一致的信息，应通过添加属性打断符号或数据传递等方式消除，核准管线终端连接点未连接的不一致警告。
- 成套设备如何做？设备里的工艺流程图如何画？这需要由业主决定是否转化到 SP P&ID 中，并决定是否完善其各属性。成套设备，如压缩机等，以供货商图纸资料为准。大型成套包，如电解成套包、气力输送成套包等，必须在 SP P&ID 中绘制图面并输入相关属性。
- 专利商由业主决定。
- 交付数据库之前应使用 RecreateDrawing.dll 工具检查所有图纸并确保图纸信息正确。
- 交付数据库之前，应进行以下检查工作。

删除所有临时图纸、测试图纸、测试图例、组合图例、临时过滤器和测试报告等；

删除数据库中多余的对象和 plant stockpile 中成对未连接的 OPC（页间连接符），并将相应的检查报告交付业主。

交付数据库之前，应使用 Out of date 命令生成整个装置的图纸报告，并按报告要求更新图纸。

- 应用 SP P&ID 自带的 database constraint report.exe 工具检查数据库，根据报告结果逐项修改，并提交检查报告。
- 承包商应根据本书后文"7.5 数据文件整理审查规范"对交付物质量进行检查，并将检查报告交付业主。
- 承包商应向业主提供交付物清单，包括 SP P&ID 的 Site 和 Plant 的完全备份。

2. 三维模型

（1）三维模型交付物要求

三维模型交付物要求如表 7-12 所示。

表 7-12　三维模型交付物要求

文档类型	交付物格式
三维模型	Site、Catalog 及 Plant 的数据库备份（bcf 文件及 dat 文件），SharedContent 目录备份
质量检查报告	PDF、Excel 格式文件（ToDoList 检查、碰撞检查）

（2）交付要求

- 承包商应保证所交付的三维模型可以在业主平台中恢复。
- 承包商应保证所提交的三维模型在被业主平台恢复后，承包商所使用的轴测图、GA 图及报表模板均可以正常使用。
- 承包商需要提供项目中使用的且在种子文件定义以外的、由承包商自行添加的所有符号的.dll 文件，并注明每一个 ProgID。

7.5　数据文件整理审查规范

1. 质量控制

设计团队应该明确应用的总体质量控制方法，确保每个阶段信息交换前的模型质量，所以在应用流程中要加入模型质量控制的判定节点。在创建每个模型之前，应该预先计划模型创建的内容、颗粒度、模型文件格式，并提前约定好模型更新的责任方和模型分发的范围。项目经理在质量控制过程中应该起到协调控制的作用，作为应用的负责人应该参与主要协调工作和质量控制活动，负责解决可能出现的问题，保持模型数据的及时更新、准确和完整。

2. 智能工艺流程图质量检查

此处以 SP P&ID 为例，如表 7-13 所示。

表 7-13　SP P&ID 质量检查内容

检查项目	检查内容
通用检查	不能使用以下特殊字符：℃、φ
	自主技术 SP P&ID 中的位号及其属性（包括数据类型、计量单位等）按照要求正确输入
	SP P&ID 数据库中无多余的管道、设备和仪表等
	SP P&ID 数据库中无测试图纸、测试图例、成对未连接的 OPC 等
	无数据库错误
	管道、设备或仪表等的信息应与其他交付文件中的相应信息一致
图纸检查	自主技术 SP P&ID 编号符合信息编码规则的规定
	P&ID/U&ID 上的信息完整、正确
	图面上不含不一致警告信息
	确保使用 RecreateDrawing.dll 工具从数据库中重新生成图纸，并确保图面信息正确

续表

检查项目	检查内容
图纸检查	除图框外，SP P&ID 应不含链接文档
	管道应绘制在网格线上，管件、仪表等的中心线应位于网格线上
	管道在同一个方向上为直线，不允许弯折
	管道拐弯处或管道相交处应标注介质流向
	同一方向的管道编号标注对齐，其中水平管道的标注在其上方，垂直管道的标注在其左侧
	若存在空间限制，管道号标注应不显指引线，并指向相应的管道
	管道不能跨越设备，特殊情况可以跨越，需加打断符号
	连接工艺管道的 OPC 或仪表 OPC 应从图纸左右两侧进出，且左右两侧 OPC 需分别对齐；连接公用工程管道的 OPC 可根据图面内容就近表示
	设备位号和描述信息宜放置在图纸顶部，设备位号和描述信息应顶部对齐
	备注应左对齐，且每条备注的间距应保持一致
	管道、设备或仪表等不应被图面上的标注或备注覆盖
设备检查	所有设备均有位号，且位号具有唯一性
	属性数据类型正确
	属性计量单位正确
	设备类型正确（不能仅依据外观选择设备图例）
	SP P&ID 数据库应包含所有设备，其中不需要在图面上显示的设备应被放置在图框外，并正确输入相关属性
	同一位号的设备存在备用或多台的情况，每台设备均应正确输入相关属性
	采用多重放置的方式表示将同一台设备同时放置在多张图纸上
仪表检查	所有仪表均有位号，且位号具有唯一性
	仪表类型正确（不能仅依据外观选择仪表图例）
	SP P&ID 数据库应包含所有仪表，因图幅原因省略的仪表应被放置在图框外，并正确输入相关属性
	控制阀门的"TSO"属性值应在属性"TightShutOff"中输入
	控制阀门的"FC"或"FO"属性值应在属性"Fail Action"中输入
管道检查	所有管道均有位号，且位号具有唯一性
	属性数据类型正确
	属性计量单位正确
	使用正确的管道图例
	不同管道之间，以及管道属性变化时应放置相应的打断分隔符
	成对 OPC 必须连接同一根管道
管件	管道阀门的"NC"或"NO"属性值应在属性"Opening Action"中输入

3. 数字工厂模型质量检查

此处以 Smart 3D 为例，要求如下文所示。

（1）数字工厂模型数据库的完整性和一致性要求

- 承包商应消除工厂数字模型中所有内容为空的 Pipe Run。
- 承包商所交付的三维模型中不允许出现名字中包含"Copy Of"的对象。
- 承包商应消除数字工厂模型的 ToDoList 中所有的错误项、警告项及不一致性。
- 承包商应进行数字工厂模型数据库一致性检查，并随所交付模型一并提交最新的一致性检查报告。
- 承包商应消除三维模型中所有的"硬碰撞"，包括物理实体间的碰撞，也包括涉及操作和检修空间的碰撞。
- 承包商应在数字工厂模型移交前进行 System Hierarchy 的清理和整理，并删除所有临时文件和目录。

（2）所有管道轴测图要求。

- 必须从 Smart 3D 中自动生成，不允许手工修改图面图形相关内容。
- 模型中不允许出现不能正常生成图纸的管道模型。

7.6 数字工厂平台维护管理规定

数字工厂平台维护管理规定是为加强数字工厂的规范化管理，保障数字工厂平台高效有序运行而制定的。

数字工厂平台的维护与管理可以通过设立完整的数字工厂平台维护管理部门进行统一领导。在这个过程中，通过统一组织和分级管理的形式进行，由数字工厂平台维护管理部门牵头，组织进行数字工厂的维护与管理工作。

数字工厂的维护与管理主要考虑两个层面的管理——管理层和生产层。

同时，各部门或各分支机构的数字工厂维护管理部门或维护人员，可以根据工作需要，向总部申请抽调技术专家和业务骨干组成临时工作团队，参与制定技术规范、应急预案、培训教材等资料。这些工作需要各部门的管理层给予资源和授权支持，并需要参与员工积极配合，组织架构参考图 7-10。

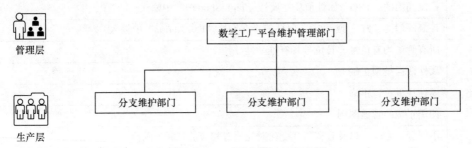

图 7-10 数字工厂维护管理组织架构

各分支维护部门直接对数字工厂平台维护管理部门负责，并接受维护管理部门的业务指导和归口管理。

7.7 数字工厂安全管理规定

数字工厂平台所管理的数字信息是企业数字化转型的基础，数字信息的安全管理是实现企业数字化转型的保证。

1. 参考标准

数字信息安全管理规范可参考国家标准 GB/T 29246-2017/ISO/IEC 27000：2018《信息技术 安全技术 信息安全管理体系 概述和词汇》（ISMS）中定义的相关内容。

2. 数字信息安全管理目标

数字信息安全管理的目标是确保信息的机密性、完整性和可用性。

（1）机密性

• 机密性包括保护数据的内容不被未授权人员调阅，防止数据被无关人员查阅。在某些特定情境下，数据的存在能被查阅到就已经暴露了重要情报。

• 保护数据机密性的方法一般是对信息加密，或对信息划分密级，并为访问者分配访问权限。系统根据用户的身份权限，控制对不同密级信息的访问。

• 在数字工厂平台中，对所有进入系统平台的信息进行相应的加密操作，并对所有用户的访问进行权限控制。

（2）完整性

• 完整性是指信息资源只能由授权方或以授权的方式修改，防止信息在存储或传输过程中被偶然或蓄意地修改、伪造等。

• 不仅要考虑数据的完整性，还要考虑操作系统的逻辑正确性和可靠性，要实现保护机制的硬件和软件的逻辑完备性、数据结构和存储的一致性。

• 保护数据完整性的方法一般分为预防和检测两种机制。

（3）可用性

• 可用性是指信息资源可被合法用户访问并按要求使用而不遭拒绝。

• 可用的对象包括：信息、服务、IT 资源等。例如，在网络环境中破坏网络和有关系统的正常运行就属于对可用性的攻击。

• 为了保护数据可用性可以采取备份与灾难恢复、建立应急响应机制、防止系统入侵等多种安全措施。

3. 信息安全内容

（1）信息安全识别

综合组织的整体战略、业务目标、规模和地理分布等背景情况，信息安全要求可以通过了解以下方面进行识别。已识别的组织信息资产及其价值；信息处理、存储和通信的业务要求；法律法规、规章制度和合同要求。

对组织信息资产的相关风险进行系统化评估，主要包含分析信息资产面临的威胁、信息资产存在的脆弱性、威胁实现的可能性及任何信息安全事件对信息资产的潜在影响。

（2）信息安全内容

保障信息安全是保障特定对象的安全，也是保障特定过程的安全。

保障信息安全要保护的对象包括信息基础设施、计算环境、边界和连接、信息内容及信息的应用。

从过程来看，保障信息安全要保护的是信息生产、存储、传输、处理、使用直至销毁的全过程。可能存在的信息安全面临的威胁如图 7-11 所示。

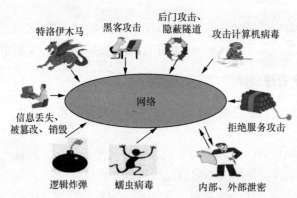

图 7-11　信息安全面临的威胁

- 评估信息安全风险

管理信息安全需要一种适当的风险评估和风险处置方法，该方法包括成本和效益的估算、法律要求、利益相关方的关切，以及其他必要的输入和变量。

风险评估需要识别、量化风险，并依据风险接受准则和组织目标对风险进行排序。评估结果需要有适当的风险防范优先级，以及相应的风险应对管理行动。管理信息安全风险的方针、策略、规则和技术手段都可以用来抵御风险。但是在设计风险应对行动策略的时候，要明确绝对的零风险是不存在的，实现零风险也是不现实的。

一般来说，计算机系统的安全性越高，其可用性越低，需要付出的成本也就越大。所以需要管理决策者在安全性和可用性，以及安全性和投入成本之间进行一种平衡。

- 责任体系

加强内部管理，建立职责明确的责任体系，是确保信息安全的重要举措。信息安全管理应按照"谁主管谁负责，谁运营谁负责"的原则，实行统一领导，分级管理。通常信息管理单位主要负责人，应当是信息安全第一责任人。

信息安全应实行专业化管理、归口管理和监督。信息工作团队或办公室是信息安全的管理和保障部门，安全监察部门是信息安全监督部门。各部门职责明确，分工到岗，形成完善的信息安全责任体系。

建立信息安全责任体系，强化员工责任意识和安全意识，可以提高制度的执行力，确保信息数字化的顺利进行。信息安全职责管理主要基于以下 3 个原则。多人负责原则、任期有限原则、职责分离原则。

7.8　数字工厂人员组织管理

数字工厂平台的人员管理，需要基于企业的发展战略，也要结合企业的不同业务特点。选择适合企业自身特点的数字工厂平台团队管理模式，是企业数字工厂平台成功运用的重要条件。设计企业的团队环境建设，要依据数字工厂应用模式及阶段，循序渐进地进行，还应与传统的方式做好衔接与融合。

数字工厂平台团队的管理模式有 3 种，分别是全员普及模式、集中管理模式、分散管理模式。

1．全员普及模式

全员普及模式，即企业全专业、全体人员、全流程全面参与数字工厂平台建设与运营，从事生产活动。在这种模式下，不设单独的岗位对数字工厂平台进行管理和运维，而是在原有岗位的基础上与之合并。这种模式是目前数字工厂平台的理想模式，也是未来的发展方向。

这种模式的优点是企业全面动员，企业全体人员容易形成统一的认识，可以加快数字工厂平台实施的进程，并且能够在较短时间内形成以数字工厂为核心的生产力及竞争力。当然，这种模式也存在一定的缺点，这要求企业前期投入大量的人力、物力资源，进行普及和培训，并且要求企业员工在较短时间内掌握数字工厂平台的应用技能，实现的难度较大。

2．集中管理模式

集中管理模式是当前企业前期运用最多的一种方式，这要求企业或部门掌握数字工厂的人员和部门环境等的有效融合，建立"数字工厂平台控制中心"等新型数字化中央管控组织机构。新型数字化中央管控机构专注于服务数字工厂平台用户，解决数字工厂平台使用过程中出现的特定问题、需求等，同时探索数字工厂平台的应用特点。

集中管理模式的优点是鲁棒性相对较高，风险较小，很多企业在数字工厂发展初期常采用这种模式。同时，通过"数字工厂平台控制中心"的建立，在项目的建设过程中可以逐步探索和积累平台应用经验，从而使参与项目建立过程的设计人员、生产人员等慢慢熟悉和认识数字工厂，为向全员普及模式的发展奠定基础。但这种模式的弊端是周期较长，并且难以长期发展，因此会随着数字工厂平台应用的发展，逐步向全员普及模式过渡。

3．分散管理

分散管理模式即企业通过分步培训和招聘，逐步培养数字工厂平台应用人才，但并不专门设立培训组织及岗位，通过培训使拥有平台操作维护能力的人员分散在原来的组织架构中，其一方面可以对其原组织的人员进行培训，另一方面，在完成项目任务的过程中，可以不断地探索平台应用的方法。

这种模式的优点是不影响企业本身的组织架构和整体业务，不需要组织大规模的培训学习，相较全员普及模式来说，资源投入较小，但长期下去可能会出现平台应用周期较长、人力资源难协调，甚至数字工厂平台应用的水平难以提高等问题。

第8章
对数字工厂建设管理的思考

8.1 站在第四次工业革命浪潮上的思考

今天管理学界和经济学界普遍认为，数据驱动的人工智能很可能成为一种经济学家所定义的通用目的技术（GPT），GPT 是所有人、所有行业、所有企业都要使用的技术，可以对人类经济社会产生巨大、深远而广泛的影响。从竞争的视角来看，善用和早用 GPT 的个人与企业将会迅速在竞争中脱颖而出，而抗拒使用 GPT 的个体和组织将不可避免地陷入衰落或被淘汰出局的局面。人类历史上曾经出现过的 GPT 有蒸汽机、内燃机、电动机、信息技术等。GPT 的基本特征有以下 4 个方面。

① GPT 一般诞生于某个特定的行业领域，但是能够被迅速推广，并广泛地应用于各行各业中。

② 随着技术的不断进步与迭代，GPT 的技术门槛和使用成本门槛会越来越低，从而加速其在各领域中的推广普及。

③ GPT 具有强烈的外部性特征，也就是说它与其他技术存在着强烈互补性，其自身在不断演进与创新的同时，能够促进其他领域技术的创新和应用，从而催化新型产品、新生产方法、新服务模式的涌现。

④ GPT 的应用会不断促进生产、流通和组织管理方式的调整和优化，会带来组织变革和人才结构的演变。

尽管 GPT 有如此压倒性的优势，代表了不可逆的历史潮流，但变革在一个组织里永远意味着对习惯、惰性的克服，对既得利益的让渡，会让组织成员体会到阵痛，所以变革从来不会是一帆风顺的。

在今天讨论传统制造业如何进行数字化转型的时候，不妨以史为镜，复盘一下前 3 次工业革命的发展历程，看看可以从中得到的启发。

第一次工业革命的时间为 18 世纪 60 年代至 19 世纪 40 年代。在 19 世纪初期，当时英国工人发起了以破坏机器为手段反对工厂主剥削、抵制新技术的工人运动，号称卢德运动。这项运动持续了10年之久，是人类历史上第一次大规模以"捣毁机器、抵制新技术"为根本诉求的运动，宣泄着人类在面对新技术"非对称优势"时的焦虑与恐慌（见图8-1）。

卢德运动不是个例，在人类每一次工业革命，类似的事情都会发生。再看看第二次工业革命期间，在19世纪80年代，发电机在美国和英国的一些城市中已经普及了，公司和住宅领域已经有人提供商品化的电力（见图8-2）。然而到1890年，美国工厂使用的动力之中，电力只占5%，大部分工厂还在使用蒸汽机，电力相对蒸汽机有着明显的优势，工厂却没有用起来。

图 8-1　第一次工业革命的机械化悖论：卢德运动

图 8-2　第二次工业革命：从蒸汽机到电气化

根本原因在于，当时的企业家还在像使用蒸汽机一样使用电动机，他们只是把电动机接到原来蒸汽机的位置上而已。企业家根本不知道电动机的正确用法，要想发挥电力的优势，工厂的整个生产架构和工人的生产方式都必须重新设计，得让生产围绕"电力"这个核心运行。首先，要把生产工具小型化，使动作更加灵活。其次，蒸汽时代的工厂是按照传动轴逻辑组织的，现在必须按照生产线逻辑重新组织。最后，要给工人更大的自主权，让工人做更复杂的事情，也就是必须有很多高素质的工人。公司得愿意在工人身上投资、给工人提供培训、给工人更高的工资。

第三次工业革命则出现过更经典的案例，就是"IT生产力悖论"，这是美国的诺贝尔经济学奖得主罗伯特·索罗提出的。在20世纪80年代，美国企业中的计算机普及率已经很高了，而且人们当时对计算机提高制造生产力抱有非常高的期待。但索罗认为计算机对提高生产力没有任何帮助。在 1986 年，索罗分别在《纽约时报》和一些重要的学术期刊上发表了这个观点，他说："我们到处都看得见计算机，就是在生产力统计方面看不见计算机。"

他不是一个人在标新立异，后来还有不少经济学家跟随他的观点，而且用国民经济统计数据和 IT 投资数据之间的相关性来证明"IT 生产力悖论"。因为很多经济学家注意到，尽管当时计算机技术已经在美国普及，但是美国的生产率并没有显著提高。美国当时的"全要素生产率"的增长速度，竟然比大萧条时期还慢。这就是所谓的"IT 生产力悖论"，投入更多的人力物力，却不能带来更多的产出。

事实上，出现"IT 生产力悖论"的问题不在计算机上，而是在 20 世纪 80 年代，发展时机还未成熟，让计算机价值发挥出来的一个重要催化剂还没出现。一直到 2000 年以后，因为互联网的催化剂效应，计算机带来的生产进步才开始显现。而当时使用计算机获得成功的也不是所有公司，只有那些围绕计算机技术重新组织生产方式，进行重要管理模式变革的公司最终获得了成功。这些公司做到了以下 3 点：采用去中心化的管理方式，把决策权向基层下放；简化供应链；允许用户定制。

通过对历史上 3 次工业革命的复盘，我们能看到很多重大变革的推动时机，往往不是一项新技术的诞生，而是一个系统的成熟，以及人们对新技术认知的成熟。在推动制造企业数字化转型的过程中，所面临的诸多问题虽然和技术有一定关联，但背后的核心问题却是管理和认知的问题。因此数字工厂为企业带来的变革，首先应该是管理和认知的变革。

从笔者过去和很多企业管理者交谈中得到的反馈，今天人们对于人工智能的认知，仍然常见两种比较极端的思想。一种是把人工智能视为"灵丹妙药"，好像有了人工智能解决所有问题都不在话下，可以迎刃而解，特别是在 2022 年年底 ChatGPT 出现后，有人认为机器学习已经突破了人类的智慧，完全取代人类已指日可待（此处 GPT 是指机器学习领域的生成式预训练 Transformer 模型，Generative Pre-Trained Transformer，和本章所说的通用目的技术不是同一个事物）。另一种是秉持怀疑一切和否定一切的态度，认为人工智能是"玄学"，是"装神弄鬼"的东西，不可信，没什么用。

显然传统的流程与信息化建设工作思路，在今天已经无法适配制造业新情境下的管理和技术变革要求。行业需要有全新的、科学的思维体系，指导我们改变传统的管理方式，使数字化转型从局部规划设计向全局规划和顶层设计转变，从而走向可持续的数字化路线。

8.2 今天 AI 仍然是工程技术而非科学？

在某届世界人工智能大会全体会议之产业发展高峰论坛上，业内大公司的高层在展望人工智能发展前景的时候说，希望研发 AI 能给制造业带来实实在在的收益，如识别准确度达到 99.996% 或者项目投入能达到 100% 的年收益率等。一方面这种观点很正确，说明这些传统的 IT 公司和咨询顾问公司经历了市场的"洗礼"和客户的打击，终于放下了对人工智能"形而上学"的包装，开始脚踏实地地思考客户价值的问题；另一方面，从这种角度讨论人工智能还是有些狭隘，如果我们复盘信息技术和人工智能的发展史，就可以预见到 AI

有着广阔的发展前景，但不应当局限于准确度或者投资回报率这种短期回报。

事实上，人工智能在商业领域中大获成功也是最近十几年的事，过去半个多世纪，AI 发展经历了多次大起大落（见图 8-3），主要原因是计算机的算力和存储能力限制，人们还不敢坚决地在数据科学的方向上探索。一直到深度学习、机器学习成为研究主流之后，产业界和科学界才算是走对了路。以史为镜，我们看看前几次工业革命，就应当对第四次工业革命持有更坚定的信心，数据驱动的人工智能必将为制造业带来核心竞争力和巨大收益。

AI 时代已经来临，各种各样的智能设备、智能机器人、智能 App 不断涌现，未来我们要习惯利用 AI 进行工作和生活。从企业组织和工作模式的角度考虑，AI 将重塑组织的人才结构、工作流程、价值创造方式、协作方式等，AI 也将重塑我们对"才能、才干、才华"的认知。

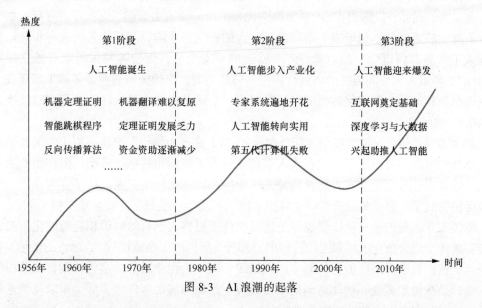

图 8-3　AI 浪潮的起落

即使人工智能已经发展到目前的程度，也不好作为一个科学问题进行讨论，因为到目前为止，AI 的本质仍然是工程技术而非科学。目前人工智能应用最普遍和发展前景最广阔的技术是深度学习，但深度学习在解释"智能是如何产生和发展的"这一关键科学问题的时候，也并未取得进展，深度学习中所谓的"神经网络"算法和动物神经元的工作原理完全不是一回事。有些人看到 ChatGPT 的惊人效果，就认为机器学习已经完全突破了人脑的智慧，这和第一次看到魔术师表演就天真相信他口袋里藏着一个动物园的小孩子无异。

但人工智能作为一项工程技术，并不意味着其比其他科学领域低阶，人类历史上很多重大科技进展并不是在科学理论指导下完成的，而是各种尝试探索的结果。并且在科学技术发展史上，工程创新往往首先出现，如望远镜、蒸汽机、数字通信，而解释其功能和局限性的理论往往出现得较晚，如折射定律、热力学和信息理论。所以今天我们先有了 AI 带来的广泛的应用价值，未来再出现对智慧产生的理论研究的突破，这并不奇怪。

从跨行业的视角来看技术传播时间链条，就会发现新技术就像投入水中的石子，是在不同行业领域之间涟漪式地层层扩散出去的。在战争年代，军事需要是新技术起源的核心，包括以运筹学为典型代表的管理科学，以及医学、化学、机械、材料科学等领域都是因为战争需要而得到了突飞猛进的发展，之后又通过民用化普及释放出更大的价值。而今天借助文献大数据技术和知识图谱的分析手段，我们可以看到以人工智能为代表的数字化技术，首先是在互联网、金融、保险等行业中得到了落地应用和价值变现，然后才扩散到了制造业，开始探索其在制造业中的应用价值。

这种数字化技术的传递现象，与不同行业之间的业务特性差别，以及不同行业间的数据治理成熟度差别有着直接的因果关系。如果我们通过文献对制造业进一步进行分类并进行大数据洞察，就能看到在更细分的制造业之间也存在传递和扩散效应，如离散型制造业对智能制造的探索明显领先于流程工业，而在离散型制造业中的微电子制造业、汽车制造业、工程机械制造业这些微观行业之间，也明显存在数字化技术的传递。

站在 2023 年这样一个特殊的历史关口，我们能清晰地看到不同行业之间的数字化技术水平有显著的代差。以第四代 GPT 为典型代表的新一代人工智能，正在互联网行业加速催化新的商业模式，其不但带来了市场前景巨大的新型产业群，而且给各国政府和民众带来了强人工智能即将诞生、技术奇点不断临近的不安全感，促使各发达国家开始立法限制 ChatGPT 等新人工智能模型的训练与应用。与此同时，在传统制造业，多数工厂还在"智能制造究竟有何用？数字化转型应当转往何方？公司花费数以亿元计的投资何时能换来等价回报？"的困境中摸索。

20 世纪 80 年代，被经济学界广泛讨论的"IT 生产力悖论"窘境，似乎今天在第四次工业革命的半途中又重现了。现在人人都在谈论人工智能和数字化转型，但在企业生产力和工厂效益提升方面很少有人能说清楚人工智能和数字化转型究竟发挥了多大作用。这种现象促使我们深入思考制造业数字化转型工作的本质，以及数字化要解决的核心问题。

传统工业企业的信息化建设思路是通过软件工程将人已有的知识和经验固化下来，将最佳实践转变成为企业工具和组织流程的一部分。所以过去企业进行 IT 建设的情境，是系统一旦上线，数字化团队的工作基本就完成了。而今天企业进行数字化转型，要解决的核心问题，是在纷繁多变、扰动高频的市场环境下，如何满足客户的多样化需求及快速响应的诉求，同时实现工厂的低成本和高收益。

同时我们要看到，想建立一个成功的 AI 系统，更好的数据和训练，远比好的基础算法重要，就像后天培养也很重要一样。所以未来在制造企业中，数据将成为最重要的资产，而不仅仅是资源。有的公司，因为公司领导的远见卓识，在不太明确未来价值的情况下提前 10 年布局，把一些重要的数据采集和存储了下来，今天这些数据，尤其是数据标签，在很多智能化算法模型的训练中发挥了重要作用。

考虑到将来的使用场景，今天的工厂在生产线的规划工作中，也应该基于将来的数据应用场景提前布局。最好的做法就是让将来可能应用这些数据进行分析和模型训练的人提要求，明确生产线和产品端需要采集哪些数据，应当按照什么标准采集数据。

8.3　数字工厂应该外购还是自主研发

根据中国工业技术产业软件化联盟的分类，工业软件主要可以分为四大类：
① 研发设计类软件，包括 CAD、CAM、CAE、EDA、PLM 等；
② 生产制造类软件，包括 PLC、DCS、SCADA、MES 等；

③ 经营管理类软件，包括 ERP、SCM、CRM、SRM 等；

④ 运维服务类软件，包括 MRO 等。

工业软件真正的创新一定是源于制造企业的自主研发。回顾历史，达索、西门子等 CAE 软件"霸主"的发展历程就是很好的例证。回顾近几年频发的工业软件短板事件，不禁令人感慨，科技进步虽然没有国界，但科研工作人员和企业员工却有国籍。商业活动表面上是利益导向，和气生财，背后却隐藏着看不见硝烟的战争。国际先进技术、关键技术越来越难以获得，工业软件领域强者恒强的态势越发明显。

当前中国制造业大国的地位已然确立，但我们有理由相信，今后断供的问题依然会层出不穷，作为智能制造的灵魂，工业软件更是首当其冲。

企业进行数字化转型，就必须直面数字化工具的购买与研发问题。在这个问题上要避免两个极端，一个是"拿来主义"，另一个是"推倒主义"。"拿来主义"是"迷信"现成的商业软件，尤其是"迷信"外国软件，认为工业软件是西方已经研究数十年的东西，我们没必要再重复发明了。"推倒主义"是走了另一个极端，全面否认市场上的商业软件，认为企业要进行数字化创新，就要下定决心把一切推倒重建，全部工业软件都应自主研发。这两种极端的思想都不可取。

"拿来主义"决策者的问题在于对工业软件自主创新的价值和行业现状认知不足，将依赖外购与数字化创新等同起来。但很多技术全球工业界都还在摸索中，尤其是数据科学方法在制造业中应用场景多、潜力大、价值高，但在各种场景下如何实现自动化的机器决策，目前并没有特别成熟的、普适性很高的商业软件。不少非常有价值的场景，到今天仍然鲜见经得起重复验证的工业案例。在这种行业现状背景下，不少商业软件只是包装得很好，但并没有经过严谨的大规模有效重复验证，有的软件甚至只是打着数字孪生之类的旗号炒作概念，本身应用价值逻辑都还讲不清楚。

"推倒主义"决策者的问题在于对做一件事情背后要投入的资源和时长缺乏正确认知，按决策科学的说法，就是没搞清楚基础比率。有的制造企业自身并没有软件研发的业务板块，IT 部门招募了数百个软件工程师，可能一时不知道干什么好，就雄心勃勃地要自主从零开始进行 ERP、MES、CAD、CAE 产品的独立研发。殊不知一款成熟的同类软件是软件厂商前后投入了数以万计的工程师，持续迭代开发了十几年到数十年，才能达到今天的水平。而且这些成熟软件本身在市面上有很多可替代品，国产化也进展显著，不存在断供问题。所以花费大量时间、资源、精力研发这类软件本身价值也不大。

有关数字工厂软件应该外购还是自主研发的问题应该既务实又辩证地看待。对于经过大量市场验证的、普适性高的、没有垄断门槛的软件，外购应该是最经济和快捷的方式。而涉及数据科学这样前瞻性探索的领域，以及在自身垂直行业内没有良好定制解决方案的领域，有经济和技术实力的企业应该考虑组建适当规模的软件研发团队。至于为什么有实力的制造企业要建设自身的软件研发能力，笔者在这里根据多年的行业实践，分享一些思考和感悟供读者参考。

工业软件是绝对的跨科学领域。工业软件同其他领域的软件有本质的区别，既有"软"的成分，也有"工"的成分。例如有限元分析的计算软件是在计算机科学技术蓬勃发展后，在算力提升的加持下，精确求解该领域的物理方程才成为可能的。这背后巧妙的软件交互设计与工程实践知识沉淀缺一不可。如果软件研发单纯由数字技术内行主导，缺乏业务深度参与，通常会存在的问题是"软"的成分多，"工"的专业少，经常会面临"水土不服"的适用性困境。所以工业软件研发还需要和业务部门紧紧贴近，包括工作地点的贴近和组织结构的贴近。

笔者经历的公司有一个可供借鉴的管理经验，公司总经理进行了一个特殊安排，让大数据团队负责人同时在生产部门兼职重要岗位的领导。这样带来的效果是整个数字化团队的技术人员全都下沉到了生产一线，频繁深入一线对业务场景进行观察及调研，体验日常业务流程。经常可见的情景是每天早上正式上班前，算法专家已经在和生产一线的同事讨论某个算法的约束条件是否合理，以及业务有没有更好的解决思路。以阿波罗软件研发过程中对核心场景模块的开发为例，由于工艺、制造和数字化团队高频和高效的协作，按过去软件工程项目经验至少需要 1 个月的时间才能完成的业务分析工作，现在只需要 1 个星期的时间就可以高质量地完成了。

工业软件是生产经验长期积累的结晶。软件在工业领域的深度应用与发展，同其他领域的科学技术一样，从来没有止境，是一个长期积累与迭代的过程。对于制造企业而言，放弃自主研发长期求助于人，就等同于放弃制定行业标准的权力，同时也授人以成本绑架之柄。在开发某研究院使用的设计协同软件的项目实践中，前后的巨大差异让公司管理层深受触动。

过去公司外购的软件的一次性交付物对业务需求的满足率一直比较低，而且随着业务的发展与变化，软件功能迭代成本高、对外协作技术泄密的风险就越来越突出，依赖外购软件的部门逐步陷入被软件供应商挟持的境地。而当管理层下定决心，把这些软件模块收回自主研发后，短短一年内局面立刻扭转，除了控制住了成本，实现需求的效率也越来越高，而且一些研发部门过去不敢想、不敢提的功能要求，也很快都提上开发日程，并且由数字化团队高质量交付。这种变化的主要原因就是软件研发团队和研究院的业务用户朝夕相处，随着项目的不断磨合，双方沟通越来越顺畅，很快就能拉通思路，想法也能很快实现。

"种一棵树，最好的时间是 10 年前，其次是现在。"短期来看，发达国家软件出口管制政策确实让我们难受，长期来看国外的脱钩和断供是我们民族工业软件发展的"催化剂"。那么当下工业软件自主研发的条件就完全成熟了吗？答案也不尽然，我们至少面临以下两方面的挑战。

（1）软件基础能力薄弱，创新人才厚度不够

过去我们在工业软件层面长期处于学习追赶的状态，企业要的是效益，要的是尽快解决问题，暂时还无法顾及长远和全盘布局，因此对仿真器、编译器、计算机图形引擎等基础核心模块的技术研发投入不足，导致这方面人才匮乏，更不要谈工业软件需要综合计算机、物理、数学等基础学科的复合型人才。

（2）国产替代工业软件发展困难重重，市场认可度不足

在垄断局势已然形成的情况下，国产工业软件普遍研发实力不足，短期内无法达到与国外软件功能和性能相当的要求。此外，好的软件是由市场和用户喂大的，由于缺乏用户的信任与依赖，工业软件发展缺少市场培育和用户反馈意见的积累，很难成长壮大。

在正视以上困难的同时，我们还要看到以下难得的机遇窗口。

（1）供需条件已经成熟

在需求侧，中国已建成门类齐全、独立完整的现代工业体系，成为全世界唯一拥有联合国产业分类中所列全部工业大类和软件信息大类的国家，工业经济规模跃居全球首位。在供给侧，海外软件巨头把控，断供风险日益突出，未来"双循环"大背景下，对国内软件自主研发更加有利，国产工业软件供需平衡有望加速。

（2）技术新高地等待占领

目前我国工业软件正处于协同应用阶段，业务流程正在进行串联和优化，下一步预计会向"工业云"的形态发展，在那个阶段，软件不再是单一的软件，而是集成多种软件，并提供"软件服务"的整体解决方案。在过去中国电商快速发展的有力驱动下，互联网技术成了中国软件行业最大的优势。今天借助工业互联网平台、"工业云"的推进，工业软件的发展也将迎来历史发展良机。

8.4　数字化大变革时代的提议

远见是一种尽可能接近未来的推理能力，其基础是洞察力、判断力、学习力。

我国战略科学家钱学森在 30 年前就准确地预言了第四次工业革命的核心驱动力："下个世纪社会是个什么样子，那是由信息革命推动的第五次产业革命（决定的），将会形成全世界一体化的社会形态。人是在整个世界社会中生活，一个人的事就是整个社会的事。"同时他还有这样的洞察："我们要看到这个大的变化，很好地利用这个机遇，把中国人变成能适应、利用信息时代环境的人，而不是被信息环境淹没了。我看这是人体科学最大的任务。"在今天这个人人沉溺于液晶面板的时代，这句预言让人拍案叫绝。

相对于简单系统，复杂系统并非等于其各组成部分的简单线性叠加，其通常具有不确定性、非线性、适应性、涌现性、演化性、开放性和自组织临界性等特性，使其难以用传统的线性科学理论进行理解和认知。在 20 世纪 80 年代，钱学森创建了系统学并于 1990 年提出了开放的复杂巨系统的概念，其中社会系统被钱学森称作特殊复杂巨系统，并认为复杂性问题实际上是开放复杂巨系统的动力学特征问题。

钱学森认为系统是由相互作用和相互依赖的若干组成部分结合成的具有特定功能的有机整体，系统科学是一个区别于自然科学、社会科学等科学的独立门类。成思危认为复杂系统最本质的特征是其组元具有某种程度的智能，即具有了解其所处的环境，预测其变化，并按预定目标采取行动的能力。

随着工程技术的不断进步，现有工程系统的规模越来越大，现有工程系统也越来越复杂，使得过去的中央控制模式逐渐向扁平化、去中心化的模式发展。随着人工智能的出现与广泛应用，自组织的复杂工程系统也逐渐成为现实。

考虑到制造企业，尤其是大型工业集团，本质上就是一个复杂系统。按照中国工程院提出的中国智能制造发展战略研究观点，企业实现智能制造的发展路径从战略层面来说，宜采用"总体规划-重点突破-分步实施-全面推进"的策略。从战术层面来说，可考虑"探索-试点-推广-普及"的路线图。企业在推动数字工厂逐步实现的时候，应坚持"需求牵引、创新驱动、因企制宜、产业升级"的16字方针，为逐步实现智能转型提供有持续动力的有效保障。

需求牵引说的是需求是发展最为强大的牵引力，各基层单位要深挖业务场景需求，充分激发企业的内生动力，才能有效牵引企业的数字化转型成功。创新驱动说的是制造系统要实现智能转型，必须抓住新一代数据科学技术与制造业融合发展带来的新机遇，把发展数字智能作为转型升级的主要路径，实现"换道超车"、跨越发展。因企制宜说的是推动智能制造，必须坚持以基层企业为主体，以实现企业转型升级为中心任务。产业升级说的是推动智能制造的目的在于产业升级，通过数字化的研发和赋能，实现产品创新，模式创新，流程创新，服务创新。

数据科学在制造业中的工程化应用在国内和国外都是一个新课题，大家差不多在同一条起跑线上。像三一重机大数据所这样的团队，在实践过程中和同行一样，也是摸着石头过河，其中遇到的挫折、走过的弯路、犯过的错误自然不必多言。作为一支在制造业前沿战线的数据科学团队，我们一直相信每家企业面临的情况都是不同的，但抓住"求真务实，思辨创新"和"有价值、能落地、可持续"这两把钥匙可以帮助进行数字化创新的同行们打开企业的成功之门。

在国际局势风云变幻、科技争锋暗流涌动的时代背景下，作为第四次工业革命的参与者，我们深刻感受到时代赋予的机遇，体会到国家给予的强烈自豪感，也认识到自己肩负的历史使命。我们也将抱着"工业振兴，舍我其谁"的决心，为中国工业软件的建设与发展贡献自己的力量，争做民族的脊梁，为民族工业夯基铸魂。

向老一辈战略科学家致敬！

相关名词缩略语

IoT：物联网（Internet of Things）

IIoT：工业物联网（Industrial Internet of Things）

IM：智能制造（Intelligent Manufacturing）

DT：数字孪生（Digital Twin）

CPS：信息物理系统（Cyber Physical System）

CAD：计算机辅助设计（Computer Aided Design）

CAM：计算机辅助制造（Computer Aided Manufacturing）

CAPE：计算机辅助生产工程（Computer Aided Production Engineering）

CAPP：计算机辅助工艺过程设计（Computer Aided Process Planning）

DTPL：数字孪生实践环（Digital Twin Practise Loop）

P&ID：工艺管道仪表流程图（Piping and Instrument Diagram）

MES：制造执行系统（Manufacturing Execution System）

ERP：企业资源计划（Enterprise Resource Planning）

PLC：可编程逻辑控制器（Programmable Logic Controller）

CNC：计算机数控(Computer Numerical Control）

PDM：产品数据管理（Product Data Management）

DCS：分散控制系统（Distributed Control System）

SCADA：数据采集与监视系统（Supervisory Control and Data Acquisition）

MBD：数字化产品定义（Model Based Definition）

MBSE：基于模型的系统工程（Model Based Systems Engineering）

HSE：健康、安全和环境（Health, Safety, Environmental）

BOM：物料清单（Bill of Material）

PBS：工厂分解结构（Plant Breakdown Structure）

EPC：设计-采购-施工总承包模式（Engineering-Procurement-Construction）

EPCCO：设计、采购、施工、调试和业主运维（Engineering，Procurement，Construction，Completion，Owner Operator）

EMS：电气单轨系统（Electrical Monorail System）

DEVS：离散事件系统规范（Discrete Event System Specification）

EVA：效率验证分析（Efficiency Validate Analysis）

ML：机器学习（Machine Learning）

KG：知识图谱（Knowledge Graph）

NLP：自然语言处理（Natural Language Processing）

OR：运筹学（Operations Research）

GPT_a：通用目的技术（General-Purpose Technology）

GPT_b：生成式预训练 Transformer 模型（Generative Pre-Trained Transformer）

PLM_a：产品生命周期管理（Product Lifecycle Management）

PLM_b：工厂生命周期管理（Plant Lifecycle Management）